税收成本、非税成本与企业绩效研究

Researches on Tax Costs, Non-tax Costs and Enterprises' Performance

李彩霞 著

经济科学出版社

图书在版编目（CIP）数据

税收成本、非税成本与企业绩效研究／李彩霞著．
—北京：经济科学出版社，2013.8
ISBN 978-7-5141-3793-4

Ⅰ.①税… Ⅱ.①李… Ⅲ.①税收管理-成本管理-关系-企业绩效-研究 Ⅳ.①F272.5②F810.423

中国版本图书馆 CIP 数据核字（2013）第 218798 号

责任编辑：侯晓霞
责任校对：徐领弟
责任印制：李 鹏

税收成本、非税成本与企业绩效研究

李彩霞 著

经济科学出版社出版、发行 新华书店经销
社址：北京市海淀区阜成路甲 28 号 邮编：100142
教材分社电话：010-88191345 发行部电话：010-88191522
网址：www.esp.com.cn
电子邮件：houxiaoxia@esp.com.cn
天猫网店：经济科学出版社旗舰店
网址：http://jjkxcbs.tmall.com
北京密兴印刷有限公司印装
710×1000 16 开 13.5 印张 200000 字
2013 年 9 月第 1 版 2013 年 9 月第 1 次印刷
ISBN 978-7-5141-3793-4 定价：39.00 元
（图书出现印装问题，本社负责调换。电话：010-88191502）
（版权所有 翻印必究）

序

在市场经济条件下，政府与企业之间公共产品交易需借助税收方式得以实现，税收与企业之间存在着"如影随形"的关系。随着税收实践的发展，"税收成本"概念开始被关注。1992年，迈伦·斯科尔斯（Myron S. Scholes）与马克·沃尔夫森（Mark A. Wolfson）结合微观经济学与美国税收法律分析税收环境，构建了SW框架，提出了"非税成本"概念。自此，税收成本与非税成本开始被学术界所瞩目。

近年来，国内外学者围绕税收成本与非税成本进行了有益探讨，发表了一些研究成果。笔者认为，以下问题需要我们深入研究：

首先，受税制结构影响，国外研究（以欧美国家为主）主要关注企业所得税成本计量，但鉴于我国税制结构及会计处理原则，国内研究还需进一步考虑企业所得税成本的具体计量方法以及流转税成本（尤其是增值税成本）的计量问题。

其次，国内对非税成本研究还处于起步阶段，非税成本估计与计量难题仍未得到很好的解决，非税成本经验研究成果相对较少。

最后，税收是影响企业绩效的因素之一，源于企业纳税活动所产生的显性成本和隐性成本必将影响企业绩效，然而，税收成本、非税成本与企业绩效之间的关系还有待深入分析。

本书以税收成本与非税成本理论为基础，在界定、计量税收成本与非税成本的基础上，从理论上分析税收成本、非税成本对企业绩效的影响，并以沪深两市A股上市公司年度财务数据为依据实证检验税收成本、非税成本与企业绩效的关系，从而为企业的税务管理和绩效管理提供理论的和经验的证据。其研究贡献主要体现在以下四个方面：

一是，在分析现有研究成果的基础上，根据研究需要，从纳税人角度对税收成本和非税成本进行了重新诠释；

二是，结合我国所得税与流转税并重的"双主体"税制结构，在研究企业所得税成本同时，尝试估计增值税成本，构建了增值税实际税率（VATR）指标；

三是，将非税成本的影响因素和计量纳入研究范围，采用因子分析方法构建了非税成本指数，尝试识别与计量上市公司非税成本；

四是，构建了税收成本、非税成本和企业绩效研究的分析框架，为后续相关研究提供了范例，奠定了研究基础。

企业税务研究，尤其是非税成本的研究一直是理论界研究难点，本书通过分析税收成本与非税成本理论，构建了税收成本、非税成本与企业绩效关系的研究框架。

本书是李彩霞老师在其博士学位论文的基础上，经过充实调整后成书的，作为其导师，我倍感欣慰。尽管书中难免有个别问题还需进一步探讨、完善，但深知她为此书的完成付出了艰辛努力，由衷地希望她以此书的出版为契机，能持之以恒地在税务会计领域不断探索前行，以取得更大的成绩。特欣然为序。

盖地

2013年7月于天津财经大学

前　　言

自国家产生后，企业与税收就存在如影随形的关系。在市场经济条件下，企业在享受国家所提供的公共服务的同时，也依法履行纳税义务以支付公共产品的交易费用。税收活动成为联系政府与企业的纽带；税收是企业运行中永远不容忽视的因素，企业永远无法摆脱税收的影响。税收成本是企业纳税活动的伴生物，非税成本是税收成本的派生概念，两种成本都与企业的纳税活动息息相关。自迈伦·斯科尔斯等提出有效税务筹划框架后，税收成本与非税成本开始引起学术界的关注。

税收是企业一项重要的支出，是企业经济运行中的一个重要参数，直接影响企业生产经营效率。企业的纳税活动将产生一定的显性成本和隐性成本，即税收成本和非税成本，这些成本直接或间接影响到企业绩效。在此背景下，全书以税收成本与非税成本理论为基础，采用理论分析与实证分析并重的方法研究税收成本、非税成本与企业绩效。理论分析部分，在总结、分析国内外相关研究成果的基础上，结合信息不对称理论、契约理论、利益相关者理论、成本理论等，对税收成本和非税成本等概念进行界定，并以税收成本与非税成本的关系为前提，构建了税收成本与企业绩效以及税收成本、非税成本与企业绩效的理论分析框架。实证分析部分，结合中国流转税与所得税并重的"双主体"税制结构，以沪深两市 A 股上市公司年度财务报告数据为依据，通过两独立样本 T 检验和 Wilcxon 秩和检验的方法，实证分析了增值税转型背景下增值税成本变动与企业绩效的关系；在构建增值税实际税率（VATR）指标基础上，通过异方差修正回归模型检验了增值税实际税率与企业绩效的关系；在构建所得税有效税率（ETR）指标基础上，通过异方差修正回归模型检验了所得税有效税率与企业绩效的关系；结合非税成本理论，选取16项非税成本量化指标，采用因子分析法确定了7个公因子，构建非税成本指数，采用回归模型实证分析了企业绩效对税收成本与非税成本的权衡问题。

通过分析税收成本与非税成本理论，本书构建了税收成本、非税成本与企业绩效的研究框架，在相关理论分析与实证检验基础上，得出以下研究结论：

一是，从企业角度界定税收成本与非税成本，认为税收成本是市场主体为了获得某种收益或得到某种满足，而所实际花费的或预期要付出的代价和损失，即企业按照国家税法规定应当缴纳的各种税款之和，不包括税收遵从成本；非税成本是因纳税行为而产生的，除税金之外的一切形式的显性和隐性支出，包括税收遵从成本与狭义的非税成本。

二是，从非税成本的内涵出发，结合利益相关者理论，认为非税成本包括财务报告成本、交易成本、代理成本、税收遵从成本和违规成本等内容，其中财务报告成本又因利益相关者不同划分为债务契约成本、税务稽查成本、资本市场监管成本和政治成本。

三是，税收成本与企业绩效的实证检验结果表明，增值税转型背景下增值税成本变动对上市公司整体的盈利能力及现金流量的影响都相对较小；增值税实际税率（VATR）分别与每股收益、净资产收益率、每股经营活动现金流量净额之间存在显著的负相关关系；所得税有效税率（ETR）分别与每股收益、净资产收益率、每股经营活动现金流量净额之间存在显著的负相关关系。

四是，通过因子分析法构建非税成本指数，实证检验了所得税成本、非税成本与企业绩效的关系，实证结果表明，所得税有效税率（ETR）分别与每股收益、净资产收益率、每股经营活动现金流量净额之间存在显著的负相关关系；非税成本指数（Z-nontax）分别与每股收益、净资产收益率之间存在显著的正相关关系；税与非税交叉项（ETR×Z-nontax）对每股收益、净资产收益率存在显著影响，但对每股经营活动现金流量净额的影响并不显著，说明反映盈利能力的企业绩效指标权衡了税收成本与非税成本，而反映现金流量的企业绩效指标并未权衡税收成本与非税成本。

总之，通过对税收成本、非税成本与企业绩效的理论分析与实证检验，不仅重新诠释了税收成本和非税成本理论，丰富了税收成本和非税成本指标化处理方法，也构建了税收成本、非税成本和企业绩效研究的分析框架，为后续相关研究提供了范例，奠定了基础。研究结论对规范涉税账务处理和完善税务信息披露制度等提供了较可靠的依据。

李彩霞
2013 年 7 月

目　录

第1章　导论 ……………………………………………………………（1）

　1.1　研究背景与研究前提 …………………………………………（1）
　　　1.1.1　研究背景 ………………………………………………（1）
　　　1.1.2　研究前提 ………………………………………………（3）
　1.2　研究动机与意义 …………………………………………………（4）
　　　1.2.1　理论意义 ………………………………………………（5）
　　　1.2.2　实践意义 ………………………………………………（5）
　1.3　研究框架与研究方法 ……………………………………………（6）
　　　1.3.1　研究框架 ………………………………………………（6）
　　　1.3.2　研究方法 ………………………………………………（9）
　1.4　创新与不足 ………………………………………………………（10）
　　　1.4.1　研究创新 ………………………………………………（10）
　　　1.4.2　研究不足 ………………………………………………（10）

第2章　相关研究文献回顾与评述 ………………………………（12）

　2.1　税收成本和非税成本的研究 …………………………………（12）
　　　2.1.1　税收成本的研究 ………………………………………（13）
　　　2.1.2　税收遵从成本的研究 …………………………………（20）
　　　2.1.3　非税成本的研究 ………………………………………（23）
　2.2　企业绩效的研究 ………………………………………………（27）
　　　2.2.1　企业绩效的概念 ………………………………………（27）

2.2.2　企业绩效评价指标 …………………………………………（28）
2.3　税收成本、非税成本与企业绩效关系的研究 ……………………（31）
　　2.3.1　税收成本与非税成本权衡问题的研究 ……………………（31）
　　2.3.2　税收成本、非税成本与企业绩效关系的研究 ……………（34）
2.4　研究文献评述 ………………………………………………………（37）

第3章　相关研究理论基础与我国税制背景 ……………………………（39）

3.1　理论基础 ……………………………………………………………（39）
　　3.1.1　信息不对称理论 ………………………………………………（39）
　　3.1.2　契约理论 ………………………………………………………（40）
　　3.1.3　利益相关者理论 ………………………………………………（41）
　　3.1.4　成本理论 ………………………………………………………（42）
　　3.1.5　税务管理理论 …………………………………………………（45）
3.2　我国的税制背景 ……………………………………………………（46）
　　3.2.1　我国的税收制度 ………………………………………………（46）
　　3.2.2　我国的税制结构 ………………………………………………（52）

第4章　税收成本、非税成本与企业绩效的理论分析 …………………（55）

4.1　税收成本理论 ………………………………………………………（55）
　　4.1.1　税收成本的内涵 ………………………………………………（55）
　　4.1.2　税收成本的构成 ………………………………………………（56）
　　4.1.3　税收成本的影响因素 …………………………………………（63）
4.2　非税成本理论 ………………………………………………………（70）
　　4.2.1　非税成本的内涵 ………………………………………………（70）
　　4.2.2　非税成本的构成 ………………………………………………（72）
　　4.2.3　非税成本的影响因素 …………………………………………（79）
4.3　企业绩效理论 ………………………………………………………（82）
　　4.3.1　企业绩效的内涵 ………………………………………………（82）
　　4.3.2　企业绩效评价指标 ……………………………………………（85）

目 录

4.4 税收成本与非税成本相关性分析 ……………………………… (87)
    4.4.1 税收成本与非税成本的关系：总体描述 ………………… (87)
    4.4.2 税收成本与非税成本项目之间的关系：具体阐释 ……… (90)
    4.4.3 税收成本项目与非税成本之间的关系：具体阐释 ……… (95)
    4.4.4 小结：税收成本与非税成本的关系 ……………………… (97)

4.5 税收成本与非税成本对企业绩效影响的理论分析 …………… (98)
    4.5.1 税收成本与企业绩效的关系 ……………………………… (99)
    4.5.2 税收成本、非税成本与企业绩效的关系 ………………… (101)

第5章 税收成本与企业绩效的实证研究 ……………………… (104)

5.1 增值税成本与企业绩效的实证检验（一）…………………… (104)
    5.1.1 研究假设 …………………………………………………… (105)
    5.1.2 变量设计与模型构建 ……………………………………… (107)
    5.1.3 数据来源与样本选择 ……………………………………… (109)
    5.1.4 实证研究结果 ……………………………………………… (110)
    5.1.5 实证研究结论 ……………………………………………… (116)

5.2 增值税成本与企业绩效的实证检验（二）…………………… (117)
    5.2.1 研究假设 …………………………………………………… (117)
    5.2.2 变量设计与模型构建 ……………………………………… (118)
    5.2.3 数据来源与样本选择 ……………………………………… (123)
    5.2.4 描述性统计与Pearson相关分析 ………………………… (124)
    5.2.5 实证研究结果 ……………………………………………… (127)
    5.2.6 实证研究结论 ……………………………………………… (129)

5.3 企业所得税成本与企业绩效的实证检验 ……………………… (130)
    5.3.1 研究假设 …………………………………………………… (130)
    5.3.2 变量设计与模型构建 ……………………………………… (132)
    5.3.3 数据来源与样本选择 ……………………………………… (136)
    5.3.4 描述性统计与Pearson相关分析 ………………………… (137)
    5.3.5 实证研究结果 ……………………………………………… (139)

5.3.6　实证研究结论 ·· (141)

第6章　税收成本、非税成本与企业绩效的实证研究 ············· (143)

6.1　非税成本指数的构建 ·· (143)

　　6.1.1　指数构建思路与方法 ·· (143)

　　6.1.2　数据来源与样本选择 ·· (144)

　　6.1.3　变量设计 ·· (145)

　　6.1.4　因子分析 ·· (153)

　　6.1.5　非税成本指数构建与实际分析 ····························· (161)

6.2　税收成本、非税成本与企业绩效的实证检验 ·················· (163)

　　6.2.1　研究假设 ·· (163)

　　6.2.2　变量选择与模型构建 ·· (164)

　　6.2.3　数据来源与样本选择 ·· (167)

　　6.2.4　描述性统计与Pearson相关分析 ··························· (168)

　　6.2.5　实证研究结果 ·· (170)

　　6.2.6　实证研究结论 ·· (173)

第7章　研究结论、政策建议及未来研究展望 ······················ (174)

7.1　研究结论 ·· (174)

7.2　政策建议 ·· (177)

7.3　研究局限性与未来研究展望 ······································· (178)

参考文献 ·· (180)

后记 ·· (203)

第1章 导　　论

1.1　研究背景与研究前提

1.1.1　研究背景

在悠悠的历史长河中，税收从实物税演变为货币税，从单一的农业税演变为种类繁多的市场经济税。历史变迁，税收形式更迭，但永恒不变的是税收的实质。税收是维系国家机器正常运转的经济基础，是促进企业市场化高速发展的保障，是全民共享改革发展成果的源泉。税收对于个人和企业都是一个永远无法回避的话题。从阶级社会开始的那一刻起，税收就登上了历史的舞台，扮演着举足轻重的角色。那么，在新中国历经改革开放发展后的今天，我们如何理解税收与企业之间这种"如影随形"的关系呢？

企业作为市场经济中商业组织的基本单位，通过融合生产要素以及有组织地经营以达到创造利润和实现企业财务目标的目的。企业在遵守法律规定的前提下合法经营，享受政府提供的公共服务，如公共基础设施、国防安全、社会法制环境等，同时也必须依法向政府支付公共产品与服务的交易费用，即履行纳税义务。在市场经济条件下，政府与企业之间的公共产品交易需要借助税收方式得以实现，现代企业与税收存在着极其密切的关系。

税收成本是税收实践的伴生物。税收成本概念最早出现在税收原则理论中，在不同历史时期，西方经济学家总结、提出了不少税收原则，其中都涉及到税收成本问题，比较有代表性的理论学派有最优税理论、供给学派税制优化理论、公共选择学派的税制优化理论等[1]。但总的来讲，这些税收原理或

---

[1] 参见刘秀丽. 税收成本研究［D］. 天津财经大学，2006：6-7.

者学派对税收成本的研究都是基于税收部门视角，所指的税收成本仅为税务管理部门的征税成本。事实上，税收成本的界定并不统一，学术界有众多观点，有部分学者从税务机关角度考虑，将征管成本或征税成本称为"税收成本"；但也有部分学者从企业角度分析，将纳税成本或税务成本称为"税收成本"[①]。我国是所得税与流转税并重的"双主体"税制结构，流转税在全部税收中占有较大比重，以2011年为例，全国税收中流转税的比重达到57%。目前，虽然也有部分文献从企业角度研究税收成本，但国内相关税收成本研究主要关注所得税成本，而忽视流转税成本和企业整体税收成本。因此，仅考虑所得税成本而忽视流转税成本的研究显然有失偏颇，税收成本的研究不仅应分析所得税成本，也应关注流转税成本和企业整体税收成本。

"非税成本"的概念由财务学教授迈伦·斯科尔斯（Myron S. Scholes）与会计学教授马克·沃尔夫森（Mark A. Wolfson）于1992年提出，他们结合微观经济学与税收法律知识分析税收环境，构建了SW框架[②]，认为有效的税务筹划需要同时考虑交易各方、所有税收和所有成本（All parties, All taxes, All costs），而"所有成本"就要求"必须考虑所有的商业成本，而不仅仅局限于税收成本"[③]，其中商业成本不仅包括税收成本，也包括非税成本。自此，"非税成本"作为税收成本的一个派生概念开始引起学术界的关注。随后，众多国内外学者展开了与非税成本相关的一系列研究。然而，非税成本的界定仍未形成统一认识，并且非税成本计量问题至今尚未完全解决。

根据财政部税政司税源调查分析处公布的数据[④]，2007~2011年全国税收收入连年递增，扣除个人所得税后的税收收入也呈逐年递增状态。以2011年度为例，全国税收总收入完成89 720.31亿元，比上年增加16 509.52亿元，

[①] 本书基于会计视角（纳税人视角），所研究的税收成本指的是纳税成本或税务成本。详见第4章第4.1节中的论述与分析。
[②] SW研究框架是Scholes-Wolfson的研究范式，该研究范式围绕所有交易参与者、所有税收支出和所有成本为中心主体展开研究。
[③] 迈伦·斯科尔斯，马克·沃尔夫森，默尔·埃里克森，爱德华·梅杜，特里·谢富林. 税收与企业战略 [M]. 张雁翎，主译. 北京：中国财政经济出版社，2004：3.
[④] 数据来源于财政部税政司官方网站http://szs.mof.gov.cn/.

同比增长22.6%①。其中个人所得税实现收入6 054.09亿元，扣除个人所得税外的税收收入为83 666.22亿元，如此巨额的税款绝大部分源于企业②，形成广大企业的税收成本。同时，在税款缴纳过程中也会产生大量的奉行成本（国外也称之为"纳税遵从成本"）。税收成本与奉行成本的产生会导致企业绩效发生变化③，一些企业为了规避或者是推迟纳税义务，纷纷进行税务筹划，这将进一步产生诸如财务报告成本、筹划成本、违规成本等一系列非税成本。为此，研究企业的税收成本和非税成本理论，并分析两种成本对企业绩效的影响具有一定的现实意义。

企业生产经营的最大动力是对税后利润以及整体价值最大化的追求。企业价值需要通过改进生产技术、改善经营管理、扩大规模、开拓市场等有效途径予以实现。除此之外，企业也需要正确处理与国家的税收分配关系以实现价值最大化。因为，从企业角度看，税收是企业一项重要的支出，是企业经济运行中的一个重要参数，直接影响到企业生产经营效率，这些源于企业纳税活动所产生的显性成本和隐性成本影响到企业绩效。基于上述分析，本书从企业角度研究税收成本、非税成本的内涵和影响因素，并对税收成本和非税成本进行指标化处理，进而考察两者对企业绩效的影响，为企业的税务管理、绩效管理提供理论的和经验的指导。此外，通过考察企业的税收成本和非税成本对企业绩效的影响，分析企业的微观税负情况，从而为国家行政管理部门提供政策建议。

1.1.2 研究前提

1.1.2.1 研究视角

税收成本的研究，若站在税收管理部门的立场，重在控制税收成本（征

---

① 根据财政部税政司的解释，此处全国税收总收入包括税务部门征收的国内税收收入，海关征收的关税、船舶吨税、代征的进口货物增值税和消费税，以及财政或地税部门征收的耕地占用税和契税，并扣除了出口退税，为全国税收净收入数。

② 除个人所得税之外的税收中，也有部分税收来源于个人，如印花税、车船使用税等由个人支付的部分。由于财政部税政司对外披露的数据不能明确划分哪些源于企业，哪些源于个人，为此，只能笼统地给予说明。

③ 税收成本、奉行成本是企业的一项成本支出，会影响到企业的利润，进而改变企业绩效衡量指标，如总资产报酬率、净资产收益率等。

收成本)，并力争提高纳税人的纳税遵从度；若站在纳税人的立场，关注的焦点是兼顾税收成本（即纳税成本）和非税成本，权衡两种成本对企业绩效的影响。前者的研究是宏观分析，并不针对特定企业，多为财政专业学者所关注；后者的研究关注于企业行为，从会计角度研究税收成本与企业绩效问题。

本书基于企业视角（即纳税人角度）研究税收成本与非税成本，在明确两者概念和探讨两者关系的基础上，分析税收成本、非税成本对企业绩效的影响，并根据上市公司财务年度报告数据进行相关的实证检验。

1.1.2.2 研究范围

虽然本书的理论部分考虑了所有企业全部税种的税收成本，但在实证部分，鉴于实际数据的可获取性，而选取中国沪深两市 A 股上市公司为研究对象。

根据中国流转税与所得税并重的"双主体"税制结构，在分析税收成本与企业绩效关系时，更多地考虑了增值税成本和企业所得税成本。税收成本与非税成本理论分析部分尽可能地考虑所有情况，详细探讨各税收成本（包括流转税和所得税）与各非税成本（包括财务报告成本、代理成本、交易成本、违约成本、税收遵从成本）之间的关系，但由于非税成本中部分项目仅与所得税成本相关，并且财务会计报告中对所得税信息披露较充分，为此，税收成本、非税成本与企业绩效的实证检验仅考虑了所得税成本；同时，为了控制回归分析中的自相关问题，采用因子分析方法构建非税成本指数，借以考察所得税成本、非税成本与企业绩效的关系。

在研究税收成本、非税成本与企业绩效关系时，考虑到非税成本为税收成本的派生概念，两者之间存在"天然"的内生关系，从而未单独分析非税成本对企业绩效的影响，为此，在不影响研究结论的前提下，本书仅分析了税收成本与企业绩效的关系以及税收成本、非税成本与企业绩效的关系。

1.2 研究动机与意义

自迈伦·斯科尔斯提出有效税务筹划概念后，国外就税收成本与非税成本开展了一系列研究，并基于税收成本与非税成本的权衡分析了企业组织形式选择、股权结构、企业规模等问题。国内在最近十几年才开始关注税收成本与非税成本的研究，为数不多的研究仅以规范研究分析，很少采用实证方法来研究税收成本与非税成本，尤其是税收成本与非税成本的指标化处理问题。本书研究税收成本与非税成本界定与量化问题，并基于契约理论、信息不对称理论、利益相关者理论、成本理论和企业税务管理理论，构建税收成本、非税成本与企业绩效之间关系的理论框架，进而通过A股上市公司年度财务数据考察税收成本、非税成本与企业绩效的关系。

本书从企业角度研究税收成本、非税成本的内涵和影响因素，并对税收成本和非税成本进行指标化处理，进而考察两者对企业绩效的影响，为企业的税务管理、成本管理以及绩效管理提供理论的和经验的指导。

1.2.1 理论意义

（1）从纳税人视角研究税收成本与非税成本，以成本理论为基础，从词源出发，对税收成本、非税成本、税收遵从成本等概念进行界定，丰富了税收成本与非税成本的理论体系。

（2）构建了税收成本、非税成本与企业绩效的分析框架。基于企业税务管理与企业绩效管理理论，构建税收成本、非税成本与企业绩效之间关系的理论框架，提出从税收成本和非税成本角度来评价企业绩效的一种新的研究框架。

（3）以上市公司的经验数据为基础，构建了税收成本与企业绩效以及税收成本、非税成本与企业绩效的回归模型。选取企业所得税有效税率和增值税实际税率作为税收成本的量化指标，选取资产负债率、借款比率等作为非税成本的量化指标，并采用因子分析法确定非税成本指数，构建实证模型，考察税收成本和非税成本对企业绩效的影响。实证模型中税收成本和非税成本替代变量的选取，为今后税收成本、非税成本指标化处理提供一些思路。

1.2.2 实践意义

（1）有利于加强企业的财务管理。企业的纳税活动将产生一定显性成本和隐性成本，税金是企业一项很大的现金流出，税收成本和非税成本构成了企业成本的一部分，会直接影响到企业绩效，本书通过考察税收成本和非税成本对企业绩效的影响，有助于企业加强税务管理、成本管理和绩效管理。

（2）有利于促进税务信息披露模式的改进。税收成本和非税成本作为企业的一项显性或隐性支出，必然对企业绩效产生一定的影响，然而，目前的会计处理还不能充分计量与披露企业的税收成本和非税成本信息。为此，通过理论分析与实证研究，可以充分认识税收成本、非税成本对企业绩效的影响程度，从而引起人们对税收成本和非税成本计量与披露的重视，并为会计准则制定部门完善涉税成本信息的计量与披露提供一定的政策建议。因此，本书的研究对促进税务信息（尤其是涉税成本信息）披露模式构建具有一定的现实意义。

（3）有利于完善税负评价指标。通过分析非税成本与企业绩效的关系，认为非税成本也会对企业绩效产生一定影响。企业向国家缴纳的税金只是显性成本，税收征管部门在评价企业税负时，也应适当考虑企业的非税成本。为此，本书的研究对完善企业的税负评价指标有一定的现实意义。

1.3 研究框架与研究方法

1.3.1 研究框架

国内关于税收成本与非税成本的研究较少，尤其是两种成本的界定与量化问题，致使基于税收成本与非税成本的实证研究也不多。同样，结合税收成本与非税成本理论，研究税收成本、非税成本与企业绩效关系的成果也比较少。在此背景下，本书以税收成本与非税成本理论为基础，在界定、量化税收成本与非税成本的基础上，从理论上分析税收成本、非税成本对企业绩效的影响，并以A股上市公司年度财务数据为依据实证检验税收成本、非税成本与企业绩效的关系，从而为企业的税务管理和绩效管理提供理论的和经验的证据。全文共分为7章，具体内容安排如下：

第1章导论。主要阐述本书的研究背景，并介绍研究视角、研究范围、研

第1章 导　　论

究动机与意义、研究思路与方法、研究框架和主要内容、创新点与不足等。本章是全书的起点，搭建了以后章节的逻辑分析框架，确立了具体的研究方法体系。

第2章是对税收成本、非税成本与企业绩效相关文献回顾与评述。本书研究目的是在税收成本、非税成本与企业绩效的理论分析基础上，对税收成本、非税成本与企业绩效的关系进行实证检验。本书围绕研究内容的需要，重点综述了税收成本和非税成本的界定与量化、企业绩效的界定与评价方法、税收成本与企业绩效的关系、非税成本与企业绩效的关系等相关研究成果，并通过评述前人的研究，得出本书研究的重点以及研究意义和价值。

第3章分析税收成本、非税成本与企业绩效的理论基础以及我国的税制背景。首先，本章阐述了相关的信息不对称理论、契约理论、利益相关者理论、成本理论和企业税务管理理论，为下文研究提供理论基础；其次，为了确定研究重点，分析了我国的税收制度和税制结构。本章为第4、5、6章的研究提供理论基础。

第4章是税收成本、非税成本与企业绩效的理论分析。首先对税收成本、非税成本和企业绩效进行理论分析，包括税收成本和非税成本的界定、构成和量化，企业绩效的内涵和评价指标体系等内容；其次，在探讨税收成本与非税成本关系的基础上，分析税收成本对企业绩效的影响以及税收成本和非税成本对企业绩效的影响，从而为第5章和第6章的实证分析提供理论分析框架。

第5章和第6章是税收成本、非税成本与企业绩效的实证分析。第5章主要研究增值税成本与企业绩效的关系以及企业所得税成本与企业绩效的关系，利用上市公司年度财务数据进行实证检验。第6章引入非税成本因素，通过经验数据进一步分析税收成本、非税成本与企业绩效的关系，其中，非税成本指数的构建采用因子分析方法。

第7章是研究结论与政策建议。本章是对全书的研究成果的总结，根据以上章节的研究归纳本书的结论，并向企业和税务机关、准则制定机构等政府部门提供政策与建议。

本书的研究框架和主要内容设计，如图1.1所示。

税收成本、非税成本与企业绩效研究

分析逻辑	内容逻辑	对应章节
研究起点	研究背景与前提 研究动机与意义	第1章
理论基础	税收成本与非税成本研究综述 / 企业绩效研究综述 / 税收成本、非税成本对企业绩效关系的研究综述 相关理论基础：信息不对称、契约理论、利益相关者、成本理论、税务管理理论 我国税制背景	第2章 第3章
理论分析	税收成本理论 / 非税成本理论 / 企业绩效理论 / 税收成本与非税成本相关性分析 / 税收成本、非税成本对企业绩效影响的理论分析	第4章
实证分析	税收成本对企业绩效的影响：增值税成本对企业绩效的影响 / 所得税成本对企业绩效的影响 （在以上基础上考虑非税成本因素） 非税成本指数构建 所得税成本、非税成本对企业绩效的影响	第5章 第6章
	研究结论与政策建议	第7章

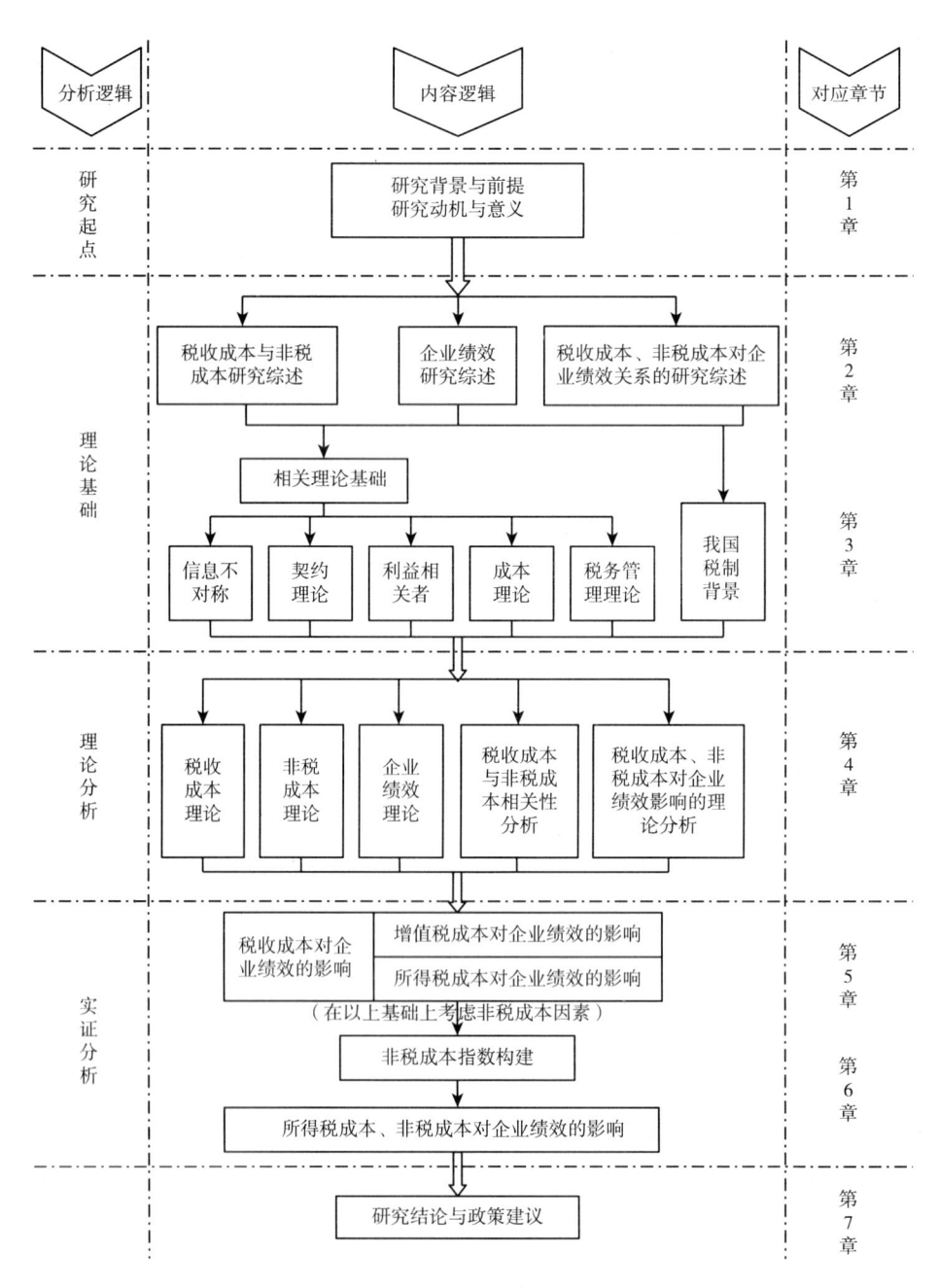

图 1.1 研究框架

8

1.3.2 研究方法

本书采用理论分析与实证分析并重的研究方法。在理论分析中以归纳和演绎方法为主，辅以数据分析，从而提出研究的主要内容和分析框架。在实证分析中采用上市公司公布的年报数据为基础，严格遵循实证研究程序，根据理论分析框架构建实证模型，从而对理论分析结果提供经验的证据。书中采用的研究方法主要有：

（1）理论分析方法。通过对国内外相关文献的回顾，界定税收成本、非税成本、企业绩效的内涵，并从纳税人的角度研究税收成本和非税成本的影响因素及其量化指标，分析企业绩效的量化指标和评价方法，构建税收成本、非税成本和企业绩效研究的分析基础。

（2）实证分析方法。第 5 章和第 6 章以我国上市公司公开披露的数据和统计数据为基础，实证检验税收成本与企业绩效、非税成本与企业绩效的关系。实证分析时，采用的具体方法如下：

第一，描述性统计。运用描述性统计分析方法对我国上市公司的有效所得税率的变化规律进行研究，并重点分析企业所得税法变化前后，有效税率的具体表现。

第二，独立样本 T 检验和 Z 检验。第 5 章研究增值税转型背景下，采用独立样本均值检验和中值检验的方法，实证检验了增值税成本变动对企业绩效的影响。

第三，回归分析。利用沪深两市 A 股上市公司数据，采用多元线性回归的方法，实证检验了增值税实际税率与企业绩效的关系、所得税有效税率与企业绩效的关系以及所得税成本、非税成本与企业绩效的关系。

第四，因子分析。非税成本的构成较为复杂，为了控制回归分析中的自相关问题，在第 6 章中，采用因子分析方法对非税成本各研究变量进行研究，确定公因子，并根据公因子构造非税成本指数。

1.4 创新与不足

1.4.1 研究创新

（1）研究视角方面。目前，从税务机关角度分析税收成本的研究比较多，本书从企业角度研究税收成本与非税成本，探讨两者之间的关系，并考察两种成本对企业绩效的影响。

（2）研究内容方面。第一，在分析现有研究成果的基础上，根据研究需要，从企业的角度重新界定税收成本和非税成本的内涵与构成；第二，将非税成本的影响因素和量化纳入本书的研究内容，采用因子分析方法识别和计量非税成本，构建非税成本指数；第三，从税收的角度评价企业绩效，研究税收成本和非税成本对企业绩效的影响。

（3）研究方法方面。第一，利用上市公司公布的财务报表数据，构造了增值税实际税率（ETR）指标，并实证检验了增值税实际税率与企业绩效的关系；第二，由于非税成本包括财务报告成本、代理成本、交易成本、税收遵从成本、违规成本等诸多项目，为了消除回归分析中的自相关问题，采用因子分析方法构造非税成本指数，构建所得税成本、非税成本指数与企业绩效关系模型，借以考察税收成本和非税成本对企业绩效的影响。

1.4.2 研究不足

本书从理论与实证两方面分析检验了税收成本、非税成本与企业绩效的关系，然而，受客观因素和本人能力等方面的限制，仍可能存在以下不足：

（1）增值税实际税率的计算存在一定的误差。由于上市公司财务会计报告并未披露其增值税相关信息，在估计增值税实际税率时，仅能根据营业税金及附加所披露的消费税、营业税和城市维护建设税等信息进行倒推，为公司增值税实际税率的一种估计方法，是一种尽可能接近企业实际增值税成本的一个替代变量。可见，造成这种局限的根本原因是财税合一的增值税会计处理使会计报表无法清晰地反映企业的增值税信息。

（2）构建非税成本指数时，非税成本各项目量化指标的选取存在一定不足。由于非税成本的构成较为复杂，某些数据较难获取，所以其具体度量指标的选取可能不充分或存在一定主观性。比如，税收遵从成本高低可根据聘请税务审计收费情况反映，但由于税务审计收费不予披露，为此，本书退而求其次，选用企业应纳税款的自然对数代表企业的税收遵从成本。总之，受客观条件限制，非税成本各量化指标的选取可能存在一定的局限，完善相关信息披露内容才能得以根本改善。

第2章 相关研究文献回顾与评述

2.1 税收成本和非税成本的研究

在市场经济条件下，政府与企业之间的公共产品交易需要借助税收方式得以实现，而税收成本就是税收实践的伴生物。税收成本概念最早出现在税收原则理论中，这些理论对税收成本的描述仅限于税收征管部门角度。然而，税收作为连接政府与企业的纽带，也必然会对企业的经营管理产生影响。如果仅从政府（税收征管部门）角度研究税收成本显然是不完整的，还需要关注从企业（纳税人）角度研究税收成本问题。事实上，企业传统的税务筹划就是从企业角度研究税收成本问题[①]，即通过税务筹划使企业的税负最小化。1992年，迈伦·斯科尔斯（Myron S. Scholes）和马克·沃尔夫森（Mark A. Wlofson）提出有效税收筹划理论，将非税成本问题纳入税务筹划研究框架内，从而开始引起会计学术界对非税成本的关注与研究。但国内关于税收成本与非税成本的研究仍处于起步阶段，绝大部分学者仅从规范角度解读税收成本与非税成本，相关经验研究却较少，究其原因是许多关键问题有待解决，如税收成本、非税成本、税收遵从成本的界定和量化问题[②]。为此，本章根据国内外有关研究文献，对税收成本、税收遵从成本、非税成本的相关研究进行归纳与评述。

[①] "传统税务筹划"是相对于"有效税务筹划"的一个概念，强调以"税负最小化"为筹划目标。

[②] 税收遵从成本也称奉行成本，是税款缴纳过程中所产生的货币、时间、心理等方面的损耗。本书为了分析税收遵从成本的归属问题（即税收遵从成本属于税收成本范畴还是非税成本范畴），所以本章将税收遵从成本的相关研究成果单独予以综述。

2.1.1 税收成本的研究

2.1.1.1 税收成本的界定

国外最早提出税收成本的概念是在税收原则理论中，在不同历史时期，西方经济学家总结、提出了不少税收原则，其中都涉及到税收成本问题。威廉·配第（William Petty）在《赋税论》[①] 和《政治算术》[②] 中提出税收应当贯彻"公平、简便、节省"三条原则，其中"简便"就是指征税手续不能过于繁琐，方法要简明，尽量给纳税人以便利；"节省"就是指征税费用不能过多，应尽量注意节约。可见，简便和节约就是对税收成本的界定。此后，亚当·斯密（Adam Smith）在《国民财富的性质和原因的研究》[③] 中，总结了税收的"四项"原则，即"平等、确实、便利和最少征收费"，其中"最少征收费"指的就是税收成本问题[④]。随着众多经济学者对税收成本问题的深入研究，在20世纪20年代后，陆续出现了一些较有代表性的理论学派，如最优税理论、供给学派税制优化理论、公共选择学派的税制优化理论等，但在税收理论中对税收成本的描述都是基于税收部门视角。

"Taxation"即课税、征税、税收，因此，税收征管部门界定税收成本时常用"Cost of Taxation"。1992年，迈伦·斯科尔斯和马克·沃尔夫森提出了有效税收筹划理论，强调有效的税收筹划应该充分考虑交易各方（All parties）、显性税收与隐性税收（Explicit taxes and implicit taxes）、税收成本与非税成本（Tax costs and non-tax costs）等因素对企业经济决策的影响[⑤]，从此会计学术界开始以企业角度研究"税收成本"（Tax costs）。随后，税收成本概

[①] 威廉·配第. 赋税论 [M]. 马妍译. 北京：中国社会科学出版社，2010.
[②] 威廉·配第. 政治算术 [M]. 马妍译. 北京：中国社会科学出版社，2010：10-83.
[③] 亚当·斯密. 国民财富的性质和原因的研究 [M]. 郭大力，王亚南译. 北京：商务印书馆，1972.
[④] 刘秀丽. 税收成本研究 [D]. 天津财经大学，2006：6-7.
[⑤] 迈伦·斯科尔斯，马克·沃尔夫森，默尔·埃里克森，爱德华·梅杜，特里·谢富林. 税收与企业战略 [M]. 张雁翎，主译. 北京：中国财政经济出版社，2004：3.

念开始在会计学者的文献中频频出现,如 Terry Shevlin(2007)[①]、Qiang (2007)[②] 都使用了"Tax costs"的概念。除了明确使用税收成本概念外,有些文献也常采用税收因素(Tax factors)、税收节约(Tax benefits)等概念,如 Leslie Hodder 等(2003)[③]、Raquel Meyer Alexander(2005)[④] 就采用税收因素概念;Steve Matsunaga 等(1992)[⑤]、Erickson 和 Wang(2007)[⑥]、Badertscher 等(2009)[⑦] 则采用税收节约概念。但无论使用哪种具体称谓,其内涵均指税款或税金。

目前,国内学者对税收成本的界定并不统一。归纳起来,比较有代表性的观点主要有以下几种:一是,税收成本是征税成本、纳税成本、社会成本的总称。许多学者在从广义上界定税收成本时,通常将其分为征税成本、纳税成本与经济成本。刘秀丽(2006)认为"广义的税收成本指征税成本、纳税成本和经济成本",并将纳税成本解释为"纳税人在按照税法规定纳税过程中所支出的费用(即奉行费用)和税收的额外负担"[⑧]。这种关于税收成本的广义界定被许多文章所引用,是关于广义税收成本的普遍认识。但也有些学者认为广义税收成本并不包括经济成本,如胡国强(2007)[⑨] 则认为税收成本仅包括政府税收成本(即征税成本)和企业纳税成本。二是,税收成本特指

[①] Terry Shevlin. The Future of Tax Research: From an Accounting Professor's Perspective [J]. The Journal of the American Taxation Association, 2007(29):87-93.

[②] Xinrong Qiang. The Effects of Contracting, Litigation, Regulation, and Tax Costs on Conditional and Unconditional Conservatism: Cross-Sectional Evidence at the Firm Level [J]. THE ACCOUNTING REVIEW, 2007(82):759-796.

[③] Leslie Hodder, Mary Lea McAnally, Connie D Weaver. The Influence of Tax and Nontax Factors on Banks' Choice of Organizational Form [J]. Accounting Review, 2003(78):297-325.

[④] Raquel Meyer Alexander. State-Sponsored College 529 Plans: The Influence of Tax and Non-Tax Factors on Investors' LeAnn Luna [R]. Working paper, University of Tennessee, 2005.

[⑤] Steve Matsunaga, Terry Shevlin, and D. Shores. Disqualifying Dispositions of Incentive Stock Options: Tax Benefits versus Financial Reporting Costs [J]. Journal of Accounting Research, 1992(30):37-68.

[⑥] Merle M. Erickson, Shiing-wu Wang. Tax Benefits as a Source of Merger Premiums In Acquisitions of Private Corporations [J]. THE ACCOUNTING REVIEW, 2007(82):359-387.

[⑦] Brad A. Badertscher, John D. Phillips, Morton Pincus, Sonja Olhoft Rego. Earnings Management Strategies and the Trade-Off between Tax Benefits and Detection Risk: To Conform or Not to Conform [J]. THE ACCOUNTING REVIEW, 2009(84):63-97.

[⑧] 刘秀丽. 税收成本研究 [D]. 天津财经大学,2006:1-2,17.

[⑨] 胡国强. 税收成本:理论基础、内涵界定及其构成体系 [J]. 会计之友,2007(3):26-28.

为"征税成本"。刘秀丽（2006）认为税收成本可分为狭义税收成本和广义税收成本，其中狭义税收成本是指"税务机构为征税而花费的行政管理费用，即税务机关的征税成本"[①]。李飞（2009）[②] 也将税收成本特定为征税成本。概括而言，财税专业的研究者大多选定征收成本为研究对象，从税收部门的角度来研究税收成本。三是，税收成本特指为"纳税成本"。当税收成本特指纳税成本时，通常会称为企业税收成本。姚爱科（2011）认为企业税收成本是指企业在纳税过程中所发生的直接或间接耗费，企业税收成本具有广义与狭义之分，狭义的企业税收成本仅指企业在生产经营过程中应当缴纳的各种税款之和，广义的企业税收成本则应该包括税收负担以及与纳税相关的所有费用[③]。他所定义的广义税收成本就是纳税成本。一般而言，在税收成本是指纳税成本时，通常直接称之为"纳税成本"或者是"税务成本"。四是，税收成本特指"税金（或称税款）"。崔志娟（2008）将税收成本定义为："按照国家税法规定，不同组织形式的企业在不同的经济活动中应当缴纳的税款费用"[④]。姚爱科（2011）也认为"狭义的企业税收成本仅指企业在生产经营过程中应当缴纳的各种税款之和"[⑤]。五是，税收成本是指"企业所得税成本"。在特定背景下，也有些学者将企业所得税成本称为税收成本。比如，龙凌虹和陈婧婧（2010）[⑥] 所指的税收成本就仅包括企业所得税成本。由此可见，不同的研究角度和研究目的，会选择不同的界定方式。

总之，国外研究对税收成本的界定比较统一，税收成本即为税款或税金，但不同文献描述税收成本时，会采用不同的具体称谓，如税收成本、税收因素、税收节约等。国内研究也并未统一税收成本、征税成本、纳税成本、税务成本等概念，不同研究者给予了不同解释，税收成本既可以有广义和狭义之分，也可以从纳税人角度或征税部门角度进行不同界定。为此，本书从企

---

① 刘秀丽. 税收成本研究 [D]. 天津财经大学, 2006: 1.
② 李飞. 税收成本及其控制问题研究 [D]. 华中科技大学博士学位论文, 2009.
③ 姚爱科. 企业税收成本构成及其优化 [J]. 财会研究, 2011 (5): 65.
④ 崔志娟. 有效税收筹划的基点：税收成本与非税成本 [J]. 当代财经, 2008 (2): 126.
⑤ 姚爱科. 企业税收成本构成及其优化 [J]. 财会研究, 2011 (5): 65.
⑥ 龙凌虹, 陈婧婧. 控股权性质、税收成本与盈余管理——基于会计 - 税收利润差异的研究 [J]. 上海立信会计学院学报, 2010 (4): 31 - 37.

业角度分析税收成本，即纳税成本。为了严格区分税收成本与非税成本，本书将税收成本定义为企业的纳税成本，即企业按照国家税法规定应当缴纳的各种税款之和，不包括税收遵从成本。

2.1.1.2 税收成本的量化

依据税收规则，税收成本可按照税种不同分为所得税成本、流转税成本等内容。发达国家的税制结构以所得税为主，流转税所占的比例较小，为此研究者大多关注于企业所得税成本，而极少涉及增值税成本的计量，而我国与发达国家的税制结构存在巨大差异[1]，税收成本的计量不仅要考虑所得税成本，也要考虑增值税成本、流转税成本等。

（1）所得税成本的计量。纵观国内外相关研究成果，所得税成本的计量主要有三种方式（如表2.1所示）。

表2.1　　　　　　　国内外所得税成本的计量方法

所得税成本的计量方法	指标	具体计算	代表人物
直接使用ETR指标	基本的ETR	$\dfrac{\text{所得税费用}}{\text{税前会计利润（或账面利润、息税前利润）}}$	Michelle and Heitzman（2010）；吴联生、李辰（2007）；罗党论、杨玉萍（2011）；胥佚萱（2010）
	调整的ETR	$\dfrac{\text{所得税费用}-\text{递延所得税费用}}{\text{税前会计利润（或账面利润、息税前利润）}}$	吴联生、李辰（2007）；郭荟（2008）；Michelle and Heitzman（2010）；罗党论、杨玉萍（2011）
		$\dfrac{\text{所得税费用}}{\text{税前利润}-\dfrac{\text{递延所得税费用}}{\text{法定税率}}}$	吴联生、李辰（2007）；罗党论、杨玉萍（2011）
		$\dfrac{\text{所得税费用}-\text{递延所得税费用}}{\text{税前利润}-\dfrac{\text{递延所得税费用}}{\text{法定税率}}}$	吴联生、李辰（2007）
	与现金流量相关的ETR	$\dfrac{\text{使用现金支付的税款}}{\text{全部税前会计利润}}$	Michelle and Heitzman（2010）
		$\dfrac{\text{所得税费用}-\text{递延所得税负债的变化}}{\text{经营现金流量}}$	胥佚萱（2010）
	长期ETR	$\dfrac{\text{多年累计现金支付的税款}}{\text{同期累计的税前收益}}$	Dyreng 等（2008）；胥佚萱（2010）

---

[1] 我国为所得税与流转税并重的双主体税制结构，所得税和流转税所占的比重都较大；而西方发达国家，尤其是美国，税制结构是以所得税为主，流转税的份额较低。

续表

所得税成本的计量方法	指标	具体计算	代表人物
以替代变量反映 ETR 水平		应税收入损失、所得税的自然对数、税盾	Ayers 等（1996）
其他替代变量		应税收益与总资产比值、转换前一年末所得税损失的结转、免税所得与总资产的比值、某地区内的税收回报等	Hodder 等（2003）

第一种方式：直接使用 ETR 指标计量所得税成本。一般选择"有效税率"（Effective Tax Rate，ETR）作为企业税收成本的衡量指标，如 Zimmerman（1983）[1]、Stickney 等（1982）[2]、Shevlin 等（1992）[3] 等都采用 ETR 指标来衡量税收成本。但是，ETR 指标的计算方法并不统一，Hanlon 和 Heitzman（2010）[4] 总结了 ETR 的四种计算方法——基于公认会计原则的有效税率（GAAP ETR）、当期有效税率（Current ETR）、基于现金流量的有效税率（Cash ETR）和基于长期现金流量的有效税率（Long-run Cash ETR），系统分析了每种方法能否影响会计盈余、是否反映递延情况等问题，认为基于公认会计原则的有效税率、当期有效税率和基于现金流量的有效税率为短期指标；基于长期现金流的有效税率属于长期指标，由 Dyreng 等（2008）[5] 提出"超过十年的累计现金支付税款与相同期间的累计税前收益"，这种计算方法具有长期性质，可以避免每年的有效税率波动，并且在一定期间内使用现金支付

---

[1] Zimmerman, J. L.. Taxes and Firm Size [J]. Journal of Accounting and Economics, 1983 (5): 119-149.

[2] Stickney, C. P., and McGee, V. E.. Effective corporate tax rates: The effect of size, capital intensity, leverage and other factors [J]. Journal of Accounting and Public Policy, 1982 (2): 125-152.

[3] Shevlin, T., S. S. Porter. The Corporate Tax Comeback in 1987: Some Further Evidence. Journal of the American Taxation Association, 1992 (14): 58-79.

[4] Michelle Hanlon, Shane Heitzman. A review of tax research [J]. Journal of Accounting and Economics, 2010 (50): 127-178.

[5] Dyreng, S., Hanlon, M., Maydew, E.. Long-run corporate tax avoidance [J]. The Accounting Review, 2008 (83): 61-82.

税款也避免了递延税款对当期所得税费用的影响。吴联生和李辰（2007）[①] 使用了 ETR 的四种计算方法进行稳定性检验，但这些方法都未基于资产负债表债务法，也未说明哪种方法在衡量所得税成本时更加准确。同样，罗党论和杨玉萍（2011）[②] 也采用以上 ETR 计算方法的前三种方法进行稳定性检验，用以研究产权、地区环境与新企业所得税法实施效果问题。郭荟（2008）[③] 基于企业采用应付税款法核算所得税费用为前提，将 ETR 定义为当期的所得税费用与当期利润总额的比值。胥佚萱[④]（2010）在借鉴国外研究成果的基础上，总结并简单评价了 ETR 的四类计量方法，但并未确定指出哪些计量方法更适合现行税收规则和所得税会计处理。

第二种方式：寻找替代变量反映 ETR 水平，借以度量税收成本。有些研究并不直接计算 ETR 指标，而选择某些替代变量反映企业的 ETR 水平，如 Ayers 等（1996）[⑤] 在研究企业组织形式与税收关系时，虽指明采用 ETR 衡量税收成本，然而在具体指标选取时，使用了应税收入损失、所得税的自然对数、税盾三个替代变量。

第三种方式：选择其他替代变量度量税收成本。也有部分研究并未采用 ETR 指标衡量企业税收成本，如 Hodder 等（2003）[⑥] 在研究税收因素与非税因素对银行组织形式选择的影响时，则选取了6个税收指标反映税收成本，分别是平均股利与总资产比值、平均应税收益与总资产比值、转换前一年末抵押投资的市价和账面价值之差与总资产的比值、转换前一年末所得税损失的结转、可选择的最小税金的替代变量（平均免税所得与总资产的比值）、某地

[①] 吴联生，李辰. "先征后返"公司税负与税收政策的有效性 [J]. 中国社会科学，2007（4）：61-73.

[②] 罗党论，杨玉萍. 产权、地区环境与新企业所得税法实施效果 [J]. 中山大学学报（社会科学版），2011（5）：200-210.

[③] 郭荟. 中国上市公司盈余管理方式与所得税成本问题研究 [M]. 大连出版社，2008.

[④] 胥佚萱. 企业不同税收负担计量指标的评价与未来研究方向刍议 [J]. 现代财经，2010（9）：87-93.

[⑤] Benjamin C. Ayers, C. Bryan Cloyd, and John R. Robinson. Organizational Form and Taxes: An Empirical Analysis of Small Businesses [J]. The Journal of the American Taxation Association, 1996 (18): 49-67.

[⑥] Leslie Hodder, Mary Lea McAnally and Connie D. Weaver. The Influence of Tax and Nontax Factors on Banks' Choice of Organizational Form [J]. THE ACCOUNTING REVIEW, 2003 (1): 297-325.

区内的税收回报。

（2）增值税成本的计量。增值税成本也称增值税税负，税务机关一般用企业实缴增值税与同期不含税销售额之比表示。然而，这种计算并不能完整的反映企业的增值税税收负担，因为"作为企业经济利益流出的增值税，不论是否转嫁或转嫁多少，都应该完整地反映为一项会计费用，与利润存在此消彼长的关系"[①]。杨之刚等（2000）[②] 在研究不同行业及内外资企业纳税负担时，用增值税纳税额与销售收入的比值表示增值税的税负，他们仍未指明分子是应纳税额还是实缴税额，分母是含税销售收入还是不含税销售收入。盖地（2011）[③] 通过分析增值税的性质，将增值税税负表示为"（应交增值税＋不能抵扣、不能退税的增值税）/同期含税销售收入"，其中应交增值税表示企业直接缴纳的增值税，不能抵扣和不能退税的增值税表示间接缴纳的增值税。虽然上述学者提出的这些指标为衡量企业增值税成本提供了可能，但"不能抵扣、不能退税的增值税"、"增值税纳税额"等数据无法从企业财务会计报告中获取，只能借助企业或税务机关实际调研数据，为此这些指标在具体使用时仍存在一定局限性。

（3）流转税成本和总体税收成本的计量。国内也有少数学者研究了流转税的成本（即流转税税负）和企业整体的税收成本的量化指标。娄权[④]（2007）提出流转税税负用"主营业务税金及附加÷主营业务收入"指标衡量；企业整体的税收成本用"（主营业务税金及附加＋所得税）÷总资产"指标衡量。作者为流转税成本和企业总体税收成本衡量提供了一种思路，然而"主营业务税金及附加"仅能反映流转税中的营业税、消费税等纳税信息，并未包括企业的增值税纳税数据，该流转税税负指标是不准确的；同样，企业整体税负指标的分子"（主营业务税金及附加＋所得税）"中也未包括增值税，以"总资产"计算税负指标的经济意义也不很明确；此外，

[①] 盖地．税务会计理论［M］．大连：大连出版社，2011：159．
[②] 杨之刚，丁琳，吴彬珍．企业增值税和所得税负担的实证研究［J］．经济研究，2000（12）：26-35．
[③] 盖地．税务会计理论［M］．大连：大连出版社，2011：159．
[④] 娄权．上市公司税负及其影响因素分析——来自沪深股市的经验证据［J］．财会通讯，2007（3）：6-8．

现行会计准则也不再使用"主营业务税金及附加",而统一采用"营业税金及附加"。

总之,由于受税制结构影响,国外研究(以欧美国家为主)主要关注企业所得税成本计量,一般使用 ETR 指标衡量,根据 ETR 的计算方法又可分为长期指标和短期指标,但也有些研究选取某些替代变量反映企业税收成本高低。国内对税收成本计量的研究较晚,并且受国外现有研究成果影响,国内学者通常也关注企业所得税成本的计量,并且 ETR 的计算方法与国外研究相似。然而,鉴于我国税制结构及其会计处理原则的约束,国内研究还需进一步考虑 ETR 指标的具体计算方法以及流转税成本、企业整体税收成本的计量问题。

2.1.2 税收遵从成本的研究

纳税遵从成本,在西方也常成为税收遵从成本(Tax Compliance Costs),国内也称为"奉行成本"。随着研究问题的深入,许多学者开始关注税收遵从成本,进而展开了一系列的研究,主要集中于以下几个方面:

(1)税收遵从成本的界定。20 世纪 70 年代以后,国外一些学者开始关注税收遵从理论的研究,税收遵从成本问题开始引起关注。对税收遵从成本研究较早的学者是英国巴斯大学的政治经济学教授锡德里克·桑福德(Sandford),他对税收遵从成本进行了较为完善阐述,将"遵从成本"定义为"纳税人(或第三人,尤其是企业)为遵从税法或税务机关要求而发生的费用支出。这种费用支出是指税款及税收所固有的扭曲成本(如工作与闲暇的扭曲,商品消费或生产选择的扭曲)以外的费用"[①],具体包括时间成本、货币成本和心理成本。随后,一些学者对税收遵从成本的内容进行了补充和完善。1990 年,澳大利亚税收研究计划小组在进行遵从成本测算过程中,将税收遵从成本划分为社会遵从成本(SCC)和纳税人遵从成本(TCC),其中,纳税人的遵从成本包括纳税人的直接货币支出、纳税人为纳税而花费的时间和各种资源的推算成本,并扣减纳税人的管理利益、纳税人的现金流量利益、纳

---

① 锡德里克·桑德福. 成功税制改革的经验与问题,第 3 卷:税制改革更为关键的问题 [M]. 杨灿明,译. 北京:中国人民大学出版社,2004:99.

税人的税收扣除利益以及税收筹划减少的应纳税额。该研究小组对税收遵从成本的内容进行了更为详细的阐述。但仍有一些学者提出税收遵从成本中还有一些被忽略的成本值得考虑，如机会成本、诉讼成本、非劳务成本（如纳税活动中发生计算机、复印机、传真机、电话等通讯设备和办公用品的成本等）[①]。

国内，雷根强与沈峰（2002）较早地介绍了税收遵从成本，将税收遵从成本定义为"纳税人（自然人和法人）为遵从既定税法和税务机关要求，在办理纳税事宜时发生的除税款和税收的经济扭曲成本（如工作与闲暇选择的扭曲、消费或生产选择的扭曲）以外的费用支出"[②]。他们对税收遵从成本的定义是引用英国教授锡德里克·桑福德的观点，认为税收遵从成本不包括税款和税收的经济扭曲成本。也有些学者提出了不同的界定，比如范恩洁（2003）将税收遵从成本定义为："在税制结构和税负水平一定的情况下，纳税人或第三方（如帮助个人代扣代缴个人所得税的企业）为遵循税法、税收规章制度以及税务机关的要求，在办理纳税事宜时发生的应纳税款之外的其他支出费用"[③]。她提出税收遵从成本是除税款之外的其他支出，其范围比雷根强和沈峰（2002）的界定更宽泛。可见，这些定义的关键区别在于其构成存在差异。

也有些学者采用对税收遵从成本构成加以列示的方式，对其进行了界定。如胡国强[④]（2007）将企业的纳税成本[⑤]划分为纳税管理成本、纳税风险成本和纳税心理成本。其中，纳税风险成本包括罚款、税收滞纳金和声誉损失成本；纳税心理成本是指纳税人认为自己纳税却没有得到相应回报而产生不满情绪或者担心误解税收规定可能遭受处罚而产生的焦虑。

（2）税收遵从成本的量化。税收遵从成本的测量在国外开展的研究也比较早。1934 年，海格（Haig）首先对税收的遵从成本进行了测量，他研究了美国联邦和州税收的税收遵从成本，测算出遵从成本占纳税人税负的 2.3%，

---

① 薛菁. 税收遵从成本研究：国外文献综述 [J]. 西安财经学院学报，2009（9）：118.
② 雷根强，沈峰. 简论税收遵从成本 [J]. 税务研究，2002（7）：41-43.
③ 范恩洁. 国外税收遵从成本研究：经验与借鉴 [D]. 四川：四川大学，2003：9.
④ 胡国强. 税收成本：理论基础、内涵界定及其构成体系 [J]. 会计之友，2007（3）：26-28.
⑤ 从构成上看，此处纳税成本指的是税收遵从成本。

但是没有明确地定义遵从成本所包含的内容。在以后的几十年间，陆续有学者进行了税收遵从成本的测量研究。1985 年，经济合作与发展组织（The Organization for Economic Co-operation and Development，OECD）要求成员方[①]编制税收遵从成本的评估报告（A Compliance Cost Assessment）[②]，就各国的税收遵从成本加以估计并予以报告。总之，税收遵从成本的量化主要采用的是问卷调查的方法进行估计。

范恩洁（2003）将税收遵从成本的影响因素归纳为 10 个，分别是税收体系的成熟程度、征管部门专业化程度、税收环境健全程度、个人纳税意识程度、税收立法稳定程度、个人参与评估系统程度、税制简化程度、中介组织完善程度、税收依赖直接税程度和税收腐败程度[③]。作者比较全面地分析了税收遵从成本的影响因素，但并没有对各个因素进行量化，也没有分析各因素对税收遵从成本的影响程度。薛菁（2010）认为税收遵从成本的影响因素包括 15 个方面，分别是税法的稳定性、税法的明确性、税制的复杂性、税率的高低、主体税种的不同、税收政策的公平性、税务机构的设置（国税、地税合一还是分设）、税收征管效率、税务人员的职业素质、税务机关纳税服务措施的完善、对偷逃税的稽查与惩罚力度、税收腐败程度、税务代理机构完善程度（独立性、专业性和守法性）、企业办税人员或财会人员对税法和纳税事务的熟悉程度、企业运用现代科技手段履行纳税义务情况[④]。作者通过问卷调查的方式获取数据，利用因子分析找出影响企业税收遵从成本的关键因素，从而看出税务机关的征管效率，税收服务体系的完善，税收制度的复杂与否、公平与否，税率的高低，税法的稳定性与明确性以及企业纳税人员素质是企业认为的影响税收遵从成本的主要因素。薛菁的研究比较深入，并尝试对影响因素进行量化处理，还是有一定借鉴意义的。

李冬妍和倪志良（2007）简要提到税收遵从成本的测量可以从两个方面

[①] 成员方包括澳大利亚、欧盟、新西兰、英国等国家。
[②] Jeff Pope and Hijattulah Abdul-Jabbar. Small and Medium-Sized Enterprises and Tax Compliance Burden in Malaysia: Issues and Challenges for Tax Administration [J]. Small Enterprise Research, 2008 (1): 51 – 52.
[③] 范恩洁. 国外税收遵从成本研究：经验与借鉴 [D]. 四川：四川大学，2003：17.
[④] 薛菁. 企业税收遵从成本影响因素分析 [J]. 经济与管理，2010 (1): 73.

进行间接的反映：一是可以将偷税、逃税视为典型的纳税不遵从行为，而遵从成本作为不遵从行为的诱因，其高低情况通过偷逃税等数据间接反映；二是，根据遵从成本与征管成本的一般关系，在征与缴的博弈中，通过税收征管成本侧面反映税收遵从成本的大小[①]。他们虽然提出了税收遵从成本的量化思路，但是并没有具体地对遵从成本进行指标化处理或者量化。

总体看，这些研究无论从理论深度还是实践层次看都还有待于深入，主要体现在以下几个方面：从研究角度上，大多数的研究是基于税务管理者的角度，而较少从纳税人角度分析；在研究方法上，主要是定性分析和规范分析方法，较少应用定量和实证研究方法；在研究范畴上，我国学者还没有对税收遵从成本的量化问题开展深入研究，其原因首先可能是由于税收遵从成本的隐蔽性，不容易被企业关注到；其次是因为税收遵从成本的构成比较复杂，不仅包括纳税人的货币成本、时间成本，还包括心理成本，而对心理成本的计量几乎是不可能的；最后税收遵从成本计量需要搜集大量数据，而我国目前缺乏相关数据的统计。

2.1.3 非税成本的研究

（1）非税成本的界定。1992年，诺贝尔经济学奖得主迈伦·斯科尔斯和会计学家马克·沃尔夫森提出了有效税收筹划理论，强调有效的税务筹划应该充分考虑交易各方、显性税收与隐性税收、税收成本与非税成本等因素对企业经济决策的影响，从而将非税成本的问题纳入税务筹划研究框架之内。斯科尔斯等人认为有效税务筹划就是识别和估计筹划的非税成本，并与税收利益（节税）进行比较，或者说有效税务筹划就是解决非税因素与税收因素的冲突，虽然他们没有给出非税成本的完整概念，却比较全面地列示了非税成本所包括的内容，即代理成本（Agency Costs）、财务报告成本（Financial Reporting Costs）、管理成本（Management Costs）、交易成本（Transaction Costs）、监管成本（Regulatory Costs）等[②]。2001年道格拉斯·夏克尔福特

---

① 李冬妍，倪志良. 我国税收遵从成本规模估计[J]. 内蒙古财经学院学报，2007（6）：65-68.
② 迈伦·斯科尔斯，马克·沃尔夫森，默尔·埃里克森，等. 税收与企业战略[M]. 张雁翎，等译. 北京：中国财政经济出版社，2004：121-126.

(Douglas A. Shackelford)与特里·谢富林(Terry Shevlin)在《会计中的税收实证研究》一文中强调了税与非税因素的权衡(即考虑交易所有成本),集中讨论了财务报告因素和代理成本,但他们也未明确界定非税成本的内涵,仅列示了非税成本的主要构成,如财务报告成本、代理成本(Agency Costs)等,并将"财务报告成本"定义为"由于报告了较低的利润或股东权益而带来的各种真实或可预见的成本"[①]。Terry Shevlin[②](2007)再次讨论了非税成本的构成,包括财务报告成本、代理成本、合约成本、税务筹划成本等。可见,国外学者较早地提出了非税成本概念,但对非税成本的概念常采用列示的方法加以界定。此外,有些文献也将非税成本表述为"非税因素"(Non-tax factors),如 Benjamin C. Ayers et al.[③](1996)、Leslie Hodder et al.[④](2003)等。

国内对非税成本的研究较晚。盖地、钱桂萍(2005)认为非税成本源于税务筹划,将税务筹划的非税成本定义为"企业因实施税务筹划所产生的连带经济行为的经济后果",并从两个不同学科角度分析了非税成本的涵义,认为经济学意义上的非税成本包括代理成本和交易成本;管理学意义的非税成本包括机会成本、组织协调成本、隐性税收、财务报告成本、沉没成本和违规成本[⑤]。作者采用规范研究方法,比较全面地概括了非税成本的构成;并从侧面认为非税成本源于税务筹划,实施税务筹划过程中会产生非税成本。崔志娟(2008)将非税成本界定为"企业因实施税收筹划所引致增加的非税收支出形式的其他显性或隐性成本"[⑥],作者也认为非税成本源于税务筹划。但也有些学者认为只要有纳税行为就会产生非税成本,如何加明、胡国强

---

① S. P. 科塔里等. 当代会计研究:综述与评论[M]. 辛宇,等译. 北京:中国人民大学出版社,2009:238.

② Terry Shevlin. The Future of Tax Research: From an Accounting Professor's Perspective [J]. The Journal of the American Taxation Association, 2007 (29): 87 – 93.

③ Benjamin C. Ayers, C. Bryan Cloyd, and John R. Robinson. Organizational Form and Taxes: An Empirical Analysis of Small Businesses [J]. The Journal of the American Taxation Association, 1996 (18): 49 – 67.

④ Leslie Hodder, Mary Lea McAnally and Connie D. Weaver. The Influence of Tax and Nontax Factors on Banks' Choice of Organizational Form [J]. THE ACCOUNTING REVIEW, 2003 (1): 297 – 325.

⑤ 盖地,钱桂萍. 试论税务筹划的非税成本及其规避[J]. 当代财经,2005 (12): 109 – 115.

⑥ 崔志娟. 有效税收筹划的基点:税收成本与非税成本[J]. 当代财经,2008 (2): 126.

(2003)在阐述纳税筹划成本构成时,将纳税筹划成本从广义和狭义两方面来界定,认为广义纳税筹划成本是"纳税人在纳税过程中所发生的直接和间接费用,包括经济、时间等方面的损失",狭义纳税筹划成本是"进行纳税筹划活动和不进行纳税筹划活动二者之间的纳税成本的差额,是不同纳税方案差额成本",并提出"在纳税人实际纳税过程中很难区分有没有进行纳税筹划","实际上只要存在纳税行为就会存在着纳税筹划,不同的只是方案有优劣之分而无本质之别"①,为此他们认为只要存在纳税行为就会存在着税务筹划,进一步推理,可认为只要存在纳税行为就存在着非税成本。

总之,国外学者一般采用列示的方法界定非税成本,虽然这种定义方式便于理解,但是列示的项目不具有穷尽性,不能准确把握非税成本的内涵与外延。国内不同研究对非税成本的界定也存在一定争议。本书认为非税成本有狭义与广义两层涵义,盖地、钱桂萍(2005)和崔志娟(2008)所述的非税成本为狭义概念,而广义非税成本不全是实施税务筹划而产生的,只要有纳税行为就会存在非税成本,是因纳税行为所引起的非税收成本形式的其他显性和隐性支出,包括税收遵从成本与狭义非税成本。

(2)非税成本的量化。国外学者围绕非税成本进行了较多的实证分析,并根据研究需要对非税成本进行量化。正如道格拉斯·夏克尔福特与特里·谢富林(2001)所言:"非税成本的量化问题已经慢慢取得了一些研究成果"②。如 Benjamin C. Ayers 等(1996)为研究企业组织形式与税收关系,使用商业风险、所有权结构、规模、公司经营年限、行业5个变量反映非税因素③。Lillian R Milis 和 Kaye J. Newberry(2001)为研究税收成本、非税成本和账面-税收报告差异问题,选取了所有者类型(Ownership Type)、债务限制(Debt Constraints)、红利计划约束(Bonus Plan Thresholds)、账面盈利类型

---

① 何加明,胡国强. 纳税筹划成本的分析与决策[J]. 四川会计,2003(9):21-22.
② S. P. 科塔里等. 当代会计研究:综述与评论[M]. 辛宇,等译. 北京:中国人民大学出版社,2009:238.
③ Benjamin C. Ayers, C. Bryan Cloyd, and John R. Robinson. Organizational Form and Taxes: An Empirical Analysis of Small Businesses [J]. The Journal of the American Taxation Association, 1996 (18): 52.

(Book Income Patterns) 4个变量反映非税成本[①]。Leslie Hodder 等 (2003) 为研究税与非税因素对银行组织形式选择的影响，选择了成长性、监管成本、财务杠杆3个非税成本的计量指标[②]。总之，非税成本的量化指标与研究目的直接相关，具体选择时需根据研究内容来确定。此外，Engel 等[③] (1999) 在研究信托优先股时提出量化非税成本的方法，通过估计企业为改善资产负债表而愿意付出的最高成本和最低成本衡量非税成本。

国内很多学者大都认为非税成本量化很困难。崔志娟 (2008) 就认为"目前的困难是非税成本的识别和计量"[④]，这种观点也被诸多学者所接受。但也有些实证研究尝试量化非税成本，其中研究最多的就是财务报告成本。郑红霞、韩梅芳[⑤] (2008) 研究了不同股权性质上市公司的税务筹划倾向，通过实证检验发现国有上市公司的 ETR 明显高于民营上市公司的 ETR，从而认为国有上市公司更倾向于采取保守的税收筹划行为，其非税成本比民营上市公司要高，虽然她们的这种推断思路没有问题，但用 ETR 来衡量财务报告成本并没有充分证据。近几年的研究中，许多学者选取财务杠杆替代财务报告成本，借以量化非税成本，如王跃堂[⑥] (2009)、李增福和郑友环[⑦] (2010)、盖地和胡国强[⑧] (2012) 等。

总之，国内对非税成本的量化问题仍处于起步阶段，很多学者大都认为非税成本量化很困难。相对而言，国外非税成本的计量研究已取得了一定成

---

① Lillian R Milis and Kaye J. Newberry. The Influence of Tax and Nontax Costs on Book-Tax Reporting Differences: Public and Private Firms [J]. The Journal of the American Taxation Association, 2001 (1): 13.

② Leslie Hodder, Mary Lea McAnally and Connie D. Weaver. The Influence of Tax and Nontax Factors on Banks' Choice of Organizational Form [J]. THE ACCOUNTING REVIEW, 2003 (1): 302.

③ Engel, Erickson and Maydew. Debt-equity hybrid securities [J]. Journal of Accounting Research, 1999 (2): 249 – 274.

④ 崔志娟. 有效税收筹划的基点：税收成本与非税成本 [J]. 当代财经, 2008 (2): 129.

⑤ 郑红霞, 韩梅芳. 基于不同股权结构的上市公司税收筹划行为研究——来自中国国有上市公司和民营上市公司的经验证据 [J]. 中国软科学, 2008 (9): 122 – 131.

⑥ 王跃堂, 王亮亮, 贡彩萍. 所得税改革、盈余管理及其经济后果 [J]. 经济研究, 2009 (3): 86 – 98.

⑦ 李增福, 郑友环. 避税动因盈余管理及其反转效应研究——来自中国上市公司的经验证据 [J]. 山西财经大学学报, 2010 (8): 118 – 124.

⑧ 盖地, 胡国强. 税收规避与财务报告成本的权衡研究——来自中国2008年所得税改革的证据 [J]. 会计研究, 2012 (3): 20 – 25.

果，通常是根据非税成本的构成选择某些替代变量加以计量，这对国内相关研究提供了一些思路。

2.2 企业绩效的研究

2.2.1 企业绩效的概念

关于绩效的研究有很多，还有一些与企业绩效相关或类似的概念，比如企业业绩、企业效益、企业收益、经营绩效、公司绩效等。为了明确研究范围，需要分析这些概念与企业绩效的关系。

从企业绩效的涵义分析，"绩效"是"绩"与"效"的组合，"绩"就是业绩，"效"就是效率、效果等。在管理学中，"业绩"指的是一个组织通过高效果和高效率的利用有限的资源来达成的组织目的。"效益"在《辞海》中定义为"效果与利益"。郑美群、蔡莉（2003）就将绩效定义为"业绩和效率的统称，包括活动过程的效率和活动的结果两层含义"[①]。周晓苏、边泓等（2009）将企业绩效定义为"一定经营期间的企业经营效益和经营者业绩"，并且进一步解释了"企业经营效益水平主要表现在盈利能力、资产运营水平、偿债能力和后续发展能力等方面"，也就是"所谓的财务绩效"；"经营者业绩主要通过经营者在经营管理企业的过程中对企业经营、成长、发展所取得的成果和所做出的贡献来体现"[②]。从这些角度分析，"绩效"和"业绩"、"效益"是不同的概念，绩效的范畴更宽泛，包含了业绩和效益的内容。

也有些学者持有不同的观点，毛洪涛（2007）将"业绩"与"绩效"作同一概念处理，他认为"业绩，也称为效绩、绩效、成效等，反映的是人们从事某一活动所获得的成绩或成果"，并将业绩的概念划分为三个阶段，在他看来"业绩的概念随市场经济变迁经过了效率型业绩、效益型业绩、高效性和有效性并重型业绩三个阶段"，其中效率型业绩"强调把事情做好"；效益

[①] 郑美群，蔡莉. 企业绩效的经济学理论依据[J]. 当代经济研究, 2003 (6): 57.
[②] 周晓苏，边泓等. 会计研究中的数据挖掘方法[M]. 天津：南开大学出版社, 2009: 203.

型业绩"强调首先把事情做对，然后再把事情做好"；高效性和有效性并重型业绩"是从企业基本制度出发，既要强调行为，也要强调结果，更要强调适应性"。毛博士认为高效性和有效性并重型业绩是全面的、战略的业绩概念，同时，他将业绩定义为："是由企业基本制度决定的，并受企业制度变迁影响，按照企业所追求的有效性、高效性和适应性的目标，在特定时间内，可以根据组织与个人贡献程度而进行测量的行为及其所产生的产出记录"[①]。总的来看，毛博士认为"业绩"与"绩效"的概念一致；"业绩"不同于"效益"，业绩的内涵更全面，效益只是业绩特征的一个方面。

另外，企业收益体现于利润等财务成果方面，其研究范畴较窄。与企业绩效相比，经营绩效更关注于企业的经营方面，而企业绩效与公司绩效的区别在于两者的主体不同，企业的范畴比公司更宽泛。

根据以上分析，在本书中将企业绩效与企业业绩不作区分，视为同一概念。但由于业绩通常与管理者薪酬等在一起研究的较多，本书选择"企业绩效"这一概念。

2.2.2 企业绩效评价指标

在理论界，一般将企业绩效指标的计算基础归为三种：经济基础、市场基础和会计基础（任海云，2011）。从经济基础来看，衡量企业绩效的指标有经济利润和经济增加值（EVA）。其中，经济利润的概念是马歇尔（Marshall，1890）在《经济学原理》（Principles of Economics）一书中提出，他认为一家公司要真正的盈利，其盈利不仅应该补偿公司的经营成本，而且必须补偿其资本成本[②]。EVA指标是对经济基础指标的发展。市场基础指标，是以资本市场中股票价格为基础反映公司经营业绩的指标，包括每股市价、市场总价值、托宾Q值等，一般将这些指标称之为市场指标。会计基础指标，是以会计报告数据为基础反应企业绩效的指标，比如净资产收益率（ROE）、总资产利润率（ROA）、每股收益（EPS）等，一般将这些指标称之为财务指标或者会计指标。

---

① 毛洪涛. 业绩管理会计研究 [M]. 成都：西南财经大学出版社，2007：12-30.
② 马歇尔著. 经济学原理 [M]. 朱攀峰译. 北京：北京出版社，2007.

选取部分国内文献中关于绩效的衡量指标进行归纳整理，其结果见表2.2所示。

表2.2　　　　　　　　　　　　绩效的衡量指标

作者	年份	绩效的衡量基础	企业绩效衡量指标	指标计算
封铁英[a]	2006	会计基础和市场基础	总资产利润率（ROA）、净资产利润率（ROE）、Tobin'Q值	ROA＝净利润÷平均总资产 ROE＝净利润÷平均净资产 Tobin'Q＝公司市场价值÷有形资产的重置成本
高雷[b]	2006	会计基础和市场基础	资产收益率（ROA）、市值账面值比（M/B）	ROA＝净利润÷平均总资产 M/B＝流通A股市值÷股东权益
王婕敏[c]	2007	会计基础	净资产收益率（ROE）	ROE＝净利润÷股东权益
管凯、邱昊、张英[d]	2009	会计基础和市场基础	资产净利率（ROA）、核心业务总资产收益率（CROA）、每股收益（EPS）、市净率（PB）、市盈率（PE）、投入资本回报率（ROIC）	文中并未说明
邹飞[e]	2010	会计基础和市场基础	净资产收益率（ROE）、总资产收益率（ROA）、托宾Q值	ROE＝营业利润÷股东权益期末余额；ROA＝营业利润÷总资产期末余额；Tobin'Q＝市场价值÷重置成本
李国栋[f]	2010	会计基础	资产回报率（ROA）	文中并未说明
毛英、赵红[g]	2010	经济基础	经济增加值（EVA）	EVA＝税后净营业利润（NOPAT）－资本总额×加权平均资本成本率（WACC）
任海云[h]	2010	会计基础	净资产收益率（ROE）	ROE＝主营业务利润÷平均净资产
周翼翔[i]	2011	会计基础	总资产收益率（ROA）、净资产收益率（ROE）	文中并未说明
黄莲琴、傅元略、屈耀辉[j]	2011	会计基础和市场基础	每股现金流（CFPS）、资产营业报酬率（OROA）、托宾Q值	CFPS＝经营活动现金净流量÷总股数 OROA＝营业利润÷年初总资产 Tobin'Q＝(流通股数×年末收盘价＋非流通股数×每股净资产)÷总资产

29

续表

作者	年份	绩效的衡量基础	企业绩效衡量指标	指标计算
吴斌、黄明峰[k]	2011	会计基础	净资产收益率（ROE）、主营业务收入增长率、经营现金净流量	ROE＝净利润÷净资产 Growth＝(本年主营业务收入－去年主营业务收入)÷去年主营业务收入 Cash＝经营现金净流量÷总股本

注：a 封铁英. 资本结构选择偏好与企业绩效的关系研究 [J]. 科研管理, 2006 (6)：55-60.

b 高雷. 控制权转移、企业绩效与代理成本 [J]. 经济经纬, 2006 (4)：86-89.

c 王婕敏. 税收优惠政策对企业绩效的影响研究 [D]. 沈阳：沈阳农业大学, 2007：34.

d 管凯, 邱昊, 张英. 影响企业绩效的外部因素分析 [J]. 统计与决策, 2009 (22)：181-183.

e 邹飞. 董事会特征与企业绩效波动关系的实证研究 [D]. 成都：西南交通大学, 2010：30.

f 李国栋. 董事会职能影响企业多元化经营绩效的实证研究 [D]. 天津：南开大学, 2010：126-127.

g 毛英, 赵红. 基于EVA我国上市公司资本结构与经营绩效关系的实证研究 [J]. 经济研究, 2010 (5)：86-90.

h 任海云. 基于公司治理的R&D投入与企业绩效关系研究 [D]. 西安：西北大学, 2010：70.

i 周翼翔. 公司内部治理机制与绩效的交互效应——基于内生性视角的经验证据 [J]. 江西财经大学学报, 2011 (4)：93-105.

j 黄莲琴, 傅元略, 屈耀辉. 管理者过度自信、税盾拐点与公司绩效 [J]. 管理科学, 2011 (4)：10-19.

k 吴斌, 黄明峰. 企业绩效、高管人力资本特征与控制权配置——基于我国中小企业板风险企业的经验数据 [J]. 中国软科学, 2011 (4)：161-174.

资料来源：作者编制。

根据以上的分析和现有文献中绩效指标的实际选择，本书认为三种基础的指标都各有利弊，同时采用几个指标来综合反应企业绩效可能是比较恰当的。

在英文中，业绩、绩效、效绩都用"Performance"表示。陈毅（2000）总结了国内外常见的绩效评价指标体系，包括财务指标和非财务指标，其中财务指标如表2.3所示。

表 2.3　　　　　　　绩效评价体系中常见的财务指标

盈利指标	利润基础	会计利润基础	税后利润、每股收益、投资报酬率等
		经济利润基础	经济附加值、剩余收益等
	现金基础		营业现金流量、自由现金流等
	市价基础		股票市价、市值、托宾 Q
营运指标			资产（存货、应收账款）周转率
偿债指标			流动比率、速动比率、资产负债率

资料来源：作者编制（依据陈毅①，2000）。

2.3 税收成本、非税成本与企业绩效关系的研究

2.3.1 税收成本与非税成本权衡问题的研究

国外围绕税收成本和非税成本权衡问题已经开展了大量的实证研究，总结起来主要有以下几类：

（1）不同税务筹划方法下的企业税收成本与非税成本研究。主要研究企业在不同税务筹划方法下对税收节约与非税成本进行权衡后的行为选择。Hunt 等（1996）分析了不同类型公司在存货计价方式上的选择②。Balsam 等（1997）研究了1986年美国税法改革后受税收套利影响公司对发行股票期权类型的选择③。Hodder 等（2003）研究了商业银行在选择组织形式时对税收因素与非税因素的考虑④。希腊学者 Chnstos Tzovas（2005）分析了希腊工业企业在选择折旧政策时对税收收益与非税成本的考虑⑤。

---

① 陈毅. 企业业绩评价系统综述（上）[J]. 外国经济与管理，2000（4）：9.
② Hunt, A., Moyer, S., Shevlin, T. Managing Interacting Accounting Measures to Meet Multiple Objectives: A Study of LIFO Firms [J]. Journal of Accounting and Economics, 1996 (21): 339－374.
③ Balsam, S., Halperin, R., Mozes, H. Tax Costs and Non-tax Benefits: The Case of Incentive Stock Options [J]. Journal of the American Taxation Association, 1997 (19): 19－37.
④ Leslie Hodder, Mary Lea McAnally, Connie D Weaver. The Influence of Tax and Nontax Factors on Banks' Choice of Organizational Form [J]. Accounting Review, 2003 (78): 297－325.
⑤ Chnstos Tzovas. The Depreciation-policy Decisions of Industrial Firms: Tax Benefits Versus Non-tax Costs [J]. SPOUDAI, 2005 (55): 48－77.

(2) 不同股权结构下的企业税收成本与非税成本研究。Klassen[①] (1997) 研究了内部股权激励对公司在资本市场压力的影响，并对股权相对分散和相对集中的两类上市公司进行了比较研究。Lillian R Milis 和 Kaye J. Newberry (2001) 检验了公众公司和私营公司如何在税收成本与非税成本之间权衡，研究发现公众公司的非税成本高于私营公司[②]。

(3) 不同生命周期阶段下的企业税收成本和非税成本研究。Craig 和 Edward (2005) 将上市公司分为成长型和成熟型两类，并通过实证检验发现成长型公司更关注财务报告的账面利润，其非税成本较高，更倾向采取较为保守的税务筹划行为[③]。

(4) 不同企业规模下的企业税收成本和非税成本研究。Porcano (1986)[④] 和 Holland (1998)[⑤] 都研究发现规模小的企业会因筹划成本较高而放弃税务筹划；Kem (1992)[⑥] 和 Newberry (1997)[⑦] 通过经验数据检验了公司规模与非税成本之间存在负相关关系。

以上研究成果从不同角度，围绕税收成本与非税成本进行了一系列的实证检验，为今后相关研究中的模型设计、变量选择具有一定的借鉴价值。

国内部分学者已经围绕税收成本与非税成本的关系进行过一些研究。崔志娟[⑧] (2008) 采用规范研究方法，提出以"税后收益最大化"为有效税收

---

① Klassen, K. The Impact of Inside Ownership Concentration on the Tradeoff Between Financial and Tax Reporting [J]. Accounting Review, 1997 (72): 455-474.

② Lillian R Milis and Kaye J. Newberry. The Influence of Tax and Nontax Costs on Book-Tax Reporting Differences: Public and Private Firms [J]. The Journal of the American Taxation Association, 2001 (1): 1-19.

③ Craig Paprocki and Edward J. Schnee. The Trade-Off Between Tax Savings and Financial Reporting Costs: An Analysis of the Effective Tax Rates of Glamour Companies [R]. Working paper, University of Alabama, 2005.

④ Porcano, T. Corporate Tax Rates: Progressive, Proportional or Regressive [J]. Journal of the American Taxation Association, 1986 (7): 17-31.

⑤ Holland, K. Accounting Policy Choice: The Relationship between Corporate Tax Burden and Company Size [J]. Journal of Business Finance and Accounting, 1998 (25): 265-288.

⑥ Kem, B., Morris, H. Taxes and Firm Size: The Effect of Tax Legislation during the 1980s [J]. Journal of the American Taxation Association, 1992 (14): 80-96.

⑦ Gupta, S., Newberry, K. Determinants of the Variability in Corporate Effective Tax Rates: Evidence from Longitudinal Data [J]. Journal of Accounting and Public Policy, 1997 (16): 1-39.

⑧ 崔志娟. 有效税收筹划的基点: 税收成本与非税成本 [J]. 当代财经, 2008 (2): 126-129.

筹划目标，从不确定性角度揭示税收成本与非税成本的内生关系，通过分析税收实务中财务政策、税制改革、税收利益和财务报告中税收成本和非税成本的冲突，提出有效税收筹划的路径，该文采用规范研究方法进行分析，并没有确切提出如何建立税收成本、非税成本和税后收益率模型。另外，还有一些研究采用实证方法来分析税收成本与非税成本的权衡问题，主要集中在以下几方面：

第一类，利用税收成本与非税成本的权衡，研究股权性质与税务筹划的关系。郑红霞、韩梅芳（2008）基于有效税收筹划理论，从股权结构的角度，选取上市公司 2002～2005 年的数据，以民营上市公司和国有上市公司为样本进行了实证检验，揭示在不同的股权性质和结构下，民营上市公司和国有上市公司如何在税收节约（即税收成本的节约）与非税成本之间进行权衡，研究发现国有上市公司更倾向于采取保守的税收筹划行为。作者仅研究了非税成本中的财务报告成本，即税收筹划引起财务报表利润下降而带来的一系列成本[①]。韩梅芳（2009）以企业税收筹划中的财务报告成本为基础，通过税收成本与非税成本的权衡和实证研究分析了不同股权性质、股权结构与税务筹划之间的关系，研究结论表明国有上市公司更倾向于采取保守的税务筹划行为；国有股持股比例的不同对国有企业的税收筹划行为选择产生了很大的影响[②]。上述文献通过经验研究，在权衡税收成本与非税成本关系的基础上，分析了股权性质（或者产权性质、股权结构）与税务筹划之间的关系。研究结论表明，民营上市公司更倾向于激进的税务筹划行为。

第二类，利用税收成本与非税成本的权衡，研究股权结构与盈余管理的关系。龙凌虹、陈婧婧（2010）以会计－税收利润差异作为衡量盈余管理的指标，研究了控股权性质、税收成本与盈余管理的关系，通过 2000～2006 年的经验数据，研究发现，民营上市公司由于自身存在"利税分离"的特点，其在进行盈余管理时，更加注重财务报告成本（非税成本）和所得税成本

---

① 郑红霞，韩梅芳. 基于不同股权结构的上市公司税收筹划行为研究——来自中国国有上市公司和民营上市公司的经验证据 [J]. 中国软科学，2008（9）：122－131.
② 韩梅芳. 不同股权结构的上市公司税收筹划行为研究 [D]. 武汉：华中科技大学，2009：17－36.

（税收成本）的衡量，更倾向于采用非应税项目进行盈余管理①。研究结论表明，民营上市公司更倾向于采用非应税项目进行盈余管理。

第三类，利用税收成本与非税成本的权衡，研究会计方法选择。鹿美遥、王延明（2005）基于存货计价方法选择，分析了财务报告成本（非税成本）和税收利益（税收成本的节约）之间的关系，研究发现，当企业不考虑税收利益时，存在薪酬计划和处于债务违约边缘的公司将选择先进先出法；面临较大政治成本的公司将选择后进先出法；当企业考虑税收利益时，管理者权益比例较高且财务杠杆比例较低的公司将选择后进先出法②。从该文可见，存货计价方法的选择属于会计方法选择。会计方法的选择需要考虑税收成本与非税成本。

相对国外研究而言，国内基于税收成本与非税成本关系的研究还较少，鹿美遥、王延明（2005）的研究也并未利用经验数据进行实证分析，而郑红霞、韩梅芳（2008）与龙凌虹、陈婧婧（2010）的研究都是分析税收成本、非税成本与股权结构的关系，并且仍存在一些问题有待进一步研究：一是实证检验中的非税成本仅关注了财务报告成本，忽视了其他的非税成本；同时，模型中的税收成本也仅为企业所得税成本。二是实证检验采用的是 2006 年及以前的数据。2007 年 1 月 1 日，我国实施了新的会计准则，其企业所得税会计处理发生了很大变化，这势必会对所得税成本产生影响；此外，2008 年 1 月 1 日我国开始实施新的企业所得税法，税率调整为 25%，这也将影响到所得税成本。

2.3.2 税收成本、非税成本与企业绩效关系的研究

Zariyawati. M., K. Saira, M. Annuar（2010）研究了马来西亚的中小企业税金变化（Corporate Tax Changes）与绩效（Performance）的关系，他们观察到自 1988 年至 2009 年，马来西亚的公司税率由 40% 减少到 25%，进而分析

---

① 龙凌虹，陈婧婧. 控股权性质、税收成本与盈余管理——基于会计-税收利润差异的研究[J]. 上海立信会计学院学报，2010（4）：31-37.

② 鹿美遥，王延明. 财务报告成本和税收利益之间的权衡——基于存货计价方法选择的理论分析[J]. 上海立信会计学院学报，2005（6）：24-27.

了这种税率的变化与公司的财务绩效的关系,他们选择了 4 个财务比率,分别是流动比率、负债比率、全部资产周转率和资产回报率,并以 1999 至 2003 年为研究区间,分别对制造业和服务业公司上述四项财务指标的变动进行分析;对 2002 年和 2003 年的数据进行了配对样本 T 检验 (Paired Sample T-Test),研究表明税率的变动确实影响了中小企业的绩效[1]。虽然该研究比较全面地分析了税收成本与企业绩效的关系,却忽视了非税成本对企业绩效的影响。

国内围绕税收成本和非税成本,探讨两种成本与企业绩效的关系的文章还相对较少。李飞、李怡君、张志钦(2009)分析了税收成本与企业利润的关系,由于纳税成本列入企业的费用进行核算,所以企业承担的纳税成本高,则企业的利润下降;企业承担的纳税成本低,则企业的利润上升[2]。姚爱科(2011)在分析税收成本构成的同时,论述了税收成本对企业经营活动的影响,认为税收成本将直接影响企业的经营成果和经营业绩。文中阐述了"税收成本与其他成本费用项目一样,都与企业净利润成反比","除增值税、企业所得税之外,其他各税种"可以税前扣除,"税收风险成本、财务成本及服务成本也可以通过管理费用"计入当期损益,"这些项目会减少企业的会计利润,直接影响到企业的经营成果和经营业绩";另外,企业所得税会直接影响到反映经营成果和经营业绩的指标——净利润[3]。他们简要地阐述了税收成本(仅指税款)对企业利润(包括利润总额和净利润指标)的影响,但并未研究这种影响程度如何,也未考虑税收成本是否会影响其他经营业绩指标。

孙秀凤、王定娟(2006)选取 677 家深市 A 股上市公司为研究样本,对企业所得税税负和净资产收益率进行了相关性分析,研究表明企业所得税税负与绩效呈负相关关系[4]。虽然作者较早的采用实证研究方法分析了企业所得税成本与企业绩效的关系,但是实证研究方法仅限于 Pearson 相关性分析,并不能确定所得税成本与企业绩效的具体数量关系;此外,研究变量所得税税

---

[1] M. A. Zariyawati, K. Saira, M. N. Annuar. Corporate Tax Changes and Performance of SMEs in Malaysia [J]. INTERDISCIPLINARY JOURNAL OF CONTEMPORARY RESEARCH IN BUSINESS, 2010 (3): 272 – 286.

[2] 李飞,李怡君,张志钦. 税收成本对经济的影响 [J]. 当代经济, 2009 (4): 74 – 75.

[3] 姚爱科. 企业税收成本构成及其优化 [J]. 财会研究, 2011 (5): 65 – 67.

[4] 孙秀凤,王定娟. 企业税收负担与绩效的相关性分析 [J]. 经济论坛, 2006 (16): 86 – 87.

负的设计也存有一定局限性,并不符合现行会计准则中的所得税会计处理方法。

王素荣(2007)在进行上市公司资本结构与所得税税负相关性研究时,利用上市公司数据,分析了所得税税负对公司净利润的影响,也分析了所得税税负同行业内公司利润规模的相关性[①]。但是作者对所得税税负的计算与一般界定存在差异,并且只是简单地分析了所得税税负与利润的对应关系,并没有研究这种影响程度如何,也未考虑税收成本是否会影响其他的绩效指标。

路君平和汪慧姣(2008)采用实证的方法分析了1997~2005年银行业税收负担对经营绩效的影响,绩效的衡量指标选取资产利润率,采用回归模型分析了税收因素和非税因素对银行业经营绩效的影响,实证结果表明实际税率与银行绩效存在显著的负相关关系[②]。李伟和铁卫(2009)在借鉴路君平和汪慧姣(2008)研究成果的基础上,构建了税收负担与银行业经营绩效的回归模型,通过对1996~2006年的面板数据回归,实证结果表明实际税负对商业银行资产收益率存在负效应[③]。然而,路君平和汪慧姣(2008)、李伟和铁卫(2009)的研究对象仅限于银行业,并且对于实际税负的量化也缺乏一定的科学性,非税因素的选取也不太全面,但至少他们为今后相关研究提供了一定的分析思路。

2004年增值税转型工作开始在东北地区试点,2009年消费型增值税在全国推广,学者们借助这一政策事件,采用实证方法研究了增值税转型对企业绩效的影响,相关成果有聂辉华等[④](2009)、王素荣和蒋高乐[⑤](2010)、常

[①] 王素荣. 上市公司资本结构与所得税税负相关性研究 [M]. 北京:中国财政经济出版社,2007:118.

[②] 路君平,汪慧姣. 银行业税负比较分析及其对银行经营绩效的影响 [J]. 财政研究,2008(2):53-55.

[③] 李伟,铁卫. 税收负担影响中国银行业经营绩效的实证分析 [J]. 统计与信息论坛,2009(7):82-86.

[④] 聂辉华,方明月,李涛. 增值税转型对企业行为和绩效的影响——以东北地区为例 [J]. 管理世界,2009(5):17-24,35.

[⑤] 王素荣,蒋高乐. 增值税转型对上市公司财务影响程度研究 [J]. 会计研究,2010(2):40-46.

国莉[1](2011)等人的研究，他们通过研究增值税转型产生的税收成本差异来分析对企业绩效的影响，对研究增值税成本与企业绩效的关系有一定借鉴意义。

2008年内外资企业统一采用25%的企业所得税税率，企业所得税改革为分析上市公司所得税成本变化及其对企业绩效的影响提供了一个事件研究窗口。学者们基于这一政策事件，研究了企业所得税改革前后的所得税成本的变化情况，相关成果有王娟[2](2010)、李仕江[3](2010)、袁丽[4](2011)、盖地和胡国强[5](2012)等人的研究，对研究所得税成本与企业绩效的关系有一定借鉴意义。

2.4 研究文献评述

根据上述文献概况可知，国内关于税收成本已展开了一些研究，但研究视角多是基于税务管理部门，从企业角度研究税收成本的成果相对较少，并且基于企业的税收成本研究成果体现两个特点：首先，相对较多的研究偏重于实务层面，多以规范分析为主；其次，为数较少的实证研究也主要关注所得税成本。为此，税收成本的研究也应关注从企业角度分析；我国为所得税与流转税并重的"双主体"税制结构，仅考虑所得税成本而忽视流转税成本显然有失偏颇，税收成本的研究不应仅限于所得税成本，也应关注企业流转税成本的分析。受目前我国税制结构及其会计处理原则的影响，税收成本的计量需要解决两个具体问题：一是ETR指标的具体计算方法问题。因为现行

---

[1] 常国莉. 增值税转型对上市公司业绩影响及其市场反应研究 [D]. 济南：山东大学，2011：26-35.

[2] 王娟. 新企业所得税法实施前后上市公司所得税负担研究 [D]. 广州：广东商学院，2010：14-35.

[3] 李仕江. 法定所得税率的变化对企业实际税负影响的实证研究 [D]. 武汉：华中科技大学，2010：28-40.

[4] 袁丽. 企业所得税改革对我国制造业上市公司绩效影响的实证研究 [D]. 苏州：苏州大学，2011：20-43.

[5] 盖地，胡国强. 税收规避与财务报告成本的权衡研究——来自中国2008年所得税改革的证据 [J]. 会计研究，2012 (3)：20-25.

所得税会计处理采用资产负债表债务法，所以本书认为 ETR 应是"本期应付所得税"与"本期税前会计利润"的比值，而"本期应付所得税"不能直接从会计报表中获取，需要通过本期所得税费用、递延所得税资产和递延所得税负债调整计算而确定。二是流转税成本的计量问题。国内研究并未重视流转税成本的计量问题，究其原因是流转税信息披露不充分，如增值税纳税信息披露的缺失，因此，流转税成本计量问题的根本解决需借助于会计信息披露体系的完善。

自斯科尔斯等人提出非税成本以后，开始引起学术界的关注，国内学者最近几年才开始对非税成本研究，但这些研究至今仍未形成完整的理论体系，如非税成本的界定和计量问题。非税成本的构成比较复杂，所涉及的项目较多。从目前研究现状看，国外学者重点分析的是财务报告成本；而非税成本中的代理成本、合约成本、监管成本的相关研究较少。因此，非税成本研究需解决的具体问题包括：第一，结合中国税收环境与会计规制，分析非税成本的具体构成。第二，根据非税成本的构成，在借鉴国外现有研究成果基础上，对非税成本各项目进行计量，以分析非税成本对企业的影响。第三，围绕非税成本的构成，分析每项非税成本与税收成本的关系。

国外对税收成本和非税成本的研究相对较多，且有不少关于税收成本和非税成本的实证研究成果，一般借助税收成本与非税成本权衡分析税务筹划倾向、企业组织形式选择、股权性质等。国内外关于企业绩效的文献较多，从不同层面、用不同方法、以不同角度进行了企业绩效的研究。但同时研究税收成本、非税成本与企业绩效这三者关系的文献比较少，研究角度、研究内容和研究方法也不太全面。基于上述分析，本书在研究税收成本和非税成本相关理论的基础上，深入探讨税收成本与企业绩效、非税成本与企业绩效的关系，认为企业的税务管理不仅是税收成本与非税成本的最小化，更应该是在控制两种成本基础上增强企业绩效。

第3章 相关研究理论基础与我国税制背景

税收成本、非税成本与企业绩效研究涉及哪些经济学理论，本书研究所基于的成本理论与税务管理理论包括哪些内容？本章通过对这些问题的分析，为后文研究提供理论基石。此外，影响企业绩效的税收成本、非税成本与所处的税收制度环境相关，为此，本章同时分析了我国的税收制度与税制结构。

3.1 理论基础

非税成本的出现依赖于其产生的经济和制度背景。信息不对称、企业契约和利益相关者等理论是非税成本产生的一个内生变量，也是联系非税成本与税收成本的纽带。信息不对称理论是非税成本产生的经济学理论基础，集中体现了非税成本在有效税务筹划中的地位。企业契约理论和利益相关者理论直接决定了非税成本的具体构成，反映了影响企业绩效的具体成本因素。

3.1.1 信息不对称理论

在现代经济系统中，信息已经是一种重要的经济资源，存在于人类社会生活中的每一个角落。随着信息时代的到来，信息在社会中的地位日益凸显，其重要性逐渐被人们所认识并重视，信息经济学由此应运而生。信息经济学通过契约制度安排和信息机制设计，借以研究市场参与者之间的经济关系。然而，经济市场始终是"逐利的"，所谓的完全竞争性市场几乎是不存在的。由此人们认识到：由于个人的有限理性和外部环境的复杂性，信息的不对称性和不完全性是必然存在的。为此，经济学家开始研究信息不对称性问题。

不对称信息，也称非对称信息（Asymmetric Information），是指市场中一部分人拥有而另一部分人不拥有的信息。具体而言，信息不对称主要包括三层含义：第一，在交易双方中，任何一方都未获得完全清楚的信息；第二，一方比另一方占有更多的有关交易的信息，即相关信息在交易双方之间的分布是不对称的；第三，交易双方对其在信息占有方面的相对地位都是不清楚的①。

信息不对称现象最早由肯尼斯·约瑟夫·阿罗（Kenneth J. Arrow）于1963年首次提出，他在分析信息不对称问题基础上，将"道德风险"（Moral Hazard）概念引入经济学领域。1970年美国经济学家阿尔洛夫（George Akerlof）在其代表作《柠檬市场》（The Market for Lemon）中对信息不对称作了进一步阐述，尤其是对"逆向选择"（Adverse Selection）问题作了深入分析。为此，与信息不对称相关的两种行为后果——"道德风险"和"逆向选择"开始被经济学家所关注。

信息不对称可根据发生的时间，划分为事前不对称和事后不对称。事前不对称是指不对称发生于当事人缔约之前，是由于占据信息优势的一方隐藏信息造成的，一般将事前不对称称为逆向选择（Adverse Selection）或者隐藏信息（Hidden-information）；事后不对称是指不对称发生于当事人缔约之后，是由于契约一方隐藏行为造成的，一般将事后不对称称为道德风险（Moral Hazard）或者隐藏行为（Hidden-action）。

3.1.2 契约理论

契约理论（Contract Theory）是研究特定交易环境下来分析不同合同人之间的经济行为与结果，往往需要通过假定条件在一定程度上简化交易属性，建立模型来分析并得出理论观点。企业契约理论认为企业与各方面的利益关系是一个契约关系，企业是一系列契约的有机组合。

一般学者认为契约理论包括三部分：委托代理理论（Agency Theory）、不完全契约理论（Incomplete Contract Theory）和交易成本理论（Transaction Costs Theory）。委托代理理论是解决在不平等位置和结构条件下，合作的经济

---

① 江世银. 论信息不对称条件下的消费信贷市场［J］. 经济研究，2000（6）：19.

代理人之间在目标和动机方面的冲突，又称为完全契约理论。不完全契约理论主要研究资本所有权和剩余控制权的最佳安排。不完全契约理论又被称为产权理论，不完全契约理论分析如何在契约不完整条件下提供谈判的有效机制。交易成本理论围绕交易成本概念，认为交易成本的差别导致企业取代市场，主要探讨在契约双方如何分配决策权、控制权等权力。

3.1.3 利益相关者理论

利益相关者理论，又称为利益相关理论（Stakeholder Theory）。利益相关理论强调弱化股东在公司中的地位，倡导利益相关者在公司中应该与股东有着同等的地位。1932年，伯利和米恩斯（Berle and Means，1932）在《现代公司与私有财产》（The Modern Corporation and Private Property）一书中表述了利益相关者问题，他们指出："所有者和控制者之间形成了一种新的关系，这一关系涉及公司的参与者股东、债权人及某种程度上还包括其他债权人"[①]，但没有明确使用"利益相关者"一词。直到1963年，斯坦福研究院（Stanford Institute）才首次提出了"利益相关者"概念。此后学术界出现了关于利益相关者的很多表述，一般认为利益相关者是对企业进行了专用性投资，并承担一定风险的单位与个体。

利益相关者理论的核心问题是"公司的利益相关者到底是谁"，有的学者按照企业与利益相关群体是否存在交易性合同关系，将利益相关者分为两类：一是契约型利益相关者（Contractual Shareholders），包括股东、雇员、顾客、分销商、供应商、贷款人等；二是公众型利益相关者（Community Shareholders），包括消费者、监管者、政府、媒体、社区等。

20世纪90年代以后，利益相关者理论迅速发展，并开始影响企业绩效的评价方法。贾生华、陈宏辉、田传浩（2003）归纳了基于利益相关者理论的三种企业绩效评价方法：第一种是基于利益相关者理论的企业社会绩效（CSP，Corporate Social Performance），着重从企业处理社会问题和承担社会责任两方面评价绩效优劣；第二种是综合考虑财务绩效和非财务绩效；第三种

---

① 伯利，米恩斯. 现代公司与私有财产 [M]. 甘华鸣，主译. 北京：商务印书馆，2005：156.

是考虑企业的各种利益相关者利益要求,综合评价任务绩效和周边绩效①。

3.1.4 成本理论

3.1.4.1 成本的内涵

"成本亦称生产成本,是产品价值的货币表现",这是《辞海》对狭义成本概念的描述。然而,成本的经济实质既可以从经济学角度理解,又可以从管理学或者会计学角度加以分析。

(1) 经济学中的成本内涵。马克思在《资本论》中指出了成本的经济实质,认为"按照资本主义方式生产的每一个商品 W 的价值,用公式来表示是 W = C + V + M。如果我们从这个产品价值中减去剩余价值 M,那么,在商品剩下来的,只是一个在生产要素上耗费的资本价值 C + V 的等价物或补偿价值","商品价值的这个部分,即补偿所消耗的生产资料价格和所使用的劳动力价格的部分,只是补偿商品使资本家自身耗费的东西,所以对资本家来说,这就是商品的成本价格"②。可见,马克思所描述的成本是商品所耗费的生产资料和活劳动中的必要劳动的价值,也是产品价值的一种货币表现。

总之,经济学中,广义的成本是指为取得一定的资产或劳务而付出的用货币表示的代价和牺牲;狭义的成本是指商品生产中所消耗的物化劳动和活劳动(耗费的角度)或者补偿商品生产中资本消耗的价值(补偿的角度)。

(2) 管理学中的成本内涵。管理学中的成本被理解为一项企业生产、技术和经营活动的综合性指标,企业经营管理中各方面的业绩都可通过成本直接或间接地反映③。管理学所说的成本,是指成本 – 效益或者消耗 – 效益,即在一定的消耗下获得的效益最大,或在既定的效益下消耗最小。管理学中的成本内涵强调成本产生过程及成因,并不强调成本的经济本质,关注的是成本形成的动因以及可能产生的后果。

(3) 会计学中的成本内涵。在会计学中,狭义的成本指的是费用,定义

---

① 贾生华,陈宏辉,田传浩. 基于利益相关者理论的企业绩效评价——一个分析框架和应用研究 [J]. 科研管理, 2003 (4): 94 – 101.
② 于富生,黎来芳. 成本会计学 [M]. 北京:中国人民大学出版社, 2009: 1 – 2.
③ 于富生,黎来芳. 成本会计学 [M]. 北京:中国人民大学出版社, 2009: 3 – 5.

为企业在生产经营过程中发生的各项耗费；广义成本是为了实现一定目的而付出（或可能要付出的），用货币测定的价值牺牲。

1951年，美国会计学会（AAA）成本概念及标准委员会（Cost Concepts Committee）将成本定义为："为了达到特定目的而发生或未发生的价值牺牲，它可用货币单位加以衡量"[1]。1957年，美国会计师协会（AICPA）所属名词委员会发布《第4号会计名词公报》（Accounting Terminology Bulletin NO.4），重新修订了成本的概念，指出"成本是指由于取得或将能取得资产或劳务而支付的现金、转让的其他资产、结付的股票或承诺的债务，并以货币衡量的数额"[2]。该定义将成本界定在商品成本和劳务成本的范畴之内。1978年，美国财务会计准则委员会（FASB）在《财务会计概念公告》第1辑《企业编制财务报告的目的》注释中，再次界定了成本概念："成本是为了进行经济活动而又所失——就是为了耗用、挽救、交换和生产等等而丧失或放弃的东西"[3]。此后，FASB关于成本的定义被普遍接受，如美国会计学家查尔斯T·霍恩格尔于1986年指出："成本是为了达到某一特定目标所失去的或放弃的资源"[4]。这些对于成本的定义不再仅限于产品的价值损耗，体现了为达到一定目的的价值牺牲，其内涵相对更宽泛。

2009年2月25日，中国成本协会（China Cost Association，CCA）发布了CCA2101：2008《成本管理体系术语》，该标准中对将成本定义为："为过程增值或结果有效已付出或应付出的资源代价"，即"为将输入转化为输出的系统增值或结果有效已付出或应付出的凡是能被人所利用的物质代价"[5]。其中，应付出的资源代价是指应该付出，但目前还未付出，而且迟早要付出的资源代价。资源代价是总合的概念。资源是指凡是能被人所利用的物质，在一个

---

[1] 林万祥. 成本会计研究 [M]. 北京：机械工业出版社，2008：4.
[2] 林万祥. 成本会计研究 [M]. 北京：机械工业出版社，2008：4. 也有的文献翻译为"成本是用货币计量的，为取得或即将取得的商品或劳务所支付的现金或转让的其他资产、发行的资本股票、提供的劳务或发生的负债的总额"，如参见：黄由衡. 物流成本管理理论及其应用研究 [D]. 北京：北京交通大学，2007：8-11.
[3] 黄由衡. 物流成本管理理论及其应用研究 [D]. 北京：北京交通大学，2007：8-11.
[4] 查尔斯T·霍恩格尔. 高级成本管理会计 [M]. 北京：中国财政经济出版社，1986：20.
[5] 中国成本协会是在中华人民共和国香港特别行政区登记注册并批准成立的社会团体法人组织。2009年，中国成本协会发布《成本管理体系术语标准（白皮书）》，规范了成本管理体系术语。

组织中资源一般包括人力资源、物力资源、财力资源和信息资源等。可见，CCA2101标准中定义的是广义成本概念。

从上述不同学科角度分析可见，成本的边界比较模糊，它既可偏重于价值利益方面，是一种可以用价格来衡量的投入和损失，也可以是从当事人角度而言为获取某种所得而付出的代价。本书将成本定义为市场主体为了获得某种收益或得到某种满足，而所实际花费的或预期要付出的代价和损失。企业作为社会经济活动的主体，通过税款方式参与社会财富的再分配，享受社会资源或者公共产品。因此，这种参与社会财富再分配的税金就形成了企业的一种成本，本书将其称之为"税收成本"。同时，因纳税行为而产生的、除税金（或称税款）之外的一些显性和隐性支出，是实际或未来需要付出的代价，也构成了企业的一种成本，我们将其称之为"非税成本"。

3.1.4.2 成本管理理论

通常，成本管理要求企业"不仅要抓成本管理以降低成本，还要抓成本经营以补偿成本"[1]，成本管理核心是有效的控制成本。随着成本管理理论的发展，产生了战略成本管理。"战略"一词来源于希腊语Strategos，意为"将军指挥军队的艺术"，属于军事中的一个概念。到20世纪50年代，随着市场发展，商业竞争加剧，人们感觉商场如战场，从而开始在商业管理中运用"战略"概念。加拿大管理学家亨利·明兹伯格（Henry Mintzberg）将战略概括为5P，即计谋（Ploy）、计划（Plan）、模式（Pattern）、定位（Position）、观念（Perspective）。《辞海》对战略一词有两种基本解释：一是特指战争全局的筹划和指导；二是泛指重大的、带有全局性或决定性的谋划。可见，战略具有长期性和全局性两大基本特征。把战略应用于企业领域，便构成了企业战略。财务战略属于企业职能管理层次上的战略，它是"对企业总体和长期发展有重大影响的财务活动的指导思想和原则"[2]；是"为了实现企业战略目

---

[1] 林万祥. 成本论 [M]. 北京：中国财政经济出版社，2001：85.
[2] 阎达五，陆正飞. 论财务战略的相对独立性——兼论财务战略及财务战略管理的基本特征 [J]. 会计研究，2000（9）：2-6.

标，对企业资金运动或财务活动进行全面性、长远性和创造性谋划的职能战略"[1]。

战略成本管理问题是成本管理研究中的一个重要分支。焦跃华、袁天荣（2001）认为"建立成本管理绩效的评价体系也是战略成本管理方法措施体系的重要内容"[2]。周汝、韩庆兰（2006）也认为"企业的战略成本管理体系包括战略成本分析体系、战略方法措施体系、战略绩效评价体系"[3]。可见，战略成本管理需要考虑绩效评价问题。伍中信、张荣武（2006）也探讨了成本管理与绩效的关系，认为"企业绩效评价制度是任何经济体系的核心问题，成本管理是企业永恒的主题和绩效评价的关键内容，绩效评价与成本管理的内在联系因社会经济环境的变迁而动态地向前发展"[4]。为此，战略成本管理不仅是简单的成本控制，还需要关注成本效益，考虑成本管理的绩效评价问题。

3.1.5 税务管理理论

税务管理伴随税收的产生而出现。通常，传统的税务管理是指国家或税收征管部门为保证税收征缴的一种管理活动。随着社会经济的发展，企业也逐渐意识到纳税活动对其经营管理的影响，由此，"企业税务管理"概念悄然而生。企业税务管理是现代企业管理的延伸，是以遵守国家税收法规为前提，充分利用税收政策，有效管理企业纳税业务的一系列活动。

企业税务管理是企业长期忽略的内容，在企业管理中存在着缺位情况[5]。事实上，加强企业税务管理对企业尤为重要。国家产生后，依法纳税成为企业一项不可回避的义务，税收也成为企业一项不容忽视的外部成本，其中流转税成本直接或间接影响到营业成本和营业税金的大小，所得税成本直接影

---

[1] 张兆国，陈天骥，余伦. 平衡计分卡——一种革命性的企业经营业绩评价方法 [J]. 中国软科学，2002（5）：109–111.

[2] 焦跃华，袁天荣. 论战略成本管理的基本思想与方法 [J]. 会计研究，2001（4）：42.

[3] 周汝，韩庆兰. 基于BSC的企业战略业绩评价指标体系设计研究 [J]. 湖南农业大学学报（社会科学版），2006（1）：47.

[4] 伍中信，张荣武. 成本管理理论新进展及其对企业绩效评价的影响 [J]. 系统工程，2006（2）：15.

[5] 汤贡亮，王君彩. 企业税务管理 [M]. 北京：经济科学出版社，2010：12.

响到企业投资成本的高低,因此,有效控制税收支出的企业税务管理活动也成为企业成本控制的一项重要内容。

通常,企业税务管理是指"企业采用税务计划、决策、控制、组织实施等方法而使其税收成本最小化的一系列管理活动"[①],一般意义上的企业税务管理强调税收成本的最小化,而忽视非税成本在企业税务管理中的作用,为此,本书提出企业战略税务管理概念,认为企业战略税务管理属于企业战略管理的一部分,企业纳税活动以及税务筹划的管理都属于企业战略税务管理的范畴。企业战略税务管理需要把握两个要点:一是税务管理不仅要考虑税收成本还要考虑非税成本;二是税务管理不是使与税相关的成本(税收成本与非税成本)最小化,而是使企业的绩效最优。

3.2 我国的税制背景

3.2.1 我国的税收制度

税收制度简称税制,是国家以法律或法令等形式确定的各种课税办法的总称,反映了国家与纳税人之间的经济关系,包括税种的设计以及各税种的具体内容,如课税对象、纳税人、税率、纳税环节、纳税期限、税收处罚等。

3.2.1.1 我国税收制度的历史沿革

自新中国成立至今 60 多年,随着经济与政治的发展,我国税收制度经历了一个曲折而前进的过程。总体上,我国税收制度发展经历了四个阶段,每个阶段都进行了重大的税制改革。

(1) 第一阶段:新中国税制建立和巩固阶段。这一阶段是从 1949 年至 1957 年,当时中国处于国民经济恢复与社会主义改造时期。在 1950 年,新中国全面清理了旧中国税收制度,并总结了解放区税收制度建设经验,从而建立了我国的新税收制度。

(2) 第二阶段:我国税制曲折发展阶段。这一阶段是从 1958 年至 1978

---

① 贡亮,王君彩. 企业税务管理 [M]. 北京:经济科学出版社,2010:7.

年，期间经历了两次重大税制改革。1958年的税制改革主要是简化税制，以适应社会主义改造和经济体制改革的形势。1973年的税制改革仍是简化税制。

（3）第三阶段：我国税制全面加强阶段。这一阶段是从1978年至1994年。1984年，我国就国营企业"利改税"和全面改革工商税收制度进行改革，以适应发展有计划社会主义商品经济的要求。该阶段的第二次改革是在1994年，主要是全面改革工商税制，以适应社会主义市场经济体制的要求，1994年的税制改革基本确立了我国的税收制度。

（4）第四阶段：我国税制不断完善阶段。这一阶段是从1995年至今，尤其是2003年以来的一系列税制改革与完善，为促进经济社会协调发展起到了重要作用。主要涉及以下改革内容：第一，废除农业税。自2006年1月1日起，废止农业税条例，废除农业税。第二，流转税改革。2006年4月1日起，对消费税的税目、税率等进行调整。2009年1月1日起，开始实施修订后的增值税、消费税、营业税暂行条例。第三，个人所得税改革。个人所得税中工资薪金所得费用扣除标准逐步提高，由800元增加到1 600元，而后又分别调至2 000元、3 500元。第四，企业所得税改革。2008年1月1日起，内外资企业所得税实现合并，推进了税制统一和税负公平。

3.2.1.2 主要税种的税制变化情况

本书主要研究企业的税收成本与非税成本，通常不涉及个人所得税，为此，结合本书的研究内容和主体税种，以下重点阐述企业所得税与流转税的税制变化情况。

（1）企业所得税的变革。2008年1月1日之前，对外商投资企业和外国企业征收30%的企业所得税，并加征3%的地方企业所得税；同时，外资企业大多享受特定区域税收优惠和定期税收优惠政策，如经济特区内的外商投资企业享受15%的优惠税率；沿海经济开发区的外资企业享受24%的优惠税率；新办的生产型外商投资企业享受"二免三减半"的优惠政策等。然而，内资企业按照33%的基准税率征收企业所得税，对于年度应纳税所得额较低的企业规定了27%和18%的低税率。

2007年1月第十届全国人民代表大会第五次会议审议通过了企业所得税

法，自2008年1月1日起施行。该法规定了企业法人为纳税人，包括内资企业和外资企业①，基准税率由33%调整为25%。两税合并后，不再分为内资企业和外资企业，企业所得税税率统一为25%。

(2) 增值税的变革。增值税纳税人按会计核算水平和经营规模分为一般纳税人和小规模纳税人，一般纳税人采用税款抵扣制进行纳税，小规模纳税人采用简易征收办法，根据销售额和征收率确定应纳税额。2009年1月1日起，新修订的增值税暂行条例实施，我国增值税实现了从生产型增值税向消费型增值税转变的重大改革。同时，小规模纳税人的范围扩大，并且小规模纳税人的增值税征收率由4%和6%统一调整为3%。

增值税根据税基的差异分为三种类型，分别是生产型增值税、消费型增值税和收入型增值税。生产型增值税要求对购入的固定资产及其折旧所包含的进项税额不予抵扣；消费型增值税允许将购置物资资料的价值和用于生产、经营的固定资产价值中所包含的进项税额，在购置当期全部一次性抵扣；收入型增值税不允许一次性扣除固定资产购入时进项税额，只允许扣除固定资产当期折旧所包含的进项税额。

我国增值税转型试点于2004年开始，至2009年全面推行，财政部和国家税务总局颁布了一系列增值税转型改革文件，增值税逐渐由生产型增值税转型为消费型增值税。转型改革中的固定资产主要是机器、机械、运输工具以及其他与生产、经营有关的设备、工具、器具，不包括房屋、建筑物等不动产。增值税转型进程情况如表3.1所示。

(3) 消费税的变革。2009年1月1日起，修订的消费税暂行条例实施，税目、税率及相关政策发生变化，一方面增强了消费税的消费引导作用，另一方面保证了与增值税的有效衔接。消费税税目与税率主要变化如表3.2所示。

---

① 本书的外资企业即外商投资企业，包括所有含有外资成分的企业。依照外商在企业注册资本和资产中所占股份或份额的比例不同，可将外资企业分为三种类型——中外合资经营企业、中外合作经营企业和外商独资企业。

第 3 章 相关研究理论基础与我国税制背景

表 3.1　消费型增值税推行情况

文　件		消费型增值税实施范围	
文件名称	时间界定	地　　区	行　　业
《2004年东北地区扩大增值税抵扣范围暂行办法》等	2004年7月1日起	东北三省（辽宁、吉林、黑龙江）	装备制造业、石油化工业、冶金工业、船舶制造业、汽车制造业、高新技术产业、军品工业和农产品加工业等八个行业
《中部地区扩大增值税抵扣范围暂行办法》	2007年7月1日	山西、安徽、江西、河南、湖北和湖南等中部6省26个老工业基地城市*	装备制造业、石油化工业、冶金工业、汽车制造业、农产品加工业、电力业、采掘业以及高新技术产业等八大行业
《内蒙古东部地区扩大增值税抵扣范围暂行办法》	2008年7月1日	内蒙古自治区东部五个盟市**	装备制造业、石油化工业、冶金工业、船舶制造业、汽车制造业、高新技术产业、军品工业和农产品加工业
《汶川地震受灾严重地区扩大增值税抵扣范围暂行办法》	2008年7月1日	四川汶川地震受灾严重地区	从事焦炭加工、电解铝生产、小规模钢铁生产、小火电发电为主的行业
修订的《增值税暂行条例》	2009年1月1日	全国所有地区	所有行业

注：* 山西省的太原、大同、阳泉、长治；安徽省的合肥、马鞍山、蚌埠、芜湖、淮南；江西省的南昌、萍乡、景德镇、九江；河南省的郑州、洛阳、焦作、平顶山、开封；湖北省的武汉、黄石、襄樊、十堰和湖南省的长沙、株洲、湘潭、衡阳。
** 内蒙古东部地区是指：呼伦贝尔市、兴安盟、通辽市、赤峰市和锡林郭勒盟。
资料来源：作者编制。

49

表 3.2　　　　　　　　　　消费税税目与税率主要变化

项　　目		原规定	现行暂行条例规定
税目变动	税目	小汽车税目下的小轿车、越野车、小客车子目	高尔夫球及球具、高档手表、游艇、木制一次性筷子、实木地板税目
		护肤护发品税目	成品油税目下的石脑油、溶剂油、润滑油、燃料油、航空煤油子目
		护肤护发品下高档护肤类化妆品	化妆品
		汽油、柴油税目	成品油税目下汽油、柴油子目
税率变动	卷烟*	甲类卷烟45%加0.003元/支；乙类卷烟45%加0.003元/支；	甲类卷烟56%加0.003元/支；乙类卷烟36%加0.003元/支；卷烟批发环节5%
	雪茄烟*	25%	36%
	白酒	粮食白酒25%加0.5元/斤；薯类白酒15%加0.5元/斤	比例税率20%、定额税率0.5元/斤
	汽车轮胎	10%	3%

资料来源：作者编制。

注：*所标注的税率变化，根据财政部和国家税务总局于2009年5月26日颁布的《关于调整烟产品消费税政策的通知》（财税[2009]84号），对烟类产品消费税政策做出必要调整。

（4）营业税的变革。2009年1月1日起，新修订的营业税暂行条例实施，对相关政策进行了调整，保证了与增值税的有效衔接。

为完善税制结构，2012年1月1日我国开始在上海市实施"营业税改征增值税"改革试点；2012年9月1日在北京市实施"营改增"试点工作；2012年10月1日在江苏省和安徽省实施"营改增"试点工作；2012年11月1日在福建省（含厦门市）和广东省（含深圳市）实施"营改增"试点工作；2012年12月1日在天津市、浙江省（含宁波市）、湖北省实施"营改增"试点工作；至2013年8月1日，交通运输业和部分现代服务业的"营改增"试点扩至全国范围。

3.2.1.3　我国现行税收制度

我国现行税收法律法规规定的税种有19个，包括企业所得税、个人所得税、增值税、消费税、营业税、关税、房产税、车船税、印花税、契税、资源税、土地增值税、城镇土地使用税、固定资产投资方向调节税、筵席税、城市维护建设税、车辆购置税、耕地占用税和烟叶税。除固定资产投资方向调节税暂缓征收外，目前实际征收的税种有 18 个。

根据 2008 年 2 月 18 日修订的《中华人民共和国个人所得税法实施条例》，"个人所得税是以自然人取得的各类应税所得为征税对象"，"是政府利用税收对个人收入进行调节的一种手段"。个人所得税的纳税主体是个人，企业对职工的工资、薪金所得仅履行代扣代缴义务，并不形成企业的成本。根据财政部税政司统计，2007 年至 2011 年全国扣除个人所得税后的税收收入情况如表 3.3 和图 3.1 所示。

表 3.3　　2007~2011 年度全国税收及除个人所得税之外的税收情况　　单位：亿元

年度	总税收	个人所得税	除个人所得税之外的税收	除个人所得税之外的税收占总税收的比重（%）
2007	45 612.99	3 185.54	42 427.45	93.02
2008	54 219.62	3 722.19	50 497.43	93.13
2009	59 514.7	3 949.27	55 565.43	93.36
2010	73 202.3	4 837.17	68 365.13	93.39
2011	89 720.31	6 054.09	83 666.22	93.25

资料来源：作者整理（依据财政部税政司公布的各年度"税收收入增长的结构性分析"报告，来源财政部网站 http://www.mof.gov.cn/）。

扣除个人所得税后的税收收入					
	2007年	2008年	2009年	2010年	2011年
扣除个人所得税后的税收（亿元）	42 427.45	50 497.43	55 565.43	68 365.13	83 666.22

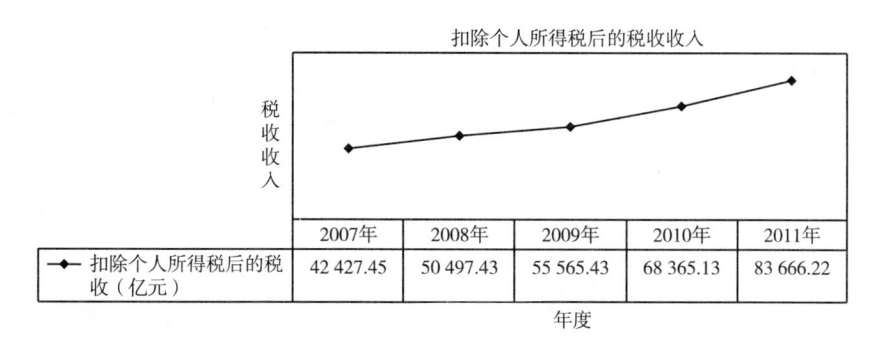

图 3.1　2007~2011 年度全国除个人所得税之外的税收变化趋势

资料来源：作者绘制（依据财政部税政司公布的各年度"税收收入增长的结构性分析"报告，来源财政部网站 http://www.mof.gov.cn/）。

3.2.2 我国的税制结构

税制结构是指一个国家的税收制度中不同税种之间、不同税制要素之间关系的构成方式。根据税制中的税种数量为标准可划分为单一税制结构和复合税制结构；根据各税种在税制中的地位不同可划分为所得税为主、流转税为主、"双主体"税制结构等；根据税收管理权限的差异可划分为中央税制结构和地方税制结构。

目前，我国是复合税制结构，按照税种性质分析，我国税制结构可反映如图3.2所示。

我国税制结构（流转税与所得税比值的双主体税制结构）

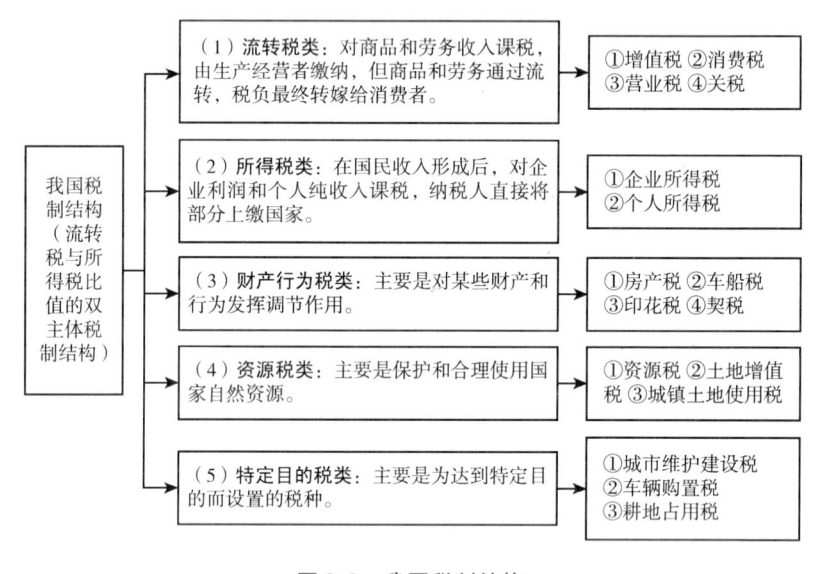

- （1）流转税类：对商品和劳务收入课税，由生产经营者缴纳，但商品和劳务通过流转，税负最终转嫁给消费者。 → ①增值税 ②消费税 ③营业税 ④关税
- （2）所得税类：在国民收入形成后，对企业利润和个人纯收入课税，纳税人直接将部分上缴国家。 → ①企业所得税 ②个人所得税
- （3）财产行为税类：主要是对某些财产和行为发挥调节作用。 → ①房产税 ②车船税 ③印花税 ④契税
- （4）资源税类：主要是保护和合理使用国家自然资源。 → ①资源税 ②土地增值税 ③城镇土地使用税
- （5）特定目的税类：主要是为达到特定目的而设置的税种。 → ①城市维护建设税 ②车辆购置税 ③耕地占用税

图3.2 我国税制结构

资料来源：作者绘制。

我国是流转税与所得税并重的"双主体"税制结构，流转税和所得税在全部税收中占有较大比重，如表3.4和图3.3所示。以2011年为例，全国税收收入中，流转税所占比重为59%，所得税所占比重为25%，财产行为税、资源税和特定目的税分别占5%、4%和3%的比重，如图3.4所示。可见，我国税制中以流转税和所得税为主，以2011年税收收入为例，流转税与所得税之和占全部税收的84%（流转税59%、所得税25%），通过数据也可表明我

国目前是流转税与所得税并重的"双主体"税制结构,其中,流转税中又以增值税为主。

表 3.4　　　　2007～2011 年度全国税收及其构成情况　　　　单位:亿元

年度	流转税*	企业所得税	个人所得税	其他税种	总税收
2007	26 208.75	8 769.47	3 185.54	7 449.23	45 612.99
2008	31 486.15	11 173.05	3 722.19	7 838.23	54 219.62
2009	34 980.16	11 534.45	3 949.27	9 050.82	59 514.7
2010	43 508.73	12 842.79	4 837.17	12 013.61	73 202.3
2011	51 795.8	16 760.35	6 054.09	15 110.07	89 720.31

注:*此处统计的流转税包括增值税(国内及进口环节)、消费税(国内及进口环节)、营业税和关税。

资料来源:作者整理(依据财政部税政司公布的各年度"税收收入增长的结构性分析"报告,来源财政部网站 http://www.mof.gov.cn/)。

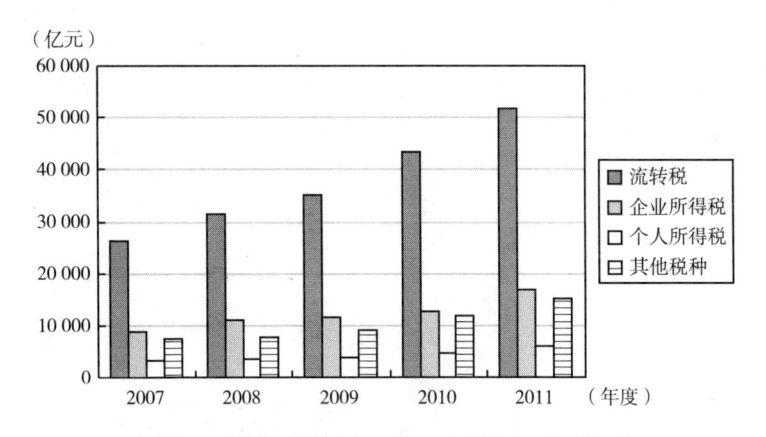

图 3.3　2007～2011 年度全国各税种构成示意图

资料来源:作者绘制(依据财政部税政司公布的各年度"税收收入增长的结构性分析"报告,来源财政部网站 http://www.mof.gov.cn/)。

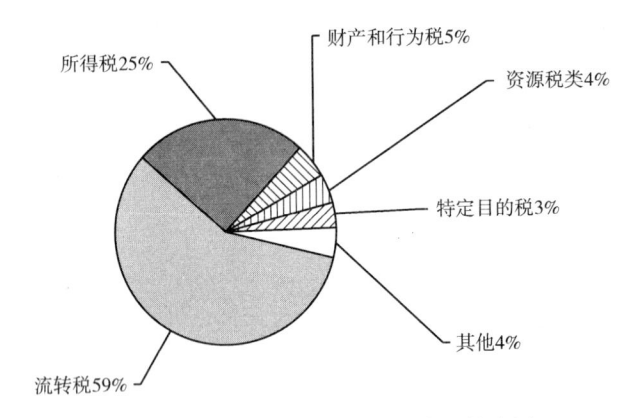

图 3.4　2011 年度全国税收构成及其比例

注：由于财政部税政司仅公布主要税种的税收数据，一些小税种未公布，在"其他"项目予以反映。

资料来源：作者绘制（依据财政部税政司公布的各年度"税收收入增长的结构性分析"报告，来源财政部网站 http：//www.mof.gov.cn/）。

第4章 税收成本、非税成本与企业绩效的理论分析

首先，本章分别对税收成本、非税成本、企业绩效进行了理论分析，包括税收成本和非税成本的内涵、构成及影响因素等；其次，税收成本与非税成本有何关系，两者又会对企业绩效产生何种影响，通过本章的理论分析，对这些问题进行逐一回答，从而有助于理解税收成本、非税成本与企业绩效的关系，进而为以后章节的实证分析提供理论支持。

4.1 税收成本理论

4.1.1 税收成本的内涵

税收成本概念最早是在税收原则理论中提出的。20世纪20年代后，陆续出现了一些较有代表性的税收理论学派，他们提出最优税理论、供给学派税制优化理论、公共选择学派的税制优化理论等，但在税收理论中对税收成本的描述都是基于税收部门视角。国外学者在从企业角度研究税收成本时，很少明确使用税收成本概念，而常常采用税收因素（Tax Factor）、税收节约（Tax Benefit）等，如 Leslie Hodder 等[1]（2003）就采用税收因素（Tax factor）概念，Steve Matsunaga 等[2]（1992）则采用税收节约（Tax benefit）说法。但无论采用哪种具体称谓，国外将税收成本的内涵定义为税款或税金。

国内学者对税收成本的界定并不统一。财政专业的学者一般从税收征管

---

[1] Leslie Hodder, Mary Lea McAnally and Connie D. Weaver. The Influence of Tax and Nontax Factors on Banks'Choice of Organizational Form [J]. THE ACCOUNTING REVIEW, 2003 (1): 297-325.

[2] Steve Matsunaga, Terry Shevlin, and D. Shores. Disqualifying Dispositions of Incentive Stock Options: Tax Benefits versus Financial Reporting Costs [J]. Journal of Accounting Research, 1992 (30): 37-68.

部门对税收成本界定，认为广义的税收成本是征税成本、纳税成本、社会成本的总称，狭义的税收成本特指为"征税成本"。从企业角度界定税收成本时，税收成本特指为企业在纳税过程中所发生的耗费，通常也称为"企业税收成本"、"纳税成本"、"税务成本"等。企业税收成本可以分为广义与狭义概念，广义的企业税收成本则应该包括税收负担以及与纳税相关的所有直接费用和间接费用；狭义的企业税收成本仅指企业在生产经营过程中应当缴纳的各种税款之和。企业税收成本也常简称为税收成本。

考虑到税收成本和非税成本作为一对联系紧密的概念，最早由迈伦·斯科尔斯等学者在有效税务筹划理论中提出，"非税成本"是相对于"税收成本"的一个派生概念。通常，从企业角度研究纳税成本，并将其与非税成本一起分析时，现有的文献更倾向于采用"税收成本"这一概念。总之，考虑到专业语言习惯，本书采用了"税收成本"的称谓，而未使用纳税成本、税务成本、企业税收负担（简称"税负"）等名词。

另外，为了严格区分税收成本与非税成本，本书所指的税收成本为狭义概念，是市场主体为了获得某种收益或得到某种满足所实际花费的或预期要付出的代价和损失，即企业按照国家税法规定应当缴纳的各种税款之和，不包括税收遵从成本（或称奉行成本）。

4.1.2 税收成本的构成

根据上述税收成本的界定，税收成本是企业依照国家税法规定应当缴纳的各种税款之和。我国现行的税法体系涉及的税种很广泛，因而其对应的具体税收成本也比较多。税收成本依照不同的划分标准可分为不同的类别：

（1）依照税种划分。国家与企业发生征纳关系时，会形成企业的企业所得税成本、增值税成本、营业税成本、消费税成本、关税成本等。根据税种不同，税收成本可以分为所得税成本（仅指企业所得税成本，下同）、增值税成本、消费税成本、营业税成本、关税成本、房产税成本、车船税成本、印花税成本、契税成本、资源税成本、土地增值税成本、城镇土地使用税成本、城市维护建设税成本、车辆购置税成本、耕地占用税成本和烟叶税成本等。根据财政部税政司公布的数据，2007~2011年度全国税收收入结构如表4.1所示。

第4章 税收成本、非税成本与企业绩效的理论分析

表4.1　2007～2011年度全国税收构成

单位：亿元，%

税　种	2007年 金额	2007年 比重	2008年 金额	2008年 比重	2009年 金额	2009年 比重	2010年 金额	2010年 比重	2011年 金额	2011年 比重
增值税	14 873.89[1]	32.61	18 244.73[3]	33.65	19 469.37[5]	32.71	23 545.75[7]	32.17	27 653.98[9]	30.82
消费税	3 320.33[2]	7.28	3 845.14[4]	7.09	5 013.58[6]	8.42	6 777.89[8]	9.26	7 904.11[10]	8.81
营业税	6 581.99	14.43	7 626.33	14.07	9 013.64	15.15	11 157.64	15.24	13 678.61	15.25
关税	1 432.54	3.14	1 769.95	3.26	1 483.57	2.49	2 027.45	2.77	2 559.1	2.85
企业所得税	8 769.47	19.23	11 173.05	20.61	11 534.45	19.38	12 842.79	17.54	16 760.35	18.68
个人所得税	3 185.54	6.98	3 722.19	6.87	3 949.27	6.64	4 837.17	6.61	6 054.09	6.75
资源税	261.14	0.57	301.76	0.56	338.24	0.57	417.58	0.57	598.87	0.67
契税	1 208.65	2.65	1 307.18	2.41	1 734.99	2.92	2 464.8	3.37	2 763.61	3.08
证券交易印花税	2 005.31	4.40	979.16	1.81	510.47	0.86	544.17	0.74	438.45	0.49
车辆购置税	876.87	1.92	989.75	1.83	1 163.17	1.95	1792.03	2.45	2 044.45	2.28
城镇土地使用税	385.57	0.85	816.95	1.51	920.97	1.55	1 004.01	1.37	1 222.26	1.36
土地增值税	402.84	0.88	537.1	0.99	719.43	1.21	1 276.67	1.74	2 062.51	2.30
耕地占用税	184.94	0.41	313.97	0.58	632.99	1.06	888.34	1.21	1 071.97	1.19
房产税	575.51	1.26	*		803.64	1.35	894.06	1.22	1 102.36	1.23

57

续表

税　种	2007年 金额	2007年 比重	2008年 金额	2008年 比重	2009年 金额	2009年 比重	2010年 金额	2010年 比重	2011年 金额	2011年 比重
其他	1 548.4	3.39	2 592.36	4.78	2 226.92	3.74	2 731.95	3.73	3 805.59	4.24
合计	45 612.99	100.00	54 219.62	100.00	59 514.7	100.00	73 202.3	100.00	89 720.31	100.00

注：*表示2008年度的"房产税"未单列，归入"其他"项目。
① 国内增值税 9 844.42 亿元与进口货物增值税和消费税 ×9 844.42/(9 844.42+2 197.59)。其中进口环节增值税是根据增值税与消费税的比值估计计算所得，具体计算为 6 152.21 (进口货物增值税和消费税) ×2 197.59/(9 844.42+2 197.59)。
② 国内消费税 2 197.59 亿元与进口货物增值税和消费税 ×2 197.59/(9 844.42+2 197.59)。其中进口环节消费税是根据增值税与消费税的比值估计计算所得，具体计算为 6 152.21×2 197.59/(9 844.42+2 197.59)。
③ 国内增值税 12 140.21 亿元与进口货物增值税和消费税 ×12 140.21/(12 140.21+2 558.59)。其中进口环节增值税是根据增值税与消费税的比值估计计算所得，具体计算为 7 391.07 (12 140.21+2 558.59)。
④ 国内消费税 2 558.59 亿元与进口货物增值税和消费税 ×12 140.21/(12 140.21+2 558.59)。其中进口环节消费税是根据增值税与消费税的比值估计计算所得，具体计算为 7 391.07×2 558.59/(12 140.21+2 558.59)。
⑤ 国内增值税 18 481.2 亿元与进口货物增值税和消费税 988.13 亿元×18 481.2/(18 481.2+4 759.12)。其中进口环节增值税是根据增值税与消费税的比值估计计算所得，具体计算为 1 242.59 (进口货物增值税和消费税) ×18 481.2/(18 481.2+4 759.12)。
⑥ 国内消费税 4 759.12 亿元与进口货物增值税和消费税 254.46 亿元×18 481.2/(18 481.2+4 759.12)。其中进口环节消费税是根据增值税与消费税的比值估计计算所得，具体计算为 1 242.59×4 759.12/(18 481.2+4 759.12)。
⑦ 国内增值税 21 091.95 亿元与进口货物增值税和消费税 ×21 091.95/(21 091.95+6 071.54)。其中进口环节增值税是根据增值税与消费税的比值估计计算所得，具体计算为 3 160.15 (21 091.95+6 071.54)。
⑧ 国内消费税 6 071.54 亿元与进口货物增值税和消费税 706.35 亿元×21 091.95/(21 091.95+6 071.54)。其中进口环节消费税是根据增值税与消费税的比值估计计算所得，具体计算为 3 160.15×6 071.54/(21 091.95+6 071.54)。
⑨ 国内增值税 24 266.64 亿元与进口货物增值税和消费税 3 387.34 亿元/(24 266.64+6 935.93)。其中进口环节增值税是根据增值税与消费税的比值估计计算所得，具体计算为 4 355.52 (进口货物增值税和消费税) ×24 266.64/(24 266.64+6 935.93)。
⑩ 国内消费税 6 935.93 亿元与进口货物增值税和消费税 968.18 亿元×24 266.64/(24 266.64+6 935.93)。其中进口环节消费税是根据增值税与消费税的比值估计计算所得，具体计算为 4 355.52×6 935.93/(24 266.64+6 935.93)。

资料来源：作者整理（依据财政部税政司公布的各年度"税收入增长的结构性分析"报告，来源财政部网站 http://www.mof.gov.cn/）。

第4章 税收成本、非税成本与企业绩效的理论分析

根据表4.1可知，2007～2011年度数据显示，税收规模排名前四位的税收成本是增值税、企业所得税、营业税、消费税。以2011年度为例（如图4.1所示），增值税成本占全部税收成本的30%，企业所得税成本占全部税收成本的19%，营业税成本占全部税收成本的15%，消费税成本占全部税收成本的9%。

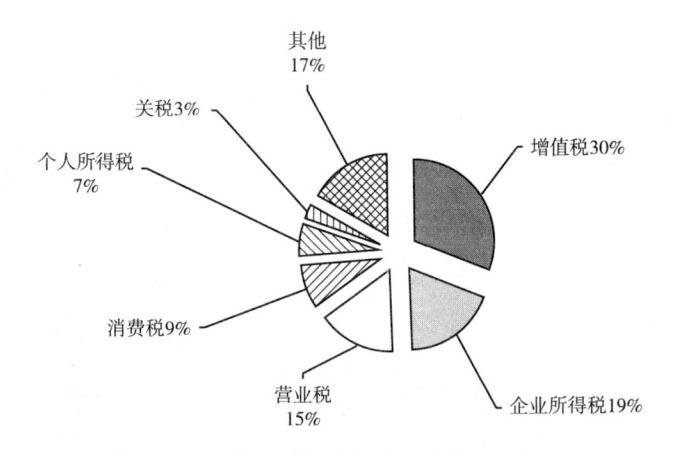

图4.1　2011年度增值税与企业所得税所占比重

资料来源：作者绘制（依据财政部税政司公布的各年度"税收收入增长的结构性分析"报告，来源财政部网站 http://www.mof.gov.cn/）。

（2）依照税种类别划分。我国目前的税种可以分为五类：流转税类、所得税类、财产和行为税类、资源税类、特定目的税类。按照税种类别划分，企业的税收成本可分为流转税成本、所得税成本、财产和行为税成本、资源税成本、特定目的税成本五种。根据财政部税政司公布的数据，2007～2011年度全国税收所属税类情况如表4.2和图4.2所示。

表4.2　　　　　　2007～2011年度全国各税类金额　　　　　　单位：亿元

税　　种	2007年	2008年	2009年	2010年	2011年
流转税类	26 208.75	31 486.15	34 980.16	43 508.73	51 795.80
所得税类	11 955.01	14 895.24	15 483.72	17 679.96	22 814.44
财产和行为税类	3 789.47	2 286.34	3 049.10	3 903.03	4 304.42
资源税类	1 049.55	1 655.81	1 978.64	2 698.26	3 883.64

续表

税　　种	2007 年	2008 年	2009 年	2010 年	2011 年
特定目的税类	1 061.81	1 303.72	1 796.16	2 680.37	3 116.42
其他*	1 548.40	2 592.36	2 226.92	2 731.95	3 805.59
合计	45 612.99	54 219.62	59 514.70	73 202.30	89 720.31

注：*"其他"表示财政部税政司公布的、没有明确具体税种的税收数据，为此不能确定属于所属税类，以"其他"项目予以反映。

资料来源：作者整理（依据财政部税政司公布的各年度"税收收入增长的结构性分析"报告，来源财政部网站 http：//www.mof.gov.cn/）。

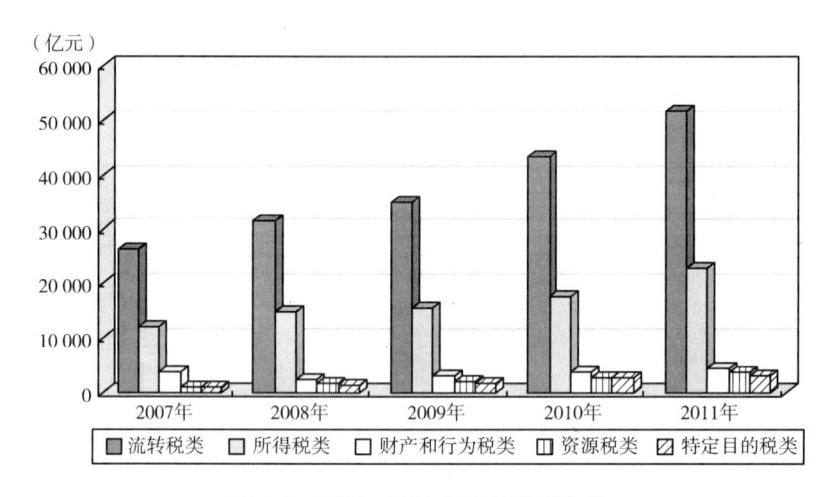

图 4.2　2007～2011 年度各税类比较

资料来源：作者绘制（依据财政部税政司公布的各年度"税收收入增长的结构性分析"报告，来源财政部网站 http：//www.mof.gov.cn/）。

根据图 4.2 所示，2007～2011 年度数据显示，税收规模从大到小的排名为：流转税类、所得税类、财产和行为税类、资源税类、特定目的税类。以 2011 年度为例（如图 4.3 所示），流转税成本占全部税收成本的 57%，所得税成本占全部税收成本的 26%，其中企业所得税成本占全部税收成本的 19%。

（3）依照财务会计报告是否列报或披露划分。税收和会计遵循不同的标准，纳税金额的确定依照国家税收法律规定，而涉税会计处理须遵循会计准则和制度。根据财务会计报告所列报或披露的涉税信息可知，有些税收成本信息能够从财务会计报告上获知；也有部分税收成本信息并不能从财务会计报告中获取。

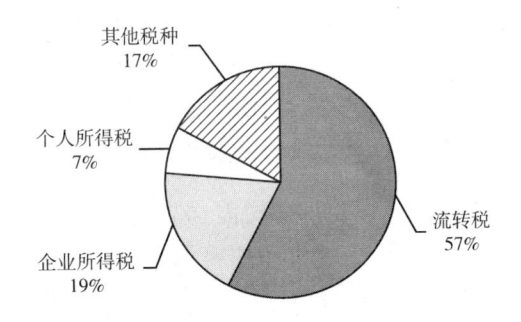

图4.3　2011年度流转税与企业所得税所占比重

资料来源：作者绘制（依据财政部税政司公布的各年度"税收收入增长的结构性分析"报告，来源财政部网站http://www.mof.gov.cn/）。

根据上市公司财务会计报告分析，资产负债表列报"应交税费"、"递延所得税资产"、"递延所得税负债"的期末数与期初数；利润表列报"营业税金及附加"、"所得税费用"的本期数与上期数；现金流量表列报"支付的各种税费"、"收到的税费返还"的本期数与上期数。

现行所得税会计处理方法为资产负债表债务法，实现了税法和会计处理的分离，"应交税费——应交企业所得税"反映企业按照税法规定应当交纳的企业所得税，"递延所得税资产"和"递延所得税负债"反映暂时性差异的递延所得税，"所得税费用"反映企业按照会计准则应确认的所得税费用。根据财务会计报表数据可获知企业的本期发生的所得税费用、递延所得税资产和递延所得税负债，通过逻辑运算，可确定企业本期应交企业所得税的金额。因此，财务会计报告列表或披露了企业所得税成本信息。

此外，"营业税金及附加"可以反映部分营业税、消费税、城市维护建设税、资源税、土地增值税等信息；"管理费用"包括印花税、房产税、车船税、土地使用税等税款缴纳信息。因此，财务会计报告也列报或披露了营业税、消费税、城市维护建设税、资源税、土地增值税、印花税、房产税、车船税、土地使用税等成本信息。但需要说明的是：营业税、消费税、城市维护建设税等成本信息虽然能从财务会计报告中获取，却不能准确确定某项税收成本。如利润表中"营业税金及附加"项目并不能确切反映企业的营业税、消费税、城市维护建设税等税收成本,其原因主要有:其一,"营业税金及附加"仅能提供营业税、消费税、城市维护建设税等税收成本的合计数,其单项税种的信息不能通过财务报告确定;其二,"营业税金及附加"项目还包含企业缴纳的教育费附加等;其三,"营业税金及附加"项目并未包括全部的营业税、消费税、城市维护建设税等,如转让无形资产缴纳的营业税并未在"营业税金及附加"中核算,以自产应税消费品用于在建工程、自产应税消费品用于连续生产非应税消费品、进口的应税消费品等业务也未在"营业税金及附加"中核算。

财务会计报告并未列表或披露除此上述税收成本之外的其他税收成本。如财务报告缺失增值税纳税信息的披露,企业的增值税成本并未在财务会计报告中列表或披露。

(4)依照税负是否转嫁划分。税种按照是否可以转嫁分为直接税和间接税。直接税是指纳税义务人同时是税收的实际负担人,纳税人不能或不便于把税收负担转嫁给别人的税种,一般以归属于私人的所得和财产为课税对象,主要包括所得税、房产税等;间接税是指纳税义务人不是税收的实际负担人,纳税义务人能够用提高价格或提高收费标准等方法把税收负担转嫁给别人的税种,一般对商品和劳务征税,商品生产者和经营者通常均将税款附加或合并于商品价格或劳务收费标准之中,从而使税负发生转移,主要包括增值税、消费税、营业税、关税等。

企业的税收成本根据税种能否转嫁也可以分为直接税收成本和间接税收成本,其中直接税收成本不可以转嫁,有企业负担;而间接税收成本可转嫁,最终将转嫁给消费者。

通常,人们很容易理解"直接税(即所得税)是企业的费用支出"这种说法;而对于"间接税(即流转税)是企业的费用支出"而存有一定疑义,尤其颇有争议的是:间接税中的增值税是企业的代缴款项还是费用支出?盖地(2011)在分析税负转嫁理论基础上,指出"对企业来说,增值税与消费税、营业税、所得税等一样,都是费用,都是企业既得利益的减少,所不同的只是根据收入来计算还是根据利润来计算,即计算的环节不同";"对于企业所有者来说，不论是直接税还是间接税，不论是价内税还是价外税，其性质都是费用"；"作为企业经济利益流出的增值税，不论是否转嫁或转嫁多少，都应该完整地反映为一项费用，与利润存在此消彼长的关系"[1]。总之，本书较倾向于盖地（2011）的观点，因为从会计角度研究纳税主体（企业）而言，研究视角为纳税人而非负税人，对于纳税人来说，无论直接税还是间接税，无论价内税还是价外税，其性质都是费用；企业流转税虽然可以转嫁，但是其实质仍是企业的一项费用，视为企业的一项成本支出，即税收成本。

4.1.3 税收成本的影响因素

企业税收成本即企业根据税法应缴纳的应纳税额。影响税收成本的因素可按照不同的标准划分：一种划分标准是税收体系的内部各因素；另一种划分标准是企业所处的外部环境的差异。

4.1.3.1 税收体系内部各因素

税收体系的内部各因素主要包括税种、税基、税率、优惠政策等，这些因素都影响企业的应纳税额。

（1）税种。不同的企业实际课以的税种存在差异，如生产性企业通常需缴纳增值税，服务性行业通常缴纳营业税，销售特定消费品的企业需缴纳消费税，企业的生成经营所得需缴纳企业所得税。实际上，所有的税种不可能同时出现在一个企业，通常企业仅发生部分课税行为。对于某一特定企业而言，不会同时缴纳增值税和营业税，但对于生产和销售特定消费品的企业会同时缴纳增值税和消费税。

（2）税基。税基即课税基础，又称计税依据、计税标准。税基是据以计算应纳税额的基数，税收课征的客观依据。税基包括实物量和价值量两类。税基作为计算应课税额的基础，包括两层涵义：①课税基础的质。即课税的具体对象。不同的税收，税基亦不同，如商品流转税的税基是商品销售额或增值额，收益税的税基是各种所得额，财产税的税基是各种财产。②课税基

---

[1] 盖地. 税务会计理论 [M]. 大连：大连出版社，2011：158.

础的量。即课税对象中，有多少可以作为计算应课税额的基数。对某一课税对象而言，税基可宽可窄，如果从所得额中扣除的不纳税的项目多，则税基就相对小。

根据现行税收法律规定，我国主要税种的计税基础如表4.3所示。

表4.3　　　　　　　　　我国主要税种的计税基础

税　种	计税基础
企业所得税	企业的应纳税所得额（调整的会计利润）
增值税	商品（含应税劳务）在流转过程中的增值额
消费税	应税消费品和特定消费行为的消费流转额或流转量
营业税	境内提供应税劳务、转让无形资产、销售不动产所取得的营业额
关税	准予进出境的货物和物品的应纳税额
资源税	计量单位标准的矿产资源
土地增值税	转让房地产的增值额
房产税	房产的计税价值或租金收入

资料来源：作者编制。

（3）税率。税率是税额和课税对象（税基）的比率，是对课税对象规定的纳税比例或纳税额度。税率是计算应纳税额的尺度，也是衡量企业税收成本的重要标志。税率按照经济意义可以分为名义税率和实际税率。名义税率是税法规定的税率，是应纳税额与课税对象的比例。实际税率是实纳税额与实际课税对象的比例，它反映了纳税人的实际负担。

在实际纳税中，由于计税依据、税收减免、税率制度等因素影响，纳税人应纳税额与实纳税额可能不一致，税法规定的课税对象数量与实际课税对象数量也可能会有差异，从而出现名义税率与实际税率不一致的情况。一般情况下，同一种税的名义税率会高于实际税率。税率按照表现形式可分为比例税率、定额税率和累进税率。根据现行税收法律规定，我国主要税种的税率如表4.4所示。

表 4.4 我国主要税种的税率

税 种	税率形式	税 率
企业所得税	比例税率	25%（基本税率）；20%（低税率）
增值税	比例税率	基本税率17%；低税率13%；3%（小规模纳税人）
消费税	比例税率、定额税率	*
营业税	比例税率	3%~20%
关税	比例税率、定额税率	*
资源税	比例税率、定额税率	5%~30%；0.3元/吨~60元/吨
土地增值税	超额累进税率	30%~60%的四级超额累进税率
房产税	比例税率	1.2%；12%

注：*表示税率结构复杂，需要根据具体税目设定，本表不予列示。
资料来源：作者编制。

（4）税收优惠和附加、加成。税收优惠和附加、加成涉及的是减轻和加重纳税人负担的两类措施。税收优惠包括减税和免税。减税是从应征税款中减征部分税款；免税是免征全部税款。减税和免税都是一种税收优惠措施。税收附加是地方政府按照国家规定的比例随同正税一起征收的列入地方预算外收入的一种款项。税收加成是指根据税制规定的税率征税以后，再以应纳税额为依据加征一定成数和税额。税收加成或加倍实际上是税率的延伸，但因这种措施只是针对个别情况，故不采取提高税率的办法，而是以已征税款为基础再加征一定的税款。

4.1.3.2 企业所处的外部环境因素

（1）企业所处行业。不同标准对行业的分类存有一定差异。中国证监会（China Securities Regulatory Commission，CSRC）制订的行业分类方法[①]将上市公司分为13个大类，包括A农、林、牧、渔业；B采掘业；C制造业；D电力、煤气及水的生产和供应业；E建筑业；F交通运输、仓储业；G信息技术

---

① 参见《中国上市公司分类指引》。

业；H 批发和零售贸易；I 金融、保险业；J 房地产业；K 社会服务业；L 传播与文化产业；M 综合类。根据《行业分类国家标准》(GB/T 4754-2011)[①]，企业主要分为 20 个大类和 76 小类，其中大类分别为 A 农、林、牧、渔业；B 采矿业；C 制造业；D 电力、热力、燃气及水生产和供应业；E 建筑业；F 批发和零售业；G 交通运输、仓储和邮政业；H 住宿和餐饮业；I 信息传输、软件和信息技术服务业；J 金融业；K 房地产业；L 租赁和商务服务业；M 科学研究和技术服务业；N 水利、环境和公共设施管理业；O 居民服务、修理和其他服务业；P 教育；Q 卫生和社会工作；R 文化、体育和娱乐业；S 公共管理、社会保障和社会组织；T 国际组织。企业税务登记中的行业类别主要依据的是《行业分类国家标准》。

企业所处的行业的差异影响企业的税收成本，主要体现于两方面：第一，企业的行业差异意味着企业课以的税种差异。如建筑业主要缴纳流转税中的营业税，且税率通常为 3%，一般不会缴纳增值税和消费税，而制造业中的烟草制品业通常需缴纳增值税和消费税，而一般不会缴纳营业税。根据 2011 年 A 股上市公司年报数据统计发现，采掘业上市公司中有 90%以上的企业缴纳了营业税和资源税。第二，税收法律规定中存在行业优惠。为了鼓励某些特殊行业发展，税法规定一些行业优惠政策，如为鼓励软件产业和集成电路产业的发展，税法规定系列优惠政策，对于软件生成企业实行增值税即征即退，并且所退税款由企业用于研究开发软件产品和扩大再生产的，不作为企业所得税应税收入，不征收企业所得税。总之，行业的差异影响到企业的应纳税种与应纳税额，是决定税收成本高低的重要因素之一。

(2) 企业所在地区。我国有 23 个省（包括台湾）、5 个民族自治区、4 个直辖市和 2 个特别行政区。不含香港、澳门、台湾，共计 31 个省级行政区域。国务院发展研究中心将我国经济区域划分为八大综合经济区，如表 4.5 所示。

---

① 来源于中国国家统计局网站 http://www.stats.gov.cn/tjbz/hyflbz/.

表 4.5　　　　　　　　　我国经济区域划分（一）

经济区域	具体省份
东北综合经济区	辽宁、吉林、黑龙江
北部沿海综合经济区	北京、天津、河北、山东
东部沿海综合经济区	上海、江苏、浙江
南部沿海经济区	福建、广东、海南
黄河中游综合经济区	陕西、山西、河南、内蒙古
长江中游综合经济区	湖北、湖南、江西、安徽
大西南综合经济区	云南、贵州、四川、重庆、广西
大西北综合经济区	甘肃、青海、宁夏、西藏、新疆

* 资料来源：作者编制，根据国务院发展研究中心发布的《地区协调发展的战略和政策》报告。

聂辉华等（2009）[①] 参照世界银行的标准将 31 个省级行政区划分为六个经济区域，如表 4.6 所示。

表 4.6　　　　　　　　　我国经济区域划分（二）

经济区域	具体省份
东北	辽宁、吉林、黑龙江
环渤海	北京、天津、河北、山东
东南	上海、江苏、浙江、福建、广东
中部	河南、湖北、湖南、安徽、江西
西南	重庆、四川、云南、海南、贵州、广西
西北	山西、陕西、甘肃、宁夏、内蒙古、新疆、青海、西藏

资料来源：作者整理，根据聂辉华，方明月，李涛. 增值税转型对企业行为和绩效的影响 [J]. 管理世界，2009（5）：24.

此外，为了促进经济发展，吸引外资，引进先进技术，扶植企业快速发

---

① 聂辉华，方明月，李涛. 增值税转型对企业行为和绩效的影响 [J]. 管理世界，2009（5）：20，24.

展，我国还设有经济特区①、经济技术开发区②、保税区③、高新技术开发区④等。企业所在地区的差异影响企业的税收成本，主要因为税收法律规定存在区域优惠情况。如经济特区和上海浦东新区新设立的高新技术企业实施过渡性税收优惠，企业自取得第一笔生产经营收入所属纳税年度起，第1至2年免征企业所得税，第3至5年按25%的法定税率减半征收企业所得税。经济技术开发区内开办的中外合资经营、合作经营、外商独资经营的生产性企业，企业所得税税率减至15%。保税区内企业生产供区内销售或运往境外的产品，免征区内加工环节增值税；对境外运入区内的企业建设所需机器设备和基建物资等、企业自用的生产管理设备和合理数量的办公用品及所需维修零配件、生产用设备等免征关税。高新技术开发区内设立的被认定为高新技术的企业，企业所得税税率减至15%，对新办的高新技术内资企业从投产年度起，连续两年免征企业所得税。此外，民族区域税收优惠也影响企业的税收成本。我国有5个民族自治区实行民族自治，为了支持少数民族和民族地区发展，民族自治地方的自治机关对本民族自治地方的企业应缴纳的企业所得税中属于地方分享的部分，可决定减征或者免征。对于西部地区⑤享有西部大开发税收优惠。如在西部地区新办交通、电力、水利、邮政、广播电视的内资企业，上述项目业务收入占企业总收入70%以上的，可以享受自开始生产经营之日起，第1至2年免征企业所得税，第3至5年减半征收企业所得税的优惠。总之，企业所处地区的差异影响到企业的应纳税种与应纳税额，是决定税收成本高低的重要因素之一。

---

① 目前我国有6个经济特区，分别是深圳、珠海、汕头、厦门、海南岛和喀什。
② 截至2011年底，全国国家级开发区数量达131家。
③ 截至2011年2月，全国已有15家综合保税区，包括苏州工业园综合保税区、天津滨海新区综合保税区、北京天竺综合保税区、广西凭祥综合保税区、海南海口综合保税区、黑龙江绥芬河综合保税区、上海浦东机场综合保税区、江苏昆山综合保税区、重庆西永综合保税区、广州白云机场综合保税区、苏州高新区综合保税区、四川成都高新综合保税区、河南郑州新郑综合保税区、山东潍坊综合保税区和陕西西安综合保税区。
④ 截至2010年，全国国家级高新技术开发区数量达69个。
⑤ 西部地区包括重庆市、四川省、贵州省、云南省、西藏自治区、陕西省、甘肃省、宁夏回族自治区、青海省、新疆维吾尔自治区、新疆生产建设兵团、内蒙古自治区和广西壮族自治区。此外，还包括湖南湘西土家族苗族自治州、湖北省恩施土家族苗族自治州、吉林省延边朝鲜族自治州。

（3）企业组织形式。从法律角度看，企业的组织形式包括个人独资企业、合伙企业和公司制企业三种类型。根据《中华人民共和国公司法》（2005 年修订）的规定，公司制企业包括有限责任公司和股份有限公司两种；根据《合伙企业法》（2006 年修订）的规定，合伙企业又包括普通合伙企业（由普通合伙人组成）和有限合伙企业（由普通合伙人和有限合伙人组成），该法同时规定了国有独资企业、国有企业、上市公司以及公益性事业单位、社会团体为有限合伙人，不得成为普通合伙人。就我国目前的税收规则而言，个人独资企业的收益仅缴纳个人所得税（即"个人层次课税"）。有限责任公司和股份有限公司需承担两个层次的税负：首先对公司的经营收益需要缴纳企业所得税（即"实体层次课税"），其次股东还要就其分得的股息、红利等所得缴纳个人所得税。斯科尔斯（1992）将这种同时缴纳个人所得税和企业所得税的情况称之为"双重课税"（Double-taxation）。《中华人民共和国企业所得税法》（2007 年颁布）规定企业所得税的纳税人为"企业和其他取得收入的组织"，"个人独资企业、合伙企业不适用本法"。可见，企业所得税纳税主体中所称的"企业"并不包括个人独资企业与合伙企业。根据财政部、国家税务总局《关于合伙企业合伙人所得税问题的通知》，"合伙企业合伙人是自然人的，缴纳个人所得税，合伙人是法人和其他组织的，缴纳企业所得税"。

如图 4.4 所示，有限责任公司、股份有限公司需双重课税；个人独资企业与合伙人全部为自然人的合伙企业仅就个人层次课税；如果合伙企业合伙人由自然人和非自然人组成，自然人合伙人需要缴纳个人所得税（个人层次课税），非自然人合伙人[①]需要缴纳企业所得税（实体层次课税），并且合伙人为公司时，该公司的股东还要缴纳个人所得税（个人层次课税）。总之，企业的组织形式也是影响企业税收成本的重要因素之一。

---

① 非自然人合伙人包括法人和其他组织，法人又分为企业法人和非企业法人，但是非企业法人和其他组织不在本书讨论之列，为此我们将非自然人合伙人特指为法人企业，即有限责任公司与股份有限公司。

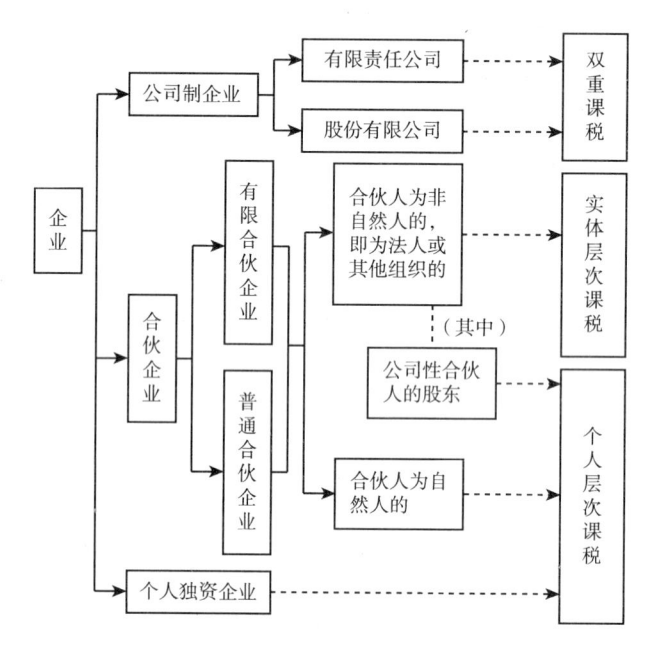

图 4.4　组织形式的界定及其课税层次

资料来源：盖地，李彩霞. 税收成本、非税成本与企业组织形式选择——基于经济模型的研究框架［J］. 当代财经，2012（4）：114.

4.2　非税成本理论

4.2.1　非税成本的内涵

非税成本（Non-tax Costs）的概念最早有迈伦·斯科尔斯、马克·沃尔夫森等提出，认为非税成本包括代理成本（Agency Costs）、财务报告成本（Financial Reporting Costs）、管理成本（Management Costs）、交易成本（Transaction Costs）、监管成本（Regulatory Costs）等。道格拉斯·夏克尔福特与特里·谢富林强调了税与非税因素的权衡问题，认为非税成本包括财务报告成本、代理成本（Agency Costs）等。国外学者虽提出了"非税成本"概念，但并未明确定义非税成本，而采用列示的方法加以界定；也有部分文献将非税成本表述为"非税因素"（Non-tax Factors）。本书认为国外文献中所指的非税因素与非税成本是同一概念，非税成本可理解为非税因素而引发的成本[①]。

国内对非税成本的界定也并没有达成统一认识。盖地和钱桂萍（2005）、崔志娟（2008）一致认为非税成本源于税务筹划，实施税务筹划过程中会产生非税成本，非税成本产生的必要条件是"实施税务筹划行为"。如果不实施税务筹划，会产生非税成本吗？有的学者给出了肯定的回答，认为即使不进行税务筹划，也会产生非税成本。非税成本产生的充分条件是"纳税行为"，即只要存在纳税行为，就存在着非税成本。何加明和胡国强（2003）就是这种观点的代表，他们提出"在纳税人实际纳税过程中很难区分有没有进行纳税筹划"，"实际上只要存在纳税行为就会存在着纳税筹划，不同的只是方案有优劣之分而无本质之别"，因此，只要存在纳税行为就会存在着税务筹划。进一步推理可认为只要存在纳税行为，就存在着非税成本。

本书认为从词源分析非税成本的内涵更确切。"非"在《辞海》中定义为"不，不是"。"非税"即"不是税"的涵义。因此，税务筹划中所指的非税成本是狭义的概念，而广义的非税成本不全部是实施税务筹划而产生的，只要有纳税行为就会存在非税成本，是因纳税行为所引起的非税收成本形式的其他显性和隐性支出，包括税收遵从成本（Tax Compliance Costs）与狭义的非税成本。基于此，本书将"非税成本"定义为广义概念，认为非税成本因纳税行为而产生的，除税金（或者称税款）之外的一切形式的显性和隐性支出，包括税收遵从成本与狭义的非税成本。本书对非税成本的界定如图4.5所示。

---

① 斯科尔斯等人认为"在交易成本昂贵的社会里，税负最小化策略的实施可能会因非税因素而引发大量的成本"，后来他们将这种成本称之为非税成本，所以本书认为因非税因素而引发的成本即为非税成本。参见：迈伦·斯科尔斯，马克·沃尔夫森，默尔·埃里克森，爱德华·梅杜，特里·谢富林. 税收与企业战略 [M]. 张雁翎，主译. 北京：中国财政经济出版社，2004：2.

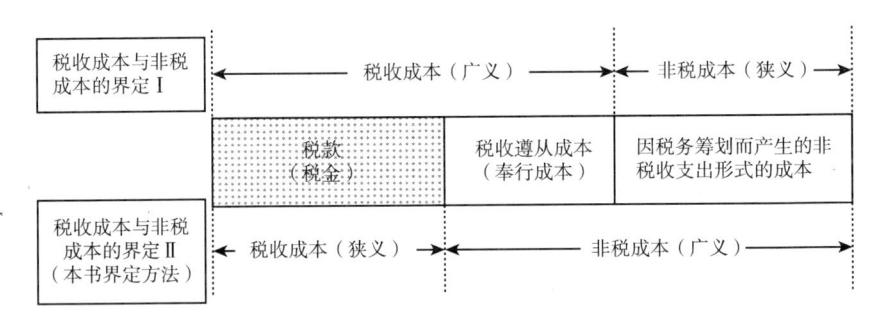

图4.5 税收成本与非税成本的界定

资料来源：作者绘制。

4.2.2 非税成本的构成

国外研究成果认为非税成本包括代理成本、财务报告成本、管理成本、交易成本、监管成本等。国内最早研究非税成本构成的是盖地、钱桂萍（2005），他们从两个不同学科角度分析了非税成本的涵义，认为经济学意义上的非税成本包括代理成本和交易成本；管理学意义的非税成本包括机会成本、组织协调成本、隐性税收、财务报告成本、沉没成本和违规成本。

在不同的税收环境下，不同企业的非税成本的内容与形式也有所差异，但是，非税成本的主要构成有财务报告成本、交易成本、代理成本、违规成本和税收遵从成本。

4.2.2.1 财务报告成本

财务报告成本是企业面临的非常典型的非税成本，也是国内外学者研究最多的非税成本之一。国外最早研究财务报告成本问题，并有很多文献对财务报告成本进行界定，一般认为财务报告成本是"由于报告了较低的利润或股东权益而带来的各种真实或可预见的成本"[①]。国内一些学者借用国外文献对财务报告成本的界定，认为财务报告成本是"税收筹划引起财务报表利润

---

① S. P. 科塔里等. 当代会计研究：综述与评论[M]. 辛宇等, 译. 北京：中国人民大学出版社, 2009：238.

下降而带来的一系列成本"[①]。国内外的这两种界定没有太大差异,都是因报告低利润所产生的成本。国内也有些学者给出了不同的定义,他们认为"财务报告成本是指由于公司未能达到合意的盈余目标而发生的成本,包括融资成本上升、债务契约终止、政府管制加强等成本"[②],这种观点否定了财务报告成本是因报告低利润而产生的。综合国内外的观点,本书认为财务报告成本是因企业报告了未能达到利益相关者需要的盈余或所有者权益而产生的一系列显性成本与隐性成本[③],包括债务契约成本、税务稽查成本、资本市场监管成本、政治成本等内容。

财务报告成本的产生源于企业报告低于(或高于)实际情况的收益或者所有者权益,而企业报告不符合实际的收益或所有者权益的目的是调整应税收益,以控制企业的应纳税额,尤其是企业所得税应纳税额,因此,财务报告成本主要是与企业所得税相关的一项非税成本[④]。财务报告成本的产生源于利益相关者对预期利润或所有者权益的追求,企业的利益相关者包括债权人、税务管理机关、政府部门、证券监督管理委员会等[⑤]。因此,财务报告成本可根据债权人、税务管理机关、证监会、政府部门等利益相关者不同,进一步划分为债务契约成本(Debt Covenants Costs)、税务稽查成本(Tax Audit and Investigation Cost)、资本市场监管成本(Regulatory Costs)、政治成本(Political Costs)等主要内容。

(1)债务契约成本。债务契约成本源于企业与债权人的债务契约,是企业违反债务契约的限制性条款而带来的损失,如被要求提前偿还本息、终止现有的债务约定、影响未来债务契约的签署等。其中,债务契约(Debt Covenants)是企业与债权人签订的、用于明确债权人和债务人双方权利和

---

① 郑红霞,韩梅芳. 基于不同股权结构的上市公司税收筹划行为研究——来自中国国有上市公司和民营上市公司的经验证据[J]. 中国软科学,2008(9):123.
② 翟美佳. 盈余管理的税收成本问题研究[D]. 济南:山东大学,2010:23.
③ 显性成本是直接发生的成本,而隐性成本是并未直接发生的机会成本。
④ 本书认为财务报告成本主要是与企业所得税相关的一种非税成本,但是并不排除其他税种,如流转税与财务报告成本之间的关系。关于流转税成本与财务报告成本之间关系见本章后面的论述。
⑤ 企业的利益相关者很多,不仅包括债权人、税务管理机关、政府部门、证监会,还包括企业所有者、供应商、消费者等其他利益相关者。为说明财务报告成本中的债务契约成本、税务稽查成本、政治成本、监管成本等与利益相关者的对应关系,本书仅提及与这些成本相关的利害人。

义务的一种法律文书，包括贷款契约、债券发行契约等。企业与债权人之间存在着信息不对称，债权人为了防止企业管理者的逆向选择和道德风险，一般在债务契约中对借款企业提出一些保护性的限制条款，如限制企业的股利发放、股票回购和举借新债务等行为。此外，债权人订立的控制借贷双方利益冲突的债务契约时，通常以会计数据为基础，要求债务企业维持特定水平的营运资本（如债务权益率、流动比率等）、利息保障倍数、净资产总值等财务指标，以保证企业能及时、足额的偿还借款的本金和利息。债务契约中的这些约束性指标，对企业有很强的约束力，一旦企业披露的会计信息出现异常，使相关财务指标高于（或低于）债务契约条款中约束指标的变动范围，企业就面临因违反债务契约而带来的损失。当企业为了减少税收成本而调减应纳税所得额时，一般也会对会计利润或所有者权益产生一定影响，进而影响到债务契约中的约束性指标，从而产生债务契约成本。

（2）税务稽查成本。税务稽查成本是与税务管理部门相关的一项成本，是由于企业"会税差异"[①]或收益波动异常等原因，而引起税务部门关注并面临税务稽查所产生的相关费用开支。会税差异的产生是因为：通常情况下，纳税人（企业）希望向税务管理当局报告低水平的应税收入（Taxable Income），同时也希望能向债权人等相关利益者报告高水平的账面收益[②]（Book Income）。当企业的账面收益与应税收益之间产生较大差异时，将可能引起主管税务部门关注，同样，企业收益波动异常也可能引起税务管理部门的质疑，从而造成企业成为税务机关重点稽查与监控对象，这必然使企业面临频繁地税务检查，从而产生一系列相关费用，我们将这一系列与政府管理部门相协调和沟通成本称为税务稽查成本。

（3）资本市场监管成本。通常情况下，证券监督管理委员会颁布的上市制度规定中常运用会计数据监督和控制上市公司。根据《股票上市规则》规定，企业上市要求连续盈利三年的公司方可上市。此外，证监会还根据暂停上市和终止上市制度、预亏或业绩预警制度、配股增发制度等对上市公司

[①] 国外将账面收益与应税收益之间的差异称为"会税差异"（Book-tax Differences），也可以翻译为"税会差异"。

[②] 账面收益也可称之为"会计收益"，是指企业的财务报告中所列示的利润水平。

加以规范，并且这些制度对上市公司监管的指标大部分都基于企业报告的利润状况。如根据 ST 制度①规定，上市公司连续两年亏损或每股净资产低于股票面值，就要予以"特别处理"（Special Treatment，ST）；根据 PT 制度规定，当上市公司出现最近三年连续亏损的，由交易所决定暂停其股票上市，即暂停股票"特别转让服务"（Particular Transfer，PT）。当上市公司披露的财务报告不能满足上市制度规定时，将面临特别处理、暂停上市、终止上市等处置，这会造成企业股票价格下跌或者股票交易终止等情况，同时还需要根据证监会制度披露一些额外的附加信息②，这都将对企业造成一定的损失或增加企业的费用开支。本书将这些损失或费用开支称为资本市场监管成本。

（4）政治成本。政治成本是与政府、社会公众相关的成本，当企业报告的营业额或者利润较高时，容易引起政府、媒体、公众等广泛关注，这可能会促使政治家们对企业开征新税或施以其他的规范管制，让企业承担更多的责任，从而发生一些直接或间接的费用开支。政治成本是财务报告成本的一种，可以用"枪打出头鸟"比喻，即当企业财务报告为高收益时，政治成本也会增加③。国外学者一般认为，政治成本的高低可通过企业规模、风险、资本密集化程度或行业集中程度予以反映④。企业的规模越大，则政治成本越高；高风险企业的政治成本较高；资本密集型公司相对具有较高的政治成本；行业集中比率⑤越高，则政治成本越高。

---

① 参见：1998 年 3 月中国证券监督管理委员会颁布《关于上市公司状况异常期间的股票特别处理方式的通知》。

② 如 2001 年 12 月中国证监会颁布的《亏损上市公司暂停上市和终止上市实施办法（修订）》规定：暂停上市的公司在暂停上市期间每月必须披露一次为恢复上市所采取的具体措施。

③ 鹿美遥，王延明. 财务报告成本和税收利益之间的权衡——基于存货计价方法选择的理论分析 [J]. 上海立信会计学院学报，2005（6）：26.

④ 瓦茨. 实证会计理论 [M]. 陈少华，主译. 大连：东北财经大学出版社，2006：154 – 155.

⑤ 行业集中比率是指该行业中若干最大企业的销售额占该行业总销售额的百分比（一般选取 8 个最大的企业），该比率用于确定某一行业的竞争水平。参见：瓦茨. 实证会计理论 [M]. 陈少华，主译. 大连：东北财经大学出版社，2006：155.

4.2.2.2 交易成本

交易成本又称交易费用,由科斯(R. H. Coase)于1937年提出,是"市场上发生的每一笔交易的谈判和签约的费用",包括信息搜集成本、谈判成本、缔约成本、监督成本等。威廉姆森(Williamson,1985)认为交易成本的高低主要受三个因素影响,分别是交易商品或资产的专属性(Asset Specificity)、交易不确定性(Uncertainty)以及交易的频率(Frequency of Transaction)。交易成本的产生源于市场摩擦①,在不完备市场条件下,只要存在交易行为就会产生交易成本。斯科尔斯认为摩擦就是交易成本,他曾指出:"所谓摩擦,我们指的是市场中发生的交易成本"②。交易成本可分为显性交易成本(Explicit Transaction Costs)和隐性交易成本(Implicit Transaction Costs)。显性成本是实际发生的成本,诸如账簿成本、记账成本以及数据处理成本等;而隐性成本实际并未发生,但是企业隐性成本的存在也会对企业绩效(Performance)产生影响③。

交易成本属于非税成本。交易成本与企业税务筹划有一定联系,当企业进行税务筹划时,需要了解、搜集与税务筹划相关的一些信息,产生信息搜集成本、谈判成本、缔约成本、监督成本等,这些与市场摩擦相关的、涉及产权交易和契约签署的一系列费用开支即为交易成本。但是,企业税务筹划行为并不是交易成本存在的必要条件,即使纳税人未进行税务筹划,也可能由于纳税活动需要搜集相关信息而产生交易成本。

4.2.2.3 代理成本

代理成本是指因代理问题所产生的损失,即为解决代理问题所发生的成本。代理问题的存在源于企业的委托代理关系,通常企业存在三种代理关系,

---

① 亚当·斯密在《国富论》中分析了交换力量所遇到的"障碍和困难"。此后,"障碍和困难"被经济学家借用力学术语"摩擦"加以描述,用以表明交易困难、收支不同步性、资产转移障碍等。
② 迈伦·斯科尔斯,马克·沃尔夫森,默尔·埃里克森,爱德华·梅杜,特里·谢富林. 税收与企业战略 [M]. 张雁翎,主译. 北京:中国财政经济出版社,2004:8.
③ Guenther. Taxes and Organizational Form: A Comparison of Corporations and Master Limited Partnerships [J]. The Accounting Review, 1992 (1): 21.

分别是股东与管理者之间的代理关系、股东与债权人之间的代理关系以及公司与非投资者的利害关系人之间的代理关系。由于委托方与代理方对信息的掌控程度不同,即信息不对称的存在,导致了信息占优一方的道德风险或逆向选择行为,进而产生了代理成本。可见,企业的委托代理关系和信息不对称问题产生了代理成本。

"代理成本是另外一个非税成本,导致税收最小化不等于有效税务筹划"[①]。Douglas A. Shackelford 和 Terry Shevlin(2001)认为员工薪酬和税收规避是代理成本产生的主要原因[②]。可见,代理成本与企业的税务筹划行为相关。比如企业进行资产重组税务筹划时,当一个企业被分立为几个子公司或分公司后,由于管理机构与人员的增加造成多层委托代理关系以及各利益相关者之间的信息不对称问题,从而提高了代理人进行逆向选择和道德风险的概率,增加了可能产生的监管成本和潜在损失,即代理成本。

4.2.2.4 违规成本(Penalty Costs)

违规成本指的是企业在缴纳税款过程中,由于主观或客观原因而违反税收法律规定所发生的一系列费用开支。其中主观原因是指在税款缴纳过程中,人为地或故意地违反税收法律规定,如企业抱有侥幸心理而偷逃税款;客观原因是指在税款缴纳过程中,由于疏忽或大意而触犯了税收法律规定,如因税务会计人员对税收法律规定的不熟悉或者错误计算税款而造成违规。此外,违规成本的存在与企业的税务筹划有一定关系,因为企业的税务筹划一旦违反税收规则就可能受到处罚,从而承担相应的违规成本。但是,企业税务筹划行为并不是违规成本存在的必要条件,即使纳税人未进行税务筹划,也可能由于直接偷逃税款或计算失误等原因违规,遭受税务处罚,产生违规成本。

根据目前税收征收管理法规定,对违反税收法律规定,"不缴或者少缴应

---

① S. P. 科塔里等. 当代会计研究:综述与评论 [M]. 辛宇等,译. 北京:中国人民大学出版社,2009:246.
② Douglas A. Shackelford, Terry Shevlin. Empirical tax research in accounting [J]. Journal of Accounting and Economics, 2001(31): 339-342.

纳税款的","由税务机关追缴其不缴或者少缴的税款、滞纳金,并处不缴或者少缴的税款50%以上5倍以下的罚款"。上述滞纳金和罚款金额远远高于不缴或者少缴的税款额,构成了企业的违规成本。

违规成本的高低可通过企业违反税收法律规定而受到税务处罚的次数及处罚金额予以反映,企业接受的税务处罚的次数越多、处罚的金额越大,其违规成本越高。总之,违规成本受税收规则的影响与约束,是企业与税务管理当局博弈过程中,企业因违反税收规则而付出的一种代价。

4.2.2.5 税收遵从成本

税收遵从成本又称之为"纳税遵从成本"、"税收奉行成本",是企业[①]为遵从税收法律规定,因缴纳税款活动所发生的除税款之外的费用开支。税收遵从成本是由于"税收遵从"[②]行为导致的成本,具体包含三个主要内容,即货币成本(Monetary Costs)、时间成本(Time Costs)和心理成本(Psychological Costs)。货币成本包括支付给税务专业人员(如税务代理和税务会计人员)的费用、与课税相关的咨询、账簿、通信及其他附属费用。时间成本包括为纳税目的保留收据等材料和填制纳税申报表或者向税务专业人员提供纳税材料所花费的时间价值,还包括处理与税务管理当局的关系所花费的时间价值。心理成本主要与处理复杂税务事宜的焦虑情绪有关[③]。

总之,非税成本包括上述财务报告成本、交易成本、代理成本、违规成本和税收遵从成本。非税成本的构成及其特征概括如表4.7所示。

---

① 本书研究主体是企业,并不包括个人纳税人。在定义税收遵从成本时,仅考虑企业纳税人,而不考虑自然人纳税人。

② 斯科尔斯等人认为"税收遵从是指簿记和纳税申报准备活动"。参见:迈伦·斯科尔斯,马克·沃尔夫森,默尔·埃里克森,爱德华·梅杜,特里·谢富林. 税收与企业战略 [M]. 张雁翎,主译. 北京:中国财政经济出版社,2004:7。为此,我们也可将税收遵从成本理解为簿记和纳税申报准备活动而产生的费用开支。

③ Jeff Pope and Hijattulah Abdul-Jabbar. Small and Medium-Sized Enterprises and Tax Compliance Burden in Malaysia: Issues and Challenges for Tax Administration [J]. Small Enterprise Research, 2008 (1): 50 – 51.

表 4.7　　　　　　　　　非税成本的构成及其特征

	非税成本的构成	与之相关的利益主体或行为	与税种的相关程度
财务报告成本	债务契约成本	债权人	主要与企业所得税有关
	税务稽查成本	税务机关	主要与企业所得税有关
	政治成本	政府、媒体、公众等	主要与企业所得税有关
	资本市场监管成本	证券监督管理委员会	主要与企业所得税有关
交易成本		市场摩擦	与企业全部税种有关
代理成本		代理关系、信息不对称	与企业全部税种有关
违约成本		违规行为	与企业全部税种有关
税收遵从成本		纳税行为	与企业全部税种有关

资料来源：作者编制。

需要说明的是这些非税成本并非存在于所有类型的企业，不同的组织形式以及所有权性质的企业将面临差别较大的非税成本。比如，财务报告成本的产生源于企业披露自己的财务报告信息，对于非上市公司而言，由于不用公开披露其财务报告，仅向债权人（如银行）、税务部门等提交财务情况信息，获知企业财务报告信息的人员或机构较少，从而一定程度上可能控制财务报告成本。此外，私营企业由于经营者与管理者合一，不存在代理问题，一般不会产生代理成本。

4.2.3　非税成本的影响因素

4.2.3.1　外部环境因素

（1）税收规则限制。税收规则为企业所处的税收法律环境，包括现行税法体系或者税收制度等对纳税事项的具体规定，涉及各税种应纳税额的计算、纳税申报方式、违规处罚规定等内容。税收规则详细限定了企业各税种应纳税额计算程序、纳税申报方式，而应纳税额计算的烦琐程度及纳税申报方式的便捷程度等都决定了企业税收遵从成本的高低。此外，税收规则也规定了企业违反税收法律规定而受到税务处罚的次数及处罚金额。企业接受的税务处罚的次数越多、处罚的金额越大，其违规成本越高。所以，税收规则也决定了违规成本的高低。税收规则对非税成本中税收遵从成本、违规成本等产

79

生了比较关键的影响。税收规则是影响企业非税成本的重要外部因素之一。

（2）市场完全性程度。市场完全性程度是指市场存在信息不对称或者存在市场摩擦的程度。盖地、钱桂萍（2005）认为市场非完全性是非税成本的成因之一，并指出市场非完全性即"存在着信息不对称、存在着市场摩擦"[①]。市场存在信息不对称可导致信息占优一方的道德风险或逆向选择行为，进而产生了代理成本，并且市场的信息不对称程度越高，其发生道德风险或逆向选择的可能性越大，从而代理成本越高。在不完备市场条件下，只要存在交易行为就会产生交易成本。市场摩擦的存在导致了交易成本的产生。市场摩擦包括信息搜集成本、谈判成本、缔约成本、监督成本等，当市场摩擦越大时，相应的信息搜集成本、谈判成本等将越高，交易成本也越大。总之，市场完全性程度代表了市场存在信息不对称或者市场摩擦的程度，最终对企业非税成本中的代理成本和交易成本产生重要影响。

4.2.3.2 企业内部因素

（1）所有权性质（Ownership Type）。不同所有权性质的企业将会面临不同的非税成本。Cloyd 等（1995）[②] 认为公众公司（Public Firms）所面临的非税成本要高于非公众公司（Private Firms，或者私有公司）[③]，他们采用实验研究方法，对公众公司和非公众公司的管理者进行了调查，研究发现非公众公司较之公众公司而言，处于更为激进的税务立场，可见，公众公司管理者更相信报告收益高低决定其公司的市场价值。Beatty 和 Harris（1999）实证研究

---

① 盖地，钱桂萍. 试论税务筹划的非税成本及其规避 [J]. 当代财经，2005（12）：110.
② Cloyd, B. The effects of financial accounting conformity on recommendations of lax preparers [J]. The Journal of the American Taxation Association, 1995（2）：50-70.
③ 在国外，公众公司并不是国有企业（Government-owned Ccorporation），是指所有权为公众——包括个人、员工、机构投资者等，一般在交易所上市；私有公司是与公众公司相对应的概念，其所有者为个人，不在交易所公开上市。结合我国企业性质，可以将公众公司可理解为上市公司，而私有公司可理解为非上市公司，类似的翻译（即将公众公司理解为上市公司），可参见：S. P. 科塔里等. 当代会计研究：综述与评论 [M]. 辛宇等，译. 北京：中国人民大学出版社，2009：244-245. 此外，国外公司分为上市与私有，除上市与否存有差异外，上市公司与私有公司的差异还体现在所有权结构上，上市公司的所有权为公众，而私有公司的所有权为个人，类似的理解可参见：S. P. 科塔里等. 当代会计研究：综述与评论 [M]. 辛宇等，译. 北京：中国人民大学出版社，2009：267.

发现，公众公司（也可理解为上市公司）的非税成本高于私有公司（也可理解为非上市公司）[1]。Lillian R. Milis 和 Kaye J. Newberry（2001）通过实证研究发现，相对于私有公司，公众公司通常存在更高的财务报告成本[2]。可见，国外研究根据企业所有权类型不同，将公司划分为两类——公众公司与私有公司，通过实证检验发现所有权性质对非税成本产生显著影响。受数据收集难度局限，国内相关研究样本仅限于上市公司，并根据所有权性质划分为国有上市公司和民营上市公司两类，用以分析所有权性质与非税成本的关系。如郑红霞和韩梅芳（2008）通过实证检验发现：相对民营上市公司而言，国有上市公司"面临更高的税收筹划的财务报告成本，采取的是相对比较保守的税收筹划行为"[3]。同样，龙凌虹和陈婧婧（2010）在研究会计—税收利润差异问题时，分析了控股权性质与税收成本的关系，她们认为民营上市公司"在进行盈余管理时会更加注重财务报告成本和所得税成本的衡量"，从而表现出"民营上市公司本年的会计—税收利润差异更大"[4]，通过她们的研究结论可间接发现：民营上市公司会计—税收利润差异较大，可能是其较激进的税务筹划立场，同时也可推断其原因可能是民营上市公司所面临的非税成本较低。龙凌虹和陈婧婧（2010）的研究也能间接反映所有权性质与非税成本的关系。因此，不同所有权性质的企业所有者和管理者行为动机存在较大差异。针对我国企业所有权性质分析发现：国有产权企业因产权主体模糊、政企不分、"内部人控制"等问题，使国有产权企业在权衡税收成本与非税成本时，较多考虑非税成本对企业带来的不利影响，往往以支付较高的税收成本为代价，而追求较高的账面收益，尽可能控制财务报告成本的发生。而民营性质企业的产权主体明确，非税成本较低，更关注于节税（节约税收

---

[1] Beatty, A., Harris, D. The Effects of Taxes, Agency Costs and Information Asymmetry on Earnings Management: A Comparison of Public and Private Firms [J]. Review of Accounting Studies, 1999 (19): 11–19.

[2] Lillian R Milis and Kaye J. Newberry. The Influence of Tax and Nontax Costs on Book-Tax Reporting Differences: Public and Private Firms [J]. The Journal of the American Taxation Association, 2001 (1): 1–19.

[3] 郑红霞，韩梅芳. 基于不同股权结构的上市公司税收筹划行为研究——来自中国国有上市公司和民营上市公司的经验证据 [J]. 中国软科学, 2008 (9): 130。该文中的股权结构即为所有权性质。

[4] 龙凌虹，陈婧婧. 控股权性质、税收成本与盈余管理——基于会计—税收利润差异的研究 [J]. 上海立信会计学院学报, 2010 (4): 31–37。该文中的控股权性质即为所有权性质。

成本）所带来的直接利益。为此，所有权性质是影响非税成本的重要因素之一。

（2）企业债务比率（Debt Ratios）。企业面临不同的负债比率时，其所可能发生的非税成本也将存在差异。Cloyd，Pratt 和 Stock[1]（1996）认为非税成本与企业债务契约有关，他们指出，当企业选择适当的会计处理方法以节税时，会因违反债务契约，产生一系列非税成本。Lillian R. Milis 和 Kaye J. Newberry（2001）也认为债务契约约束（Debt Constraints）是影响企业非税成本的重要因素之一，他们通过实证研究表明，高负债水平的企业一般存在较高的非税成本[2]。通常，债务比率能充分反映公司违反债务企业的可能性。债务契约一般要求公司保持一定的财务比率，包括盈利情况、现金支付能力等。如果一个企业负有较高金额的债务契约时，更有可能"触及"债务契约的约束，而发生财务报告成本中的债务契约成本。因此，企业债务比率是影响非税成本的重要因素之一。公司负有不同的债务契约时，所可能违反债务契约的概率也存有差别，从而发生债务契约成本（属于非税成本的一种）的可能性及发生的金额大小都有所不同。

除此之外，国外学者还认为非税成本与企业的红利计划的限制（Bonus Plan Thresholds）存在一定关系（Lillian R. Milis and Kaye J. Newberry，2001）[3]。

4.3 企业绩效理论

4.3.1 企业绩效的内涵

4.3.1.1 企业绩效的概念

从字面意思分析，"绩效"是"绩"与"效"的组合。"绩"即业绩，体现企业的利润目标，又包括目标管理（MBO）和职责要求。"效"即效率、效

---

[1] C. Bryan Cloyd, Jamie Pratt, and Toby Stock. The Use of Financial Accounting Choice to Support Aggressive Tax Positions: Public and Private Firms [J]. Journal of Accounting Research, 1996 (34): 23 – 43.

[2][3] Lillian R. Milis and Kaye J. Newberry. The Influence of Tax and Nontax Costs on Book-Tax Reporting Differences: Public and Private Firms [J]. The Journal of the American Taxation Association, 2001 (1): 1 – 19.

果、态度、品行、行为、方法、方式；效是一种行为，体现的是企业的管理成熟度目标。单纯从语言学的角度看，"绩效"包含有成绩和效益的意思。

"绩效"译为"Performance"，意为业绩和效益。Ruekert、Walker 和 Roering（1985）认为绩效有三层含义——效果（Effectiveness）、效率（Efficiency）和适应性（Adaptability），其中效果是预期达到的程度，效率是资源投入与产出比例，适应性反映企业应对环境变化的应变能力[①]。效果通常以销售增长率和市场占有率来表示，效率通常以税前纯收益率或投资报酬率来衡量，适应性通常以某一期间产品数量或销售率来表示。

通常，绩效是"业绩和效率的统称，包括活动过程的效率和活动的结果两层含义"[②]。"绩效是组织期望的结果，是组织为实现其目标而展现在不同层面上的有效输出"，然而"实务中受到操作主义的影响，我们时常混淆绩效测评标准和绩效，草率的选择绩效测评标准量出某种东西便称之为绩效"[③]。因此，根据绩效的性质，吴正杰、宋献中（2011）将绩效界定为真实绩效、可测绩效、测评绩效三个层次。真实绩效是理想的、希望能测评的绩效，而实际上却无法准确并全面地测评到；可测绩效是能测评到的绩效，是能够传递给外界关于企业绩效的信息，可测绩效的测评标准有会计类标准、价值类标准和战略类标准等；测评绩效是评价主体根据主观目的，选择可测绩效的一系列标准对企业业绩的主观测评。一般而言，如受经济周期、市场噪音、会计制度问题、统计误差等因素影响，可测绩效有可能存在严重的失真和扭曲，并不能全面反映企业真实业绩。实务中，受人为因素影响，测评绩效时可能存在不能或不愿考虑所有可测标准的情况，从而有选择地对绩效加以测评，希望能最大程度地还原企业真实绩效，达到测评目标，这就是测评绩效。

根据以上分析，本书中的企业绩效为企业的测评绩效，即根据研究需要，有选择地对绩效加以测评，以最大程度地还原企业真实绩效为目的，反映企业的经营成绩和效益。

---

① Robert W. Ruekert, Orville C. Walker, Jr. and Kenneth J. Roering. The Organization of Marketing Activities: A Contingency Theory of Structure and Performance [J]. The Journal of Marketing, 1985（49）: 15.
② 郑美群，蔡莉. 企业绩效的经济学理论依据 [J]. 当代经济研究，2003（6）: 57.
③ 吴正杰，宋献中. 企业绩效测评标准之谜 [J]. 华东经济管理，2011（4）: 104.

4.3.1.2 企业绩效与相关概念界定

关于绩效的研究有很多，还有一些与企业绩效相关或类似的概念，如企业业绩、企业效益、企业收益、公司绩效等。为了明确研究范围，需要界定这些概念与企业绩效的内涵与外延。

（1）企业绩效与企业业绩。从企业绩效的涵义分析，"绩效"是"绩"与"效"的组合，"绩"就是业绩，管理学中，认为业绩是一个组织通过高效果和高效率地利用有限资源来达成的组织目的；"效"就是效率、效果等。业绩和效率的统称，包括活动过程的效率和活动的结果两层含义。从这个角度分析，"绩效"和"业绩"是不同的概念，绩效的范畴更宽泛，包含了业绩的内容。也有些学者持有不同的观点，毛洪涛（2007）将"业绩"与"绩效"作同一概念理解，认为"业绩，也称为效绩、绩效、成效等，反映的是人们从事某一活动所获得的成绩或成果"，并将业绩的概念划分为三个阶段，在他看来"业绩的概念随市场经济变迁经过了效率型业绩、效益型业绩、高效性和有效性并重型业绩三个阶段"，其中效率型业绩"强调把事情做好"；效益型业绩"强调首先把事情做对，然后再把事情做好"；高效性和有效性并重型业绩"是从企业基本制度出发，既要强调行为，也要强调结果，更要强调适应性"。毛博士认为高效性和有效性并重型业绩是全面的、战略的业绩概念，同时，他认为业绩"是由企业基本制度决定的，并受企业制度变迁影响，按照企业所追求的有效性、高效性和适应性的目标，在特定时间内，可以根据组织与个人贡献程度而进行测量的行为及其所产生的产出记录"[①]。总的来看，毛博士认为"业绩"与"绩效"的概念一致；"业绩"不同于"效益"，业绩的内涵更全面，效益只是业绩特征的一个方面。本书中，企业绩效与企业业绩不作区分，视为同一概念。但由于业绩通常与管理者薪酬等在一起研究的较多，因此，选择使用"企业绩效"这一概念。

（2）企业绩效与企业收益。传统会计学与经济学对"收益"的解释存在明显差异。收益概念最早出现在经济学中。亚当·斯密在《国富论》中，将

---

① 毛洪涛. 业绩管理会计研究 [M]. 成都：西南财经大学出版社，2007：32-34.

收益定义为"那部分不侵蚀资本的可予消费的数额",把收益看做是财富的增加。后来,大多数经济学家都继承并发展了这一观点;1890 年,艾·马歇尔（Alfred Maarshell）在其《经济学原理》中,把亚当·斯密的"财富的增加"这一收益观引入企业,提出区分实体资本和增值收益的经济学收益思想;20 世纪初期,美国著名经济学家尔文·费雪发展了经济收益理论,并首先从收益的表现形式上分析了收益的概念,提出了三种不同形态的收益,即精神收益（精神上获得的满足）、实际收益（物质财富的增加）、货币收益（增加资产的货币价值）。会计学上的收益概念称为会计收益。根据传统观点,会计收益是指来自企业期间交易的已实现收入和相应费用之间的差额。总之,企业收益体现于利润等财务成果方面,其研究范畴相对于企业绩效较小。

（3）企业绩效与企业效益。"效益"在《辞海》中定义为"效果与利益"。效益是指劳动的效率和产生的效果。企业效益的狭义概念是指企业的经济效益,是投入与产出的比例,即企业的生产总值与生产成本之间的比例关系,也可以指一定企业资本所获得利润的多少,即单位资本与单位利润之间的比较关系。企业绩效是"绩"与"效"的组合,效益只是绩效特征的一个方面,企业绩效包含的内容更为全面。

（4）企业绩效与公司绩效。企业绩效与公司绩效的区别在于两者的主体不同。从法律角度看,企业的组织形式包括个人独资企业、合伙企业和公司制企业三种类型。根据公司法的规定,公司制企业包括有限责任公司和股份有限公司两种;根据合伙企业法的规定,合伙企业包括普通合伙企业（由普通合伙人组成）和有限合伙企业（由普通合伙人和有限合伙人组成）,该法同时规定了国有独资企业、国有企业、上市公司以及公益性的事业单位、社会团体不得成为普通合伙人。可见,公司制是企业的组织形式之一,企业的范畴比公司更宽泛。本书的研究主体并未局限于公司制企业,所以,较之公司绩效,采用企业绩效这一概念更为确切、合理。

4.3.2 企业绩效评价指标

据财政部统计评价司的阐述,所谓企业绩效评价,是指运用数理统计和运筹学原理,特定指标体系,对照统一的标准,按照一定的程序,通过定量定性对比分析，对企业一定经营期间的经营效益和经营者业绩做出客观、公正和准确的综合评判。吴正杰、宋献中（2011）认为"我们尚不能认识和测评所有影响绩效的因素和影响情况，因此理论上是测评不出企业真实绩效的"[①]。因此，根据研究需要，考虑各种因素，尽可能地使测评绩效接近于企业真实绩效。

通常，理论界将企业绩效指标的计算基础分为经济基础、市场基础和会计基础：（1）经济基础的企业绩效指标有经济利润（Economic Profit）和经济增加值（Economic Value Added，EVA）。EVA指标是对经济基础指标的发展。由于经济基础指标建立在股市有效的基础上，并且指标计算也较复杂，计算过程中要调整的项目没有统一的标准，就目前实际情况看，采用经济基础指标还不够现实。（2）市场基础的企业绩效以资本市场中股票价格为基础反映公司经营业绩的指标，包括每股市价（Price Per Share）、市盈率（Price to Earnings Ratio，PER）、托宾Q值（Tobin'Q）等。市场基础的企业绩效指标不易受经营者操纵，影响因素大部分经营者无法控制，如股市供求关系、投资者投机行为等；但市场基础的企业绩效指标可能导致经营者偏离企业目标以迎合市场反应，不利于上市公司的长期发展，并且我国股市投资者还欠理性，具有高度投机特点，就目前实际情况看，采用市场基础指标也不太现实。（3）会计基础的企业绩效也可称之为财务绩效，通常这些指标以会计报告数据为基础，包括净资产收益率（ROE）、总资产利润率（ROA）、每股收益（EPS）等。会计基础指标易受经营者操纵，"噪音"[②] 比较大，但指标资料容易取得，计算简单，便于操作，适用性强。

根据研究内容需要，本书主要选用财务绩效指标反映企业绩效，具体包括净利润指标和现金流量指标，涉及净资产收益率、每股收益和每股经营活动现金流量（NCFPS）三个指标。其中，净资产收益率和每股收益为净利润指标，主要反映企业获取净利润的能力，表现为一定时期内企业收益水平的高低；每股经营活动现金流量为现金流量指标，用于反映企业经营活动现金流量情况。

每股收益又称每股盈余或每股税后利润，是企业净利润与股本总数的比

[①] 吴正杰，宋献中. 企业绩效测评标准之谜［J］. 华东经济管理，2011（4）：103–106.

[②] 经营者操纵行为就是影响会计指标的一种噪音。

率。每股收益是分析上市公司股票投资价值的重要指标之一,是综合反映公司获利能力的重要指标。净资产收益率又称股东权益报酬率、净值报酬率、权益报酬率、权益利润率、净资产利润率,是净利润与平均净资产的比值,是衡量上市公司盈利能力的重要指标,该指标反映了上市公司所有者权益的投资报酬率,可以衡量公司运用自有资本的效率,具有很强的综合性,也是杜邦分析体系中最具综合性的指标。每股经营活动现金流量(NCFPS)为一定时期经营活动现金流量与股本总数的比率,该指标以收付实现制为计算基础,体现了其与利润指标的本质差异,主要用于反映企业现金流动能力。

4.4 税收成本与非税成本相关性分析

税收成本是税收实践的伴生物,非税成本是税收成本的派生概念,税收成本与非税成本存在密切而复杂的关系。

4.4.1 税收成本与非税成本的关系:总体描述

4.4.1.1 税收成本与非税成本的内生联系

(1)税收成本和非税成本都源于纳税活动。税收成本是企业按照国家税法规定应当缴纳的各种税款之和;非税成本是因纳税行为而产生的,除税金之外的一切形式的显性和隐性支出。税收成本是企业纳税活动中实际向国家缴纳的税款金额;非税成本是企业纳税活动所附带产生的费用开支,包括显性成本与隐性成本,如纳税活动所产生的税收遵从成本、为减少纳税金额而进行税务筹划所产生的非税成本等。因此,税收成本、非税成本都与企业的纳税行为有关,都是源于企业的纳税活动。

为了清晰地说明税收成本、非税成本与企业纳税活动的关系,以图示的方式加以描述,如图4.6所示。

(2)非税成本是税收成本的派生概念。在不同历史时期,西方经济学家总结、提出了不少税收原则,其中都涉及税收成本问题,可以说,税收成本是税收实践的伴生物。1992年,迈伦·斯科尔斯与马克·沃尔夫森提出非税成本概念,他们结合微观经济学与税收法律分析税收环境,认为有效的税务筹划需要同时考虑交易各方、所有税收和所有成本，其中所有成本观点强调要考虑所有的商业成本，不能仅限于税收成本，其中商业成本不仅包括税收成本，也包括非税成本。本书认为非税成本是因纳税行为而产生的，除税款之外的一切形式的显性和隐性支出。非税成本是相对税收成本而言的一种界定，是税收成本的一个派生概念。

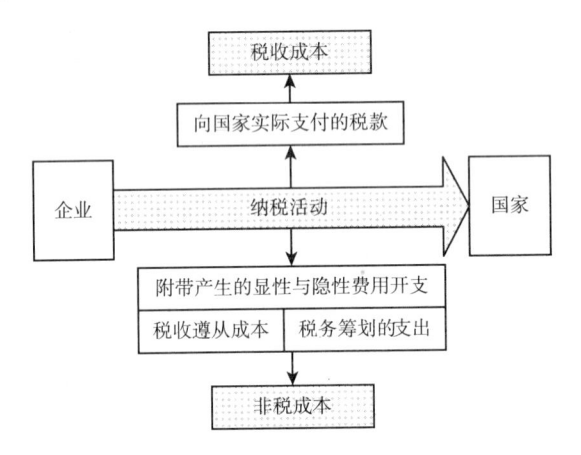

图 4.6　税收成本、非税成本与企业纳税活动的关系

资料来源：作者绘制。

（3）税收成本和非税成本都是企业的费用开支。本书将成本理解为企业为获得收益或得到满足而实际花费或预期支付的代价和损失。企业作为社会经济活动的主体，在享受国家提供的公共产品和服务，同时也必须依法向政府支付公共产品与服务的交易费用，即履行纳税义务。税收成本是因法定义务向国家支付的税金，形成了企业的一项成本；非税成本是纳税活动产生的、除税款之外的支出，是实际或未来需要付出的代价，也构成了企业的一项成本。因此，从成本的内涵分析，税收成本和非税成本都是企业的费用开支，都是企业实际或未来需付出的代价或损失。

（4）税收成本和非税成本都与企业性质相关。税收成本高低与企业性质有一定的关系。比如，企业按照不同的组织方式可分为个人独资企业、合伙企业和公司制企业三种。根据我国目前的税收规则，个人独资企业的收益仅就个人层次课税；公司制企业需双层课税；合伙企业合伙人为自然人时，承担个人层次税负，而合伙企业合伙人由自然人和非自然人组成时，自然人合伙人需要缴纳个人所得税（个人层次课税），非自然人合伙人需要缴纳企业所得税（实体层次课税），并且合伙人为公司时，该公司的股东还要缴纳个人所得税（个人层次课税）。所以，不同性质的企业所承担的税收成本也存有差异，企业性质是税收成本的影响因素之一。

非税成本的大小与企业性质也有一定联系。如企业按照所有权性质的不同可划分为国有企业和民营企业。不同所有权性质的企业所有者和管理者行为动机存在较大差异，国有产权企业因产权主体模糊、"内部人控制"、政企不分等问题，使国有企业在权衡税收成本与非税成本时，较多考虑非税成本对企业带来的不利影响，往往以支付较高的税收成本为代价，而追求较高的账面收益，尽可能控制财务报告成本的发生。而民营企业的产权主体明确，非税成本较低，更关注于节税所带来的直接利益。国有企业和民营企业所面临的非税成本存在较大差异，企业性质是影响非税成本的重要因素之一。

4.4.1.2 税收成本与非税成本的内在冲突

（1）税收成本和非税成本产生原因各异。税收成本和非税成本产生的具体原因如表4.8所示。

表4.8　　　　　　　税收成本和非税成本的产生原因

项目			产生原因
税收成本			遵循税收规则，履行纳税义务
非税成本	财务报告成本	债务契约成本	债权人对财务报告数据的解读
		税务稽查成本	税务机关对财务报告数据的解读
		资本市场监管成本	证监会对财务报告数据的解读
		政治成本	政府、媒体、公众等对财务报告数据的解读
	交易成本		市场摩擦的存在
	代理成本		代理关系、信息不对称的存在
	违约成本		违反税收规则
	税收遵从成本		缴纳税款行为所产生的耗费

资料来源：作者编制。

税收成本是企业根据税收规则向国家支付的税款，是企业履行纳税义务、遵循税收规则而产生的开支。非税成本的构成复杂，其中财务报告成本是由于企业利益相关者对财务报告数据的解读而产生的隐性或显性的成本；交易成本是由于市场摩擦的存在而产生的成本；代理成本是由于代理关系和信息不对称的存在而产生的成本；违约成本是由于企业违反税收规则而产生的成本；税收遵从成本是由于缴纳税款行为所产生的一系列间接或直接损耗。

（2）税收成本与非税成本的权衡关系。有效税务筹划理论认为，税收成本仅是众多经营成本中的一种，税负最小化可能会产生大量的非税成本。"税收支出并不是纳税人一定要规避的成本"[①]，也就是，企业不一定要规避税收成本。有效的税务筹划需要考虑税收成本与非税成本的内生关系，在降低税收成本的同时也要兼顾可能增加的非税成本。在平衡税收成本与非税成本的关系时，也不要过于强调非税成本的重要性[②]，应合理、理性地权衡税收成本与非税成本关系，既不能过于夸大非税成本的作用，也不能忽视税收成本规避的意义。对于企业而言，理性的状态是税收成本和非税成本的综合成本最小化。

4.4.2 税收成本与非税成本项目之间的关系：具体阐释

非税成本的构成项目较多，涉及财务报告成本、交易成本、代理成本、违规成本、税收遵从成本等，并且每个项目有着其特有的产生原因与特点。因此，本部分分别阐释税收成本与非税成本项目之间的关系。

4.4.2.1 税收成本与财务报告成本之间的关系

根据财政部税政司公布的我国近几年实际税收数据可知，所得税成本和流转税成本是税收成本的主要构成内容，此外，根据财务报告成本的定义可知，财务报告成本主要与企业所得税相关。因此，本部分分别阐述企业所得

---

① 科塔里，利斯，斯金纳等. 当代会计研究：综述与评论［M］. 辛宇等，译. 北京：中国人民大学出版社，2009：237.

② 斯科尔斯等曾强调"我们也不能过于强调这些非税成本的重要性"，其中非税成本指的是交易成本及其他非税成本。参见：迈伦·斯科尔斯，马克·沃尔夫森，默尔·埃里克森，爱德华·梅杜，特里·谢富林. 税收与企业战略［M］. 张雁翎，主译. 北京：中国财政经济出版社，2004：109.

税成本、流转税成本与财务报告成本之间的关系。财务报告成本是企业最为典型的非税成本，财务报告成本是因企业报告了未能达到利益相关者需要的盈余或所有者权益而产生的一系列显性成本与隐性成本，包括债务契约成本、税务稽查成本、资本市场监管成本、政治成本等。根据财务报告成本的概念可知，由于企业报告低于（或高于）实际情况的收益或所有者权益而产生财务报告成本。企业报告不实收益或所有者权益的目的是为了调整应税收益，以控制税收成本。

（1）所得税成本[①]与财务报告成本之间的关系。由于财务报告成本包括债务契约成本、税务稽查成本、资本市场监管成本、政治成本等内容，并且每项成本的产生原因与特点存在较大差异，所得税成本与财务报告成本之间的关系较为复杂，需要逐项分析债务契约成本、税务稽查成本、政治成本、监管成本等与所得税成本的内在联系。

第一，所得税成本与债务契约成本为负相关关系。当企业为控制所得税成本而减少应纳税所得额时，一般也可能使会计利润或所有者权益发生变化，进而影响到债务契约中的约束性指标，从而产生债务契约成本。可见，所得税成本的控制需要减少应纳税所得额，同时也有可能间接导致了会计利润或所有者权益的减少，从而增加了企业的债务契约成本。因此，所得税成本与债务契约成本之间具有负相关关系。

第二，所得税成本与税务稽查成本为负相关关系。企业在控制所得税成本时，会使纳税评估指标产生变化或超出预警值，将可能被税务机关认定为异常情况，使企业面临一系列税务检查，企业从而会产生大量的相关费用与开支，即税务稽查成本。可见，所得税成本与税务稽查成本之间存在负相关关系。

第三，所得税成本与资本市场监管成本为负相关关系。资本市场监管成本主要受企业报告的利润状况影响，当企业为了控制所得税成本而报告低利润时，有可能影响到证监会设定的上市公司监管制度，一旦企业利润不能达到监管指标，就有可能面临暂停上市或终止上市等处罚，使企业造成一定的损失或增加企业的费用开支。因此，所得税成本与资本市场监管成本之间表

[①] 本章中的"所得税成本"仅指企业所得税，不包括个人所得税。

现为负相关关系。

第四，所得税成本与政治成本为正相关关系。政治成本是由于企业报告高利润或营业额而引起政府、媒体、公众等广泛关注，进而促使政治家们对企业开征新税或施以其他的规范管制，让企业承担更多的责任，从而产生一些直接或间接费用开支。当企业控制所得税成本时，也可能间接降低了企业报告的会计利润，从而减少了公众对企业的关注度，防止政治成本的增加。因此，所得税成本与政治成本之间表现为正相关关系。

所得税成本与财务报告成本之间的关系如图4.7所示。

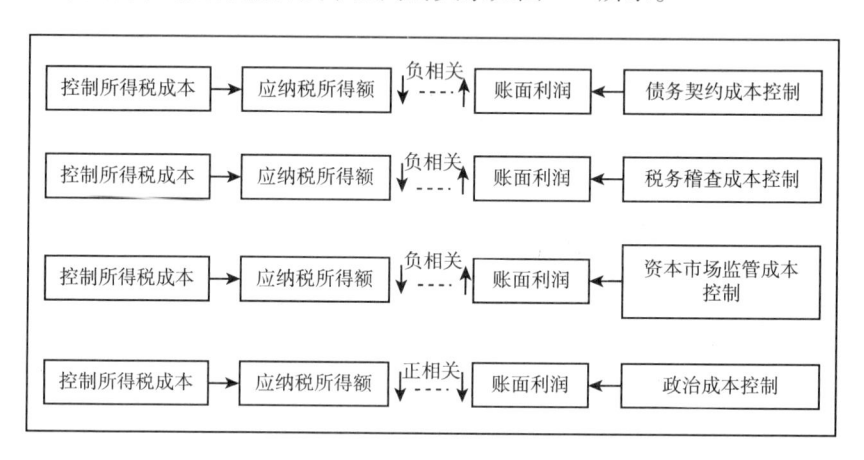

图4.7 所得税成本与应纳税所得额、财务报告成本与账面利润之间的关系
资料来源：作者绘制。

可见，所得税成本与财务报告成本之间的权衡主要归结于应纳税所得额与账面利润（或会计利润）的协调问题。虽然所得税成本主要受应纳税所得额影响，财务报告成本主要受账面利润影响，但是应纳税所得额（税法收益）和账面利润（会计收益）之间不可能完全脱离，两者在经济本质上有着密切的联系。戴德明、沈梦溪（2005）曾指出[①]：当税法收益与会计收益分离时，要保持公司披露的应税收益不变而调高披露的税前会计收益，但是这种方法只有在一定数量范围内才可行，一旦税前会计收益超过了某一阈值，应税收

[①] 戴德明，沈梦溪．上市公司信息披露行为中的博弈——一个基于筹资成本与税务成本权衡的分析模型［J］．中国会计学会2005年学术年会论文集（上），2005：20.

益也会发生同方向变化。因此，应纳税所得额与账面利润只有在特定范围内才可能会发生不同向变化，而通常应纳税所得额会随账面利润产生同向变化。

通常，所得税成本与财务报告成本项目之间的关系见表4.9所示。

表4.9　　　　所得税成本与财务报告成本各构成项目之间的关系

税收成本中的所得税成本	非税成本中的财务报告成本	相互关系
所得税成本	债务契约成本	负相关
所得税成本	税务稽查成本	负相关
所得税成本	资本市场监管成本	负相关
所得税成本	政治成本	正相关

资料来源：作者编制。

（2）流转税成本与财务报告成本之间的关系。企业的流转税成本主要受流转额或营业额的影响。企业的流转额或营业额在财务报告上反映为营业收入等收益性项目。营业收入等收益项目金额减少，通常也意味着流转税成本的减少；同时，收益性项目金额的降低也可能会导致债务契约成本的减少、税务稽查成本的减少、监管成本的减少和政治成本的增加。

流转税成本与财务报告成本之间的关系如图4.8所示。

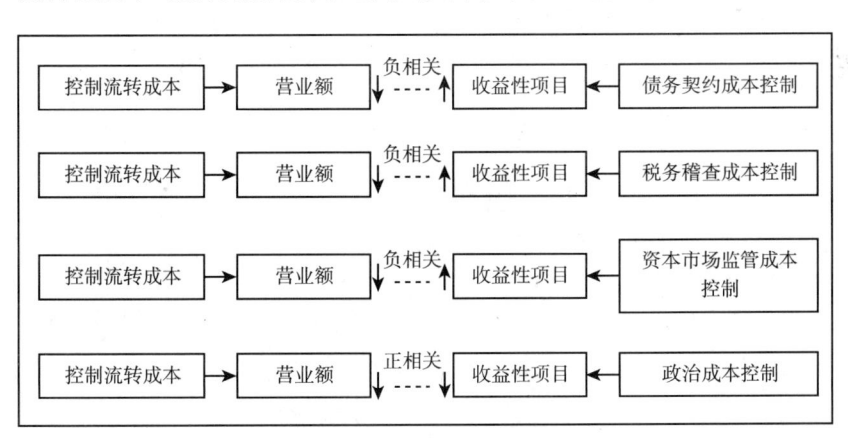

图4.8　流转税成本、财务报告成本与收益性项目之间的关系

资料来源：作者绘制。

流转税成本与财务报告成本项目之间的关系如表 4.10 所示。

表 4.10　　　流转税成本与财务报告成本各构成项目之间的关系

税收成本中的流转税成本	非税成本中的财务报告成本	相互关系
流转税成本	债务契约成本	负相关
流转税成本	税务稽查成本	负相关
流转税成本	资本市场监管成本	负相关
流转税成本	政治成本	正相关

资料来源：作者编制。

4.4.2.2　税收成本与交易成本之间的关系

交易成本的产生源于市场摩擦，包括信息搜集成本、谈判成本、缔约成本、监督成本等。当企业的税收成本较高时，企业进行税务筹划的可能性增加，进而企业需要了解、搜集与税务筹划有关的信息，产生信息搜集费用、谈判费用、缔约费用等交易成本。可见，企业为了规避税收成本，进行税务筹划，同时也将增加与之相关的交易成本。因此，企业的税收成本与交易成本之间可能存在负相关关系。

4.4.2.3　税收成本与代理成本之间的关系

代理成本是由于委托代理关系及信息不对称而导致的逆向选择和道德风险所产生的成本。税收规避是代理成本产生的重要原因之一[①]。企业进行资产重组税务筹划时，当一个企业被分立为几个子公司或分公司后，由于管理机构与人员的增加造成多层委托代理关系以及各利益相关者之间的信息不对称问题，从而增加了代理人进行逆向选择和道德风险的概率，提高了发生代理成本的可能性。可见，当企业为了降低税收成本而进行税务筹划时，很可能增加与之相关的代理成本。因此，税收成本与代理成本之间可能存在负相关关系。

---

① Shackelford and Shevlin (2001) 认为员工薪酬和税收规避是代理成本产生的主要原因。参见：Douglas A. Shackelford, Terry Shevlin. Empirical tax research in accounting [J]. Journal of Accounting and Economics, 2001 (31): 339-342.

4.4.2.4 税收成本与违规成本之间的关系

违规成本指的是企业在缴纳税款过程中,由于主观或客观原因而违反税收法律规定所发生的一系列费用开支。违规成本的高低可通过企业违反税收法律规定而受到税务处罚的次数及处罚金额予以反映,企业接受的税务处罚的次数越多、处罚的金额越大,其违规成本越高。此外,违规成本与企业税务筹划有一定关系,当企业的税务筹划一旦违反税收规则就有可能受到处罚,企业从而承担违规成本。当企业的税收成本较高时,企业进行税务筹划而降低税收成本的动机就越大,进而发生违约成本的可能性也越高。因此,企业的税收成本与违规成本之间可能存在正相关关系。

4.4.2.5 税收成本与税收遵从成本之间的关系

税收遵从成本是企业为遵从税收法律规定,因缴纳税款活动所发生的除税款之外的费用开支,包括货币成本、时间成本和心理成本。影响税收遵从成本的因素包括企业主体税种的规模与差异,通常,企业主体税种规模越大,课税种类越多,所花费的货币成本、时间成本或心理成本越高,税收遵从成本也就越高。企业较高的整体税收成本很可能意味着企业被课以的税种规模较大,而企业税种规模的大小也决定了税收遵从成本的高低——税种规模越大,税收遵从成本也就越高。因此,企业税收成本与税收遵从成本之间可能存在正相关关系。

4.4.3 税收成本项目与非税成本之间的关系:具体阐释

根据我国的税收制度可知,企业的税收成本依照税种的不同,可分为所得税成本、增值税成本、消费税成本、营业税成本、房产税成本、资源税成本等,由于每项成本特征不同,为此,分别阐释税收成本项目与非税成本的关系显得尤为必要;同时,又考虑到我国是流转税与所得税并重的"双主体"税制结构,本部分主要分析税收成本中的流转税成本、所得税成本与非税成本之间的关系。其中,流转税成本主要包括增值税成本、消费税成本、营业税成本,所得税成本仅包括企业所得税成本。

4.4.3.1 所得税成本与非税成本之间的关系

税收成本与非税成本之间权衡关系的研究最早始于美国,受美国税制结构[①]的影响及其所得税的本身特质,相关研究中以企业所得税成本与非税成本关系的研究最为广泛与深入。所得税成本与非税成本之间可能的关系如表4.11所示。

表4.11　　　　　　　所得税成本与非税成本之间的关系

税收成本	非税成本各构成项目		相互关系
所得税成本	财务报告成本	债务契约成本	负相关
		税务稽查成本	负相关
		资本市场监管成本	负相关
		政治成本	正相关
	交易成本		负相关
	代理成本		负相关
	违规成本		正相关
	税收遵从成本		正相关

资料来源:作者编制。

在相对稳定的税制环境下,所得税成本主要受应纳税所得,即税法收益影响;而非税成本主要考虑企业的会计收益或营业收入、税收遵从情况、税负因素等,但税法收益和会计收益之间不可能完全脱离,两者在经济本质上有着密切的联系。当企业为规避所得税成本时,也可能造成会计收益的降低,导致债务契约成本的减少、税务稽查成本的减少、监管成本的减少和政治成本的增加。此外,规避所得税成本的税务筹划行为也将增加企业的代理成本和交易成本;而高额的所得税成本也同时增加了发生违规成本与税收遵从成本的概率。根据税收成本与非税成本项目之间的关系可知,所得税成本与债务企业成本、税务稽查成本、资本市场监管成本、代理成本、交易成本呈负相关关系,而与政治成本、违规成本、税收遵从成本呈正相关关系。

---

① 美国是以所得税为主体的单一税制结构。

4.4.3.2 流转税成本与非税成本之间的关系

流转税主要受商品流转额或企业营业额影响,而流转额或营业额在财务会计报告上反映为营业收入等收益性项目。营业收入等收益项目金额减少,通常也意味着流转税成本的减少;同时,收益性项目金额的降低也可能会导致债务契约成本的减少、税务稽查成本的减少、监管成本的减少和政治成本的增加。此外,为控制流转税成本而进行税务筹划行为也将导致交易成本和代理成本的增加;高额的流转税成本也增加了发生违规成本与税收遵从成本的可能。因此,流转税成本与债务企业成本、税务稽查成本、资本市场监管成本、代理成本、交易成本呈负相关关系;而与政治成本、违规成本、税收遵从成本呈正相关关系。流转税成本与非税成本之间可能的关系如表4.12所示。

表 4.12　　　　　流转成本与非税成本之间的关系

税收成本	非税成本各构成项目		相互关系
流转税成本	财务报告成本	债务契约成本	负相关
		税务稽查成本	负相关
		资本市场监管成本	负相关
		政治成本	正相关
	交易成本		负相关
	代理成本		负相关
	违规成本		正相关
	税收遵从成本		正相关

资料来源:作者编制。

4.4.4　小结:税收成本与非税成本的关系

由税收成本与非税成本项目之间的关系以及税收成本项目与非税成本之间的关系可知,税收成本与非税成本之间可能存在如表4.13所示的关系。

表 4.13　　　　　　　税收成本与非税成本之间的关系

税收成本	非税成本各构成项目		相互关系
税收成本	财务报告成本	债务契约成本	负相关
		税务稽查成本	负相关
		资本市场监管成本	负相关
		政治成本	正相关
	交易成本		负相关
	代理成本		负相关
	违规成本		正相关
	税收遵从成本		正相关

资料来源：作者编制。

税收成本与部分财务报告成本（包括债务契约成本、税务稽查成本和资本市场监管成本）、交易成本、代理成本存在负相关关系，即当税收成本降低时，企业的债务契约成本、税务稽查成本、资本市场监管成本、交易成本、代理成本将可能增加；而税收成本与财务报告成本中的政治成本、违规成本、税收遵从成本呈正相关关系，即当税收成本降低时，企业的政治成本、违规成本、税收遵从成本也将减少。

4.5　税收成本与非税成本对企业绩效影响的理论分析

"在公司财务中，成本是解释绩效的一个重要因素"[①]。为此，本书从成本角度解释企业绩效，借以分析税收成本、非税成本与企业绩效的关系。

需要说明的是：在研究税收成本、非税成本与企业绩效三者关系时，主要分析税收成本与企业绩效的关系，以及税收成本、非税成本与企业绩效的关系；而未单独分析非税成本与企业绩效的关系。主要原因是："非税成本"为"税收成本"的派生概念，非税成本也是因纳税行为而产生的，忽略税收成本而单独分析非税成本是不具现实意义的。税收成本与非税成本存在"天

---

① 魏明海. 公司财务理论研究的新视角 [J]. 会计研究, 2003 (2): 55.

然"的内生关系,如财务报告成本是因企业为降低应纳税额(即节约税收成本)而报告较低收益所带来的各种显性或隐性成本,可见,脱离税收成本,讨论财务报告成本等非税成本是缺乏理论依据的。因此,不能将税收成本与非税成本割裂,单独分析非税成本与企业绩效的关系。

本书基于上述考虑,首先不考虑非税成本,分析了税收成本与企业绩效的关系;而后,引入非税成本因素,综合考虑税收成本与非税成本对企业绩效的影响。

4.5.1 税收成本与企业绩效的关系

税收产生后,企业中税收成本的作用将不容忽视。在分析税收与企业的关系时,我们需要思考:税收成本是否会对企业绩效产生影响?如果有影响的话,税收成本对企业绩效会有何影响?其影响程度又有多大?这一系列问题的解决需要通过分析税收成本与企业绩效的关系得以解答。

由于税收成本的构成较多,并且每种税收成本的特点又有一定差异,所以需要分税种研究税收成本与企业绩效的关系。根据我国流转税与所得税并重的"双主体"税制结构可知,税收成本呈现流转税与所得税并重的格局。因此,本书在分析税收成本与企业绩效的关系时,重点考虑所得税成本和流转税成本。

税收成本可根据其计量方式不同,分为绝对数值计量税收成本和相对数值计量税收成本。绝对数值计量税收成本指的是所实际支付或应付的税款额;相对数值计量的税收成本为企业税收负担率,如所得税有效税率(ETR)、增值税实际税率(VATR)等,相对数值计量的税收成本是企业负担的税款占其收入(或利润)的比值。由于绝对数值计量的税收成本不具可比性,相对数值计量的税收成本更具普遍性和现实意义。因此,下面税收成本指的是相对数。

(1)所得税成本与企业绩效的关系。企业所得税是对我国境内企业或其他组织的生产经营所得而征收的一种税。一方面,企业所得税成本的增加,在一定程度上可减少企业利润表中的所得税费用,从而使企业的净利润有所增加;另一方面,所得税成本的增加能减少经营活动现金流出量,而使企业的经营活动现金流量净额也较之提高。

总之，所得税成本不仅影响企业财务绩效中的净利润指标，也对企业绩效的现金流量指标产生一定的影响；并随着所得税成本的增加，企业的利润和现金流量都将有一定程度的减少，所得税成本与企业绩效（包括一般利润指标和现金流指标）之间为负相关关系。

（2）流转税成本与企业绩效的关系。通常，企业应交消费税和营业税记入利润表中的"营业税金及附加"、"其他业务支出"等项目，形成企业的费用开支，从而对企业的利润总额、净利润等产生影响。同时，当企业实际支付消费税和营业税时，也将在企业现金流量表中"支付的各项税费"项目反映，从而影响企业的经营活动现金净流量。

全国公布的税收数据显示，增值税占全部税收的比重最大，并且也相对具有普遍性，为此，详细分析增值税成本对企业绩效的影响尤为必要。受增值税会计处理的影响，通常认为增值税是一项代缴款项，而不是企业的费用支出。这种观点是基于增值税绝对转嫁论，认为企业是代替消费者缴税，增值税与企业的营利活动无关，不必将增值税视为一项费用支出列入利润表。盖地（2011）则认为"对企业来说，增值税与消费税、营业税、所得税等一样，都是费用，都是企业既得利益的减少"[1]，指出"对于企业所有者来说，不论是直接税还是间接税，不论是价内税还是价外税，其性质都是费用"[2]。本书倾向于盖地（2011）的观点，认为增值税作为一项流转税，与消费税、营业税等其他流转税一样，都应视为企业的一项费用支出，主要基于以下几点考虑：第一，本书研究视角为纳税人，而非负税人，增值税等流转税的纳税人与赋税人是分离的，纳税主体（企业）虽非流转税的实际负税人，但却是其纳税人；第二，增值税虽实行税款抵扣制，能将税款进行一定程度地转嫁，但所有的流转税都具有税款转嫁性，这是流转税的基本特征，不能因为流转税具有转嫁性而否定它对企业的影响；第三，增值税与企业代扣代缴工资薪金所得的个人所得税存有本质差异，企业缴纳增值税并不是完全代消费者缴纳税款；第四，增值税不仅能影响企业一定时期的现金流量，同时也会

---

[1][2] 盖地. 税务会计理论 [M]. 大连：大连出版社，2011：158.

间接对城市维护建设税和教育费附加等税费产生影响,进而通过营业税金及附加影响到企业的利润项目。

增值税成本对企业绩效的影响主要表现为两个方面:首先,增值税成本的降低表现为应交增值税的减少,从而以增值税等流转税为基础所计算的应交城市维护建设税和教育费附加也相应减少,而在会计处理时,由于城市维护建设税和教育费附加记入"营业税金及附加"科目,因而应交城市维护建设税和教育费附加的减少导致了营业税金及附加项目的降低,最终带来企业营业利润、利润总额、净利润等项目的增加。其次,由于增值税成本降低也使企业的现金流出得以减少,最终表现为企业经营活动现金净流量指标的增加。

总之,增值税成本不仅影响企业财务绩效中的利润指标,也对企业绩效的现金流量指标产生一定的影响;并随着增值税成本的增加,企业的利润和现金流量都会有一定程度的减少,增值税成本与企业绩效(包括一般利润指标和现金流指标)之间为负相关关系。

综合上述所得税成本与企业绩效的关系、增值税成本与企业绩效的关系可知,税收成本确实对企业绩效(包括一般利润指标和现金流量指标)产生一定影响,并且,通常意义上,税收成本与企业绩效之间存在负相关关系,即当税收成本增加时,企业绩效会有所降低;反之,当税收成本降低时,企业绩效会有所增加。

4.5.2 税收成本、非税成本与企业绩效的关系

税收成本与非税成本的权衡问题是企业税务管理的重要方面,已渗透企业经营管理的方方面面。从税收成本与企业绩效的关系可知,税收成本对企业绩效有一定的影响,那么,考虑非税成本因素后,税收成本对企业绩效的影响是否会发生变化呢?非税成本对企业绩效有何影响?企业绩效是否同时受税收成本和非税成本的影响呢?这些问题的回答需要通过分析税收成本、非税成本与企业绩效的关系加以解决。因此,本书在分析税收成本与企业绩效关系的基础上,兼顾非税成本因素,借以考察税收成本、非税成本与企业绩效的关系。并且,由于非税成本中的财务报告成本主要与企业所得税相关,

为此，分析重点是所得税成本、非税成本与企业绩效的关系。

非税成本包括财务报告成本、交易成本、代理成本、违规成本和税收遵从成本，其中，财务报告成本根据利益相关者不同又分为债务契约成本、税务稽查成本、资本市场监管成本和政治成本。这些非税成本是因纳税活动所附带产生的显性和隐性费用开支，有些是实际发生的，有些是未来可能发生的潜在成本。非税成本必然会对企业绩效产生一定影响。

通常，当企业面临的非税成本，尤其是财务报告成本较高时，将更可能采取较为保守的税务筹划策略①，以向政府支付更多的税收成本为代价，目的是追求会计账面利润的最大化，借以控制企业的非税成本发生。因此，企业的非税成本与其账面会计利润存在一定的正向关系，即当企业面临的非税成本较高时，账面会计利润将会有所增加，反之，当企业面临的非税成本较低时，账面会计利润将会有所减少。

账面会计利润的高低能在一定程度上反映一般利润指标的大小，这些利润指标包括每股收益（EPS）、净资产收益率（ROE）等。一般，当账面会计利润较高时，每股收益和净资产收益率等利润指标也会较大；反之，当账面会计利润较低时，每股收益与净资产收益率指标也会较小。进而，根据非税成本与账面会计利润的反向关系进一步推理可知，非税成本与企业一般利润指标（如每股收益、净资产收益率等）也存在一定的正相关关系，即企业面临的非税成本较高时，每股收益、净资产收益率等企业绩效指标也较大，反之，企业面临的非税成本较低时，每股收益、净资产收益率等企业绩效指标也较小。

账面利润的核算原则是权责发生制，现金流量的核算原则是收付实现制，账面利润与现金流量之间不存在必然的因果关系。非税成本主要与企业账面会计利润存在相关关系，因此，以收付实现制为核算基础的现金流量指标（也是企业绩效指标的一种）与非税成本之间并不存在相关关系。

综合以上分析可知，税收成本与企业绩效之间为负相关关系；非税成本与企业绩效中利润指标之间存在正相关关系，而与企业绩效中现金流量指标

---

① 保守的税务筹划策略是相对于激进的税务筹划而言。

之间不存在相关关系。因此,税收成本、非税成本与企业绩效的关系分以下情况分析。

第一,税收成本、非税成本与企业绩效中利润指标的关系为:税收成本与企业绩效中利润指标之间为负相关关系;非税成本与企业绩效中利润指标之间为正相关关系;为平衡税收成本与非税成本对企业绩效中利润指标的影响,企业绩效中利润指标的选择需要权衡税收成本与非税成本,即税收成本与非税成本共同对企业绩效中利润指标存在影响。

第二,税收成本、非税成本与企业绩效中现金流量指标的关系为:税收成本与企业绩效中现金流量指标之间为负相关关系,非税成本与企业绩效中现金流量指标之间不存在相关关系,因此,企业绩效中现金流量指标的选择不需要权衡税收成本与非税成本。

第5章 税收成本与企业绩效的实证研究

我国为流转税与所得税并重的"双主体"税制结构，并且流转税中又以增值税为主，因此，从企业税种的重要性和数据的可获取性考虑，本章仅实证分析企业所得税成本与企业绩效的关系，以及增值税成本与企业绩效的关系。

迈伦·斯科尔斯在《税收与企业战略》一书中曾指出，税收制度的调整包括"相关税率在不同纳税单位间的横向差异"，以及"相关税率在同一纳税人不同纳税期之间的横向差异"[①]。因此，增值税成本与企业绩效的关系也主要表现为两个维度：一是增值税成本在同一纳税人不同纳税期间的纵向差异；二是相关增值税成本在不同纳税单位之间的横向差异。本章前半部分将分别实证检验增值税转型背景下增值税成本变动与企业绩效的关系，以及增值税实际税率（VATR）与企业绩效的关系；本章后半部分主要实证检验所得税有效税率（ETR）与企业绩效的关系。

5.1 增值税成本与企业绩效的实证检验（一）

2004年，消费型增值税率先在东北地区试行，而后逐步在中部地区、内蒙古东北地区推行，直至2009年，增值税转型全面推广。增值税转型是指由生产型增值税转变为消费型增值税，购进固定资产的进项税额准予抵扣。增值税转型使增值税成本发生变化，这些事件相当于"自然实验"，这些政策的改变被认定为完全外生的事件，本书借助这种税收政策的转变，研究增值税

---

① 迈伦·斯科尔斯，马克·沃尔夫森，默尔·埃里克森，爱德华·梅杜，特里·谢富林. 税收与企业战略 [M]. 张雁翎，主译. 北京：中国财政经济出版社，2004：10.

转型背景下增值税成本变动与企业绩效的关系。

5.1.1 研究假设

增值税成本在同一纳税人不同纳税期间的纵向差异主要表现为增值税税制改革背景下增值税成本的变化。2009年1月1日，增值税转型在全国范围内推广，增值税由生产型增值税转变为消费型增值税。为此，众多学者借助这一政策事件，分析了增值税转型对企业绩效的影响。王延明等（2005）在理论分析的基础上，采用回归模型研究了增值税转型对企业整体获利能力和现金流的影响，研究发现增值税转型对上市公司整体获利能力及现金流的影响相对较小，但对个别上市公司的影响较为明显[1]。王延省（2008）以东北地区上市公司为研究样本，从微观角度分析了增值税转型对上市公司绩效所产生的影响，研究发现增值税转型后公司绩效整体得到改善[2]。杜红领（2009）以东北三省上市公司为例，利用多元回归模型分析增值税转型与企业绩效的关系，研究发现增值税转型政策与企业绩效存在明显的正向关系，增值税转型会带来净资产收益率的增加，带来企业绩效的优化[3]。聂辉华等（2009）以东北地区为例，采用双重面板差分模型，分析了增值税转型对企业行为和绩效的影响，研究发现增值税转型显著地促进了企业对固定资产的投资，提高了企业的资本劳动比和生产率[4]。王素荣和蒋高乐（2010）通过对上市公司的财务指标在增值税转型前后变化的分析，研究了增值税转型对上市公司财务的影响程度，发现增值税转型对企业的经营和投资将会产生直接重大的影响[5]。范潇（2010）以中部试点地区为研究重点，采用理论与实证相结合的方法，分析了增值税转型对企业盈利能力、运营能力、偿债能力和发展能力的影响，研究发现增值税转型与中部上市公司盈利能力存在明显的正相关关系；

---

[1] 王延明，王悍，鹿美瑶. 增值税转型对公司业绩影响程度的分析——来自上市公司的经验证据 [J]. 经济管理，2005 (12)：36-44.

[2] 王延省. 增值税转型对上市公司绩效影响的实证研究 [D]. 重庆：重庆大学，2008：21-37.

[3] 杜红领. 增值税转型对上市公司绩效影响的研究——基于东北地区试点的实证研究 [D]. 镇江：江苏大学，2009：31-43.

[4] 聂辉华，方明月，李涛. 增值税转型对企业行为和绩效的影响——以东北地区为例 [J]. 管理世界，2009 (5)：17-24，35.

[5] 王素荣，蒋高乐. 增值税转型对上市公司财务影响程度研究 [J]. 会计研究，2010 (2)：40-46.

在装备制造、石油化工和汽车制造行业内,增值税转型对营运能力存在正向关系;增值税转型对装备制造业和石油化工业的发展能力也有较大的正向影响[1]。陈立芸(2011)从企业属性、信息披露和所属行业三个方面分析增值税转型对企业绩效的影响,采用回归模型研究了增值税转型政策对企业每股收益的影响程度[2]。常国莉(2011)通过多元线性回归分别检验增值税转型与现金流量、利润、股票年度收益率的关系,分析了我国东北地区增值税转型对上市公司绩效的影响及其市场反应[3]。董玉娇(2011)通过实证研究,分析了增值税转型前后上市公司企业业绩和经营现金流的变化,研究发现,增值税转型当年的净利润有一定上升,转型前后经营性现金流量净额的差异是显著的,但增值税转型效应与经营现金流量净额不具有相关性[4]。以上研究基于的是增值税税收制度的改革,是对同一纳税人而言的不同纳税期间的增值税成本横向差异所进行的分析,借以研究增值税成本对企业绩效的影响。

根据上述研究成果可知,增值税由生产型转为消费型的改革,主要是购进固定资产进项税额的抵扣政策差异。转型前,企业施行生产型增值税时,企业购进固定资产的进项税额不准抵扣,要求全部计入固定资产原值中;而转型后,企业开始施行消费型增值税,购进固定资产的进项税额准予抵扣,并于采购当期进行全额抵扣,借以冲减增值税销项税额。因此,增值税转型前后企业的增值税成本发生变化,由于转型后企业采购固定资产所发生进项税额的抵扣,使增值税成本较之转型前有一定程度的降低。增值税成本的降低主要产生两方面的影响:一方面,增值税成本的降低减少了公司的现金流出,对企业的现金流量指标产生影响;另一方面,增值税成本的降低使以增值税、消费税等流转税为计税基础的城市维护建设税有所减少,进而减少了公司的营业税金,对企业的盈利指标产生影响。为此,本书假设:

---

[1] 范潇. 增值税转型对上市公司财务绩效的影响研究——基于中部试点地区的研究 [D]. 焦作:河南理工大学, 2010:16 – 47.

[2] 陈立芸. 基于增值税转型的企业经营绩效研究 [D]. 天津:天津理工大学, 2011:30 – 41.

[3] 常国莉. 增值税转型对上市公司业绩影响及其市场反应研究 [D]. 济南:山东大学, 2011:26 – 35.

[4] 董玉娇. 增值税转对我国上市公司财务影响的实证研究 [D]. 沈阳:辽宁大学, 2011:25 – 38.

假设 5-1：增值税转型导致增值税成本降低，从而对企业绩效中的盈利指标和现金流量指标产生一定影响。

5.1.2 变量设计与模型构建

5.1.2.1 变量设计

为研究增值税成本对企业绩效的影响，被解释变量必须是反映企业绩效的指标，选择每股收益、净资产收益率和每股经营活动现金净流量三个指标：①每股收益（EPS）又称每股盈余或每股税后利润，是指净利润与股本总数的比率。每股收益是分析上市公司股票投资价值的重要指标之一，是综合反映公司获利能力的重要指标。本书将每股收益定义为企业净利润与期末普通股股数的比率。②净资产收益率（ROE）反映了上市公司所有者权益的投资报酬率，可以衡量公司运用自有资本的效率，具有很强的综合性，也是杜邦分析体系中最具综合性的指标。因此，同时选用净资产收益率反映上市公司绩效。此外，为了剔除非正常经营损益对企业绩效的影响，将净资产收益率定义为扣除非经常性损益后的净利润与本期加权平均净资产之间的比率。③由于增值税成本的变化不仅能影响企业经营利润、净利润等盈利指标，也同时影响企业的经营活动现金流量情况。因此，选用了每股经营活动现金流量金额指标，借以反映企业的现金流量状况。其中，每股经营活动现金流量净额（NCFPS）用当期经营活动现金流量净额与当期期末普通股股数之比表示。

同时，为了反映增值税转型背景下的增值税成本变动情况，本书设计了"增值税转型政策所发生的增值税成本变动（VATC）"指标。增值税转型前后，由于对购入固定资产进项税额的处理差异，使增值税成本发生变动，而增值税成本的变动也将会对企业绩效产生影响。王素荣（2010）曾指出"实行消费型增值税，能给企业带来的收益来源于企业新购进固定资产所含增值税的抵扣额"[①]。为此，设定了增值税转型政策所发生的增值税成本变动额变量——VATC。

由于增值税转型政策主要与固定资产采购时发生的进项税额有关，故，

---

① 王素荣. 增值税转型对上市公司财务影响程度研究 [J]. 会计研究，2010 (2)：41.

设定 VATC 的具体估算公式如下：

$$\text{VATC} = \frac{\text{IFA}}{(1+R)} \times R \qquad (5.1)$$

其中，R 表示增值税税率，本书假设样本中的上市公司全部为增值税一般纳税人，并且增值税法定税率 R 统一选用 17%；IFA 表示当期购进固定资产的金额，根据上市公司财务报表附注中披露的固定资产当期增加额确定，此外，由于增值税暂行条例规定，企业用于生产经营的设备、工具、器具等固定资产的进项税额准予抵扣，而用于个人消费以及非生产经营用的固定资产的进项税额不予抵扣，所以，企业当期购进固定资产金额（IFA）中的固定资产仅包括机器机械设备、运输设备、电子设备、微型电子计算机、通讯设备、办公设备、通用设备、专用设备、经营租赁租出设备、融资租入固定资产和其他设备[①]。

5.1.2.2 模型构建

为了研究增值税转型背景下增值税成本变动对企业绩效的影响，本书采用独立样本 T 检验和 Z 检验的方法进行企业绩效的比较。

2004 年 7 月 1 日，东北地区率先进行增值税转型试点；2007～2008 年，这一优惠政策逐步在东北地区、内蒙古东部地区开始推广；2009 年 1 月 1 日，增值税转型全国范围内实行，实现了由生产型增值税到消费型增值税的全面转型，企业在购进固定资产时所发生的增值税进项税额都准予在采购当期一次性抵扣。根据增值税转型政策的推行情况，本部分设计两组数据，分别考察增值税转型背景下增值税成本变动对企业绩效的影响。

（1）第一组：以东北地区的上市公司为增值税转型后的处理组，以 2009 年才执行消费型增值税的上市公司为对照组，研究区间 2005 年至 2008 年[②]，采用独立样本 T 检验和 Z 检验的方法，比较处理组和对照组的企业绩效，借

---

① 根据 RESSET 数据库中对固定资产的分类而确定。"企业当期购进的固定资产"中的固定资产增加额并不包括房屋建筑物、路桥及构筑物、飞机和其他固定资产的增加额。
② 东北地区增值税转型政策于 2004 年 7 月 1 日起实施，规定 2004 年年底前完成全部享受税收优惠企业的退税工作。为了完整地反映企业全年的信息，本书从 2005 年开始为研究时间起点。

以考察增值税转型对企业绩效的影响。

（2）第二组：选取 2009 年 1 月 1 日起开始实施消费型增值税的上市公司为研究范围，以 2009 年为增值税转型的"事件年"。采用独立样本 T 检验和非参数检验的方法，比较事件年前后上市公司的企业绩效，借以考察增值税转型对企业绩效的影响。

5.1.3 数据来源与样本选择

5.1.3.1 数据来源

本章所采用的上市公司年报数据来自中国经济金融数据库（CCER）、锐思数据库（RESSET）和国泰安数据库（CSMAR）。其中，增值税转型所发生的增值税成本变动额（VATC）数据来源于 RESSET 数据库。其他财务数据来自 CCER 数据库和 CSMAR 数据库。

5.1.3.2 样本选择

本书选取 A 股上市公司为初始样本，包括上海证券交易所 A 股和深圳证券交易所 A 股。样本在具体选择时，剔除以下公司：由于金融行业上市公司的业务特殊，并且其适用的金融行业会计准则与其他行业不同，为此，遵从研究惯例，将金融类上市公司予以剔除；由于增值税的征税范围是销售货物或进口货物、提供加工和修理修配劳务，所以，根据证券监督管理委员会公布的行业分类标准，剔除非应交增值税的行业，包括农林牧渔业、金融保险业、建筑业、房地产业、交通运输和仓储业、社会服务业、传播与文化产业和综合类的上市公司；剔除研究期间内所有 ST、ST*、PT、SST、S*ST 的公司，因为这些公司处于非正常经营状态，面临诸如严重亏损、遭受处罚等特殊的境况；剔除存在数据缺失的上市公司。

根据研究需要，在上述数据筛选的基础上，再次选择两组数据样本：

第一组数据用于分析比较 2005~2008 年已进行增值税转型的上市公司与未转型的上市公司之间的企业绩效。2004 年 7 月东北三省（黑龙江、辽宁、吉林）率先实施消费型增值税，根据上市公司所属证监会行业门类和国民经济行业分类代码，析出共 115 个进行增值税转型的上市公司样本。然后，从

2009年才进行增值税转型的上市公司3 513个样本中,根据企业规模和固定资产占总资产的比率标准,与115个已进行增值税转型的上市公司样本数据进行配对,最终也确定了115个未进行增值税转型的上市公司样本。

第二组数据用于考察2009年增值税转型前后,样本上市公司的绩效变动情况。由于2004年至2008年,部分地区率先进行了增值税转型试点,涉及11省份[1],为消除不同地区实行消费型增值税的时间差异,剔除提前进行试点地区内的上市公司。根据上市公司年报数据,最终确定2 048个研究样本为第二组数据,涉及采掘业、制造业、电力煤气及水的生产和供应业、信息技术业、批发和零售贸易共5个行业,涵盖北京、福建、甘肃、广东、广西、贵州、海南、河北、江苏、宁夏、青海、山东、陕西、上海、深圳、天津、西藏、新疆、云南、浙江和重庆,共21个省市。

5.1.4 实证研究结果

5.1.4.1 增值税转型对各行业增值税成本的影响

实施消费型增值税后,机器设备和工具器具可抵扣进项税额(即VATC)的变动情况如表5.1所示。

表5.1　　2009~2011年度机器设备和工具器具可抵扣进项税额　　单位:万元

项　　目	2009年	2010年	2011年
样本数	534	544	219
均值	4 331.15	2 668.67	4 458.72
标准差	20 601.28	6 372.96	30 492.09
最大值	428 897.70	98 407.13	427 448.00
最小值	0.23	0.36	3.65
中值	864.28	704.70	498.35
1/4分位数	322.34	162.35	83.89
3/4分位数	2 423.35	2 641.82	1 585.20

---

[1] 见本书第3章"表3.1 消费型增值税推行情况"中列示的2004~2008年试点地区,包括安徽、河南、黑龙江、湖北、湖南、吉林、江西、辽宁、内蒙古、山西和四川11个省份。

续表

项　　目	2009 年	2010 年	2011 年
偏度	17.06	8.09	12.60
峰度	342.04	102.57	171.89

资料来源：RESSET 数据库中相关数据分析结果。

2009~2011 年，由于增值税转型，所选样本的上市公司平均增加的可抵扣进项税额处于 2.7 千万~4.5 千万元。尤其是 2009 年，作为增值税转型后的第一个会计年度，机器设备和工具器具可抵扣进项税额的均值（4 331.15 万元）和中值（864.28 万元）都处于各年度内较高水平，并且由峰度（Kurtosis）取值 342.04 和偏度（Skewness）取值 17.06 可知，机器设备和工具器具可抵扣进项税额的分布呈右偏、尖顶峰状态。

为进一步了解增值税转型后的行业受益情况，表 5.2 列示了 2009~2011 年度分行业及其设备和工具器具可抵扣进项税额的统计特征。自 2009 年 1 月 1 日实施消费型增值税三年来[①]，由于固定资产进项税额的抵扣，样本中制造行业的上市公司每年平均受益 2 千万~5 千万元，批发和零售贸易行业的上市公司每年平均受益 1.9 千万~21.6 千万元，电力、煤气及水的生产和供应行业的上市公司每年平均受益 0.6 千万~2.7 千万元，信息技术行业的上市公司每年平均受益 1.6 千万~3.5 千万元，采掘行业的上市公司每年平均受益 0.5 千万元至 1.8 千万元。由此可推断，增值税转型后，制造业、批发和零售贸易业和信息技术业相对受益较大，在公司正常经营情况下，增值税转型能为制造业、批发和零售贸易业和信息技术业这三个行业的公司带来相对更大的实惠。

---

① 虽然早在 2004 年东北地区就开始试行增值税转型政策，但全国范围内推行消费型增值税却在 2009 年 1 月 1 日；并且本书的研究样本已剔除了早于 2009 年试行消费型增值税的上市公司，为此，本书将实行消费型增值税的时间起始节点定为 2009 年 1 月 1 日。同时，本书写作年度虽为 2012 年，但是上市公司披露的年度数据仅截止到 2011 年 12 月 31 日。综合以上因素，此处仅分析 2009 年、2010 年和 2011 年共三年的数据。

表 5.2　2009~2011 年度分行业机器设备和工具器具可抵扣进项税额　　单位：万元

行　业	项　目	2009 年	2010 年	2011 年
制造业	样本数	393	398	160
	均值	5 025.42	2 793.93	2 077.32
	标准差	23 814.63	6 915.91	10 865.28
	最大值	428 897.70	98 407.13	126 934.80
	最小值	1.74	0.36	3.65
	中值	963.44	783.52	324.90
	偏度	14.93	8.25	10.07
	峰度	258.87	99.44	112.15
批发和零售贸易	样本数	61	66	25
	均值	1 870.99	2 203.48	21 633.44
	标准差	3 619.11	3 294.63	85 149.43
	最大值	21 494.76	15 643.79	427 448.00
	最小值	0.23	5.43	177.97
	中值	666.37	625.89	1 409.92
	偏度	3.95	2.19	4.59
	峰度	19.64	7.90	22.40
电力、煤气及水的生产和供应业	样本数	29	30	14
	均值	2 607.93	2 725.29	571.62
	标准差	6 399.18	6 957.51	690.21
	最大值	31 365.26	30 810.52	2 186.52
	最小值	17.76	9.98	16.50
	中值	386.37	242.82	322.64
	偏度	3.63	3.24	1.17
	峰度	15.88	12.42	3.26

续表

行业	项　目	2009年	2010年	2011年
信息技术业	样本数	38	37	16
	均值	3 537.32	2 874.06	1 561.03
	标准差	5 533.80	4 889.99	1 480.41
	最大值	24 852.88	21 470.74	4 737.83
	最小值	10.73	16.54	9.91
	中值	703.08	404.04	1 531.34
	偏度	2.09	2.57	0.94
	峰度	7.48	9.55	2.98
采掘业	样本数	13	13	4
	均值	1 051.03	480.51	17 568.53
	标准差	1 303.17	945.64	13 594.65
	最大值	4 697.68	3 469.91	36 221.57
	最小值	67.93	6.02	3 616.62
	中值	647.55	54.89	15 217.96
	偏度	1.79	2.68	0.57
	峰度	5.73	9.05	2.07

资料来源：RESSET数据库中相关数据分析结果。

5.1.4.2　增值税转型背景下增值税成本变动与企业绩效的关系

（1）为考察2005~2008年，已实施增值税转型政策上市公司与未转型上市公司之间的企业绩效的比较，根据第一组数据，对处理组和对照组的上市公司绩效指标进行两独立样本T检验和Z检验。根据上面研究变量的说明，企业绩效选用每股收益（EPS）、净资产收益率（ROE）和每股经营活动现金流量净额（NCFPS）三个指标。增值税已转型企业与未转型企业之间的企业绩效比较结果如表5.3所示。

表 5.3　增值税已转型企业与未转型企业之间的绩效比较（第一组样本）

项　　目	时间区间	均值	标准差	T 检验	Z 检验
EPS （未转型企业—转型企业）	2005～2008 年	-0.0183	0.0762	-0.2406 (0.8101)	0.5900 (0.5549)
ROE （未转型企业—转型企业）	2005～2008 年	-5.6453	5.7764	-0.9773 (0.3295)	0.7960 (0.4261)
NCFPS （未转型企业—转型企业）	2005～2008 年	0.0565	0.0913	0.6186 (0.5368)	0.780 (0.4355)

资料来源：作者根据 Stata11.0 输出结果整理。

增值税已转型企业与未转型企业每股收益（EPS）两独立样本均值检验和中值检验结果显示，T 统计量为 -0.2406（双尾 p 值为 0.8101），Z 值为 0.59（双尾 p 值为 0.5549），都拒绝了原假设，即表明增值税已转型企业与未转型企业的每股收益并没有显著差异。同样，企业净资产收益率（ROE）和每股经营活动现金净流量（NCFPS）的 T 检验和 Z 检验结果也并不显著，即增值税已转型企业与未转型企业的 ROE 和 NCFPS 并没有显著差异。因此，增值税已转型企业与未转型上市公司的企业绩效没有显著差异，此结论与王延明、王怿和鹿美瑶[1]（2005）的结论一致。

增值税转型背景下增值税成本的变动对上市公司整体的盈利能力及现金流量的影响都相对较小，可能的原因主要是：受增值税转型政策的刺激，已转型上市公司新增固定资产比例相对较高，引起过度的投资；未转型企业本身的获利能力较强，等等。

（2）为考察 2009 年增值税转型前后企业绩效是否有显著差异，根据第二组数据，对样本上市公司转型前后的企业绩效进行两独立样本 T 检验和非参数检验。根据上面研究变量的说明，企业绩效选用每股收益（EPS）、净资产收益率（ROE）和每股经营活动现金流量净额（NCFPS）三个指标。增值税转型前后企业绩效两独立样本 T 检验结果如表 5.4 所示。

---

[1] 王延明，王怿，鹿美瑶. 增值税转型对公司业绩影响程度的分析——来自上市公司的经验证据 [J]. 经济管理，2005 (12)：36-44.

表 5.4　　增值税转型前后企业绩效比较（第二组样本 T 检验）

项　　目	时间区间	样本量	均值	标准差	T 值	P 值
EPS （转型前—转型后）	2008~2009 年	2 048	-0.0637	0.0230	-2.7691***	0.0057
ROE （转型前—转型后）	2008~2009 年	2 048	-0.1609	1.1121	-0.1447	0.8849
NCFPS （转型前—转型后）	2008~2009 年	2 048	-0.064	0.0526	-1.2214	0.2221

注：*** 表示显著性水平为 1%；** 表示显著性水平为 5%；* 表示显著性水平为 10%。P 值为双尾检验值。

资料来源：作者根据 Stata11.0 输出结果整理。

每股收益（EPS）转型前后两独立样本均值检验结果显示，T 统计量为 -2.7691，相伴概率为 0.0057（双尾 p 值），拒绝了原假设，即认为增值税转型前后上市公司每股收益存在显著差异，并且增值税转型后的每股收益要高于转型前的每股收益。

然而，净资产收益率（ROE）和每股经营活动现金流量净额（NCFPS）的独立样本 T 检验结果并未拒绝原假设，不能证明增值税转型前后的净资产收益率和每股经营活动现金流量净额存在显著差异。分析其原因是，虽然增值税转型准予购进固定资产的进项税额可抵扣，能在一定程度上节约增值税应纳税额，减少经营活动现金净流量和营业税金及附加，但是，正是由于这一政策的刺激，促进企业扩大固定资产更新的规模和速度，大量的固定资产的采购又在一定程度上增加了企业的现金流出；固定资产的增加也使企业的折旧费用有所提高，也在一定程度上抑制了企业利润规模。

增值税转型前后企业绩效两独立样本 Wilcxon 秩和检验结果如表 5.5 所示。

表 5.5　增值税转型前后企业绩效比较（第二组样本 Wilcxon 秩和检验）

项　　目	时间区间	样本量	Z 值	P 值
EPS （转型前—转型后）	2008~2009 年	2 048	-3.686***	0.0002
ROE （转型前—转型后）	2008~2009 年	2 048	-0.110	0.9123
NCFPS （转型前—转型后）	2008~2009 年	2 048	-4.164***	0.0000

注：*** 表示显著性水平为1%；** 表示显著性水平为5%；* 表示显著性水平为10%。P 值为双尾检验值。

资料来源：作者根据 Stata11.0 输出结果整理。

由 Wilcxon 秩和检验可知，每股收益（EPS）的正态近似检验统计量 Z 值为 -3.686，正态分布的双尾 p 值为 0.0002，拒绝了原假设，即认为增值税转型前后上市公司每股收益存在显著差异，并且增值税转型后的每股收益要高于转型前的每股收益。同样，每股经营活动现金净流量（NCFPS）的 Wilcxon 秩和检验结果显示，正态近似检验统计量 Z 值为 -4.164，双尾 p 值为 0.0000，也拒绝了原假设，认为增值税转型前后上市公司每股经营活动现金净流量存在显著差异，并且增值税转型后的每股经营活动现金净流量要高于转型前的每股经营活动现金净流量。

净资产收益率（ROE）的 Wilcxon 秩和检验结果表明，正态近似检验统计量 Z 值并未通过双尾检验，将不能拒绝原假设，即认为增值税转型前后上市公司的净资产收益率并没有显著差异。其未通过检验的原因主要是：增值税转型政策刺激了固定资产更新速度和规模，由此增加了转型后企业的折旧费用，从而企业转型前后的净资产收益率并未表现出显著差异。

5.1.5　实证研究结论

本部分通过描述性统计、两独立样本 T 检验和 Wilcxon 秩和检验的方法，研究增值税转型背景下的增值税成本变动与企业绩效的关系。

根据构造的增值税转型政策所发生的增值税成本变动额变量（VATC）指标，分析增值税转型对各行业增值税成本的影响，实证研究发现，在公司正常经营情况下,增值税转型后,制造业、批发和零售贸易业和信息技术业可抵扣的固定资产进项税额相对较高,相对受益较大,增值税转型能为制造业、批发和零售贸易业和信息技术业这三个行业的公司带来相对更大的实惠。

以 2005~2008 年为考察期间,对已实施增值税转型政策上市公司与未转型上市公司之间的企业绩效进行两独立样本 T 检验和 Z 检验,研究发现增值税已转型企业与未转型企业的每股收益、净资产收益率和每股经营活动现金净流量指标并没有表现出显著地差异,此结论与王延明、王怿和鹿美瑶[①](2005)的结论一致。

以 2008~2009 年为研究区间,对增值税转型前后的上市公司企业绩效进行两独立样本 T 检验和 Wilcxon 秩和检验,研究发现增值税转型前后样本上市公司每股收益存在显著差异,转型后的每股收益要高于转型前的每股收益;而增值税转型前后的净资产收益率和每股经营活动现金净流量并没有显著差异。

总之,增值税转型背景下增值税成本的变动对上市公司整体的盈利能力及现金流量的影响都相对较小,可能的原因主要是:增值税转型准予购进固定资产的进项税额可抵扣,能在一定程度上节约增值税应纳税额,减少经营活动现金净流量和营业税金及附加,但受增值税转型政策的刺激,已转型上市公司新增固定资产比例相对较高,引起过度的投资,使企业的折旧费用有所提高,对企业利润提高有一定程度的遏制作用。

5.2 增值税成本与企业绩效的实证检验(二)

5.2.1 研究假设

增值税成本在不同纳税单位之间的横向差异表现为:在同一增值税税收政策下,增值税实际税率对企业绩效的影响。增值税实际税率(VATR)是采用绝对数计量增值税成本的一种方法,该指标反映了企业实际所负担的增值税税负。

---

① 王延明,王怿,鹿美瑶.增值税转型对公司业绩影响程度的分析——来自上市公司的经验证据[J].经济管理,2005(12):36–44.

增值税实际税率与企业绩效的关系主要体现在：当增值税实际税率降低时，增值税成本的降低表现为应交增值税的减少，从而以增值税等流转税为基础所计算的应交城市维护建设税和教育费附加也相应减少，而在会计处理时，由于城市维护建设税和教育费附加记入"营业税金及附加"科目，因而应交城市维护建设税和教育费附加的减少导致了营业税金及附加项目的降低，最终带来企业营业利润、利润总额、净利润等项目的增加；同时，由于增值税实际税率降低，增值税成本降低也使企业的现金流出得以减少，最终表现为企业经营活动现金净流量指标的增加。为此，本书假设：

假设 5-2：增值税实际税率与企业绩效中的盈利指标和现金流量指标呈反向变动关系。

5.2.2 变量设计与模型构建

5.2.2.1 变量设计

根据研究假设的需要，增值税成本与企业绩效研究变量的设计与定义如下，如表 5.6 所示。

表 5.6　　　　　　　增值税成本与企业绩效关系的研究变量

	变　　量	变量名	定　　义
被解释变量	每股收益	EPS	净利润÷普通股股数
	净资产收益率	ROE	（净利润－非经常性损益）÷本期平均净资产
	每股经营活动现金流量净额	NCFPS	经营活动现金净流量÷期末普通股股数
解释变量	增值税实际税率	VATR	由营业税金及附加中消费税、营业税、城建税等数据推导而确定
控制变量	企业规模	SIZE	LN（营业收入）
	资产流动性	IR	流动资产÷流动负债
	资产周转率	TURN	当年营业收入÷年末总资产
	成长机会	GROWTH	营业收入增长率
	行业差异	$INDUSTRY_i$	上市公司所属行业，共设置 4 个行业变量

资料来源：作者编制。

被解释变量和解释变量的设计如下：

（1）每股收益。每股收益又称每股盈余或每股税后利润，是指净利润与股本总数的比率。每股收益是分析股票投资价值的重要指标之一，是综合反映公司获利能力的重要指标。本书将每股收益定义为企业净利润与期末普通股股数的比率。

（2）净资产收益率。净资产收益率是综合性很强的指标，代表了上市公司对股东投入资本的利用效率。为了剔除非正常经营损益对企业绩效的影响，将净资产收益率定义为扣除非经常性损益后的净利润与本期加权平均净资产之间的比率。

（3）每股经营活动现金流量净额。由于增值税成本的变化不仅能影响企业经营利润、净利润等盈利指标，也同时影响企业的经营活动现金流量情况。为此，选用了每股经营活动现金流量金额指标，借以反映企业的现金流量状况。其中，每股经营活动现金流量净额用当期经营活动现金流量净额与当期期末普通股股数之比表示。

（4）增值税实际税率。关键解释变量增值税成本也称增值税税负，税务机关一般用企业实缴增值税与同期不含税销售额之比表示。然而，这种计算并不能完整的反映企业的增值税税收负担，因为"作为企业经济利益流出的增值税，不论是否转嫁或转嫁多少，都应该完整地反映为一项会计费用，与利润存在此消彼长的关系"[1]。杨之刚等[2]（2000）在研究不同行业及内外资企业纳税负担时，用增值税纳税额与销售收入的比值表示增值税的税负，但未指明分子是应纳税额还是实缴税额，分母是含税销售收入还是不含税销售收入。盖地（2011）通过分析增值税的性质，将增值税税负表示为"（应交增值税＋不能抵扣、不能退税的增值税）/同期含税销售收入"，其中应交增值税表示企业直接缴纳的增值税，不能抵扣和不能退税的增值税表示间接缴纳的增值税[3]。虽然这些指标为衡量企业增值税成本提供了可能，但"不能抵

---

[1] 盖地. 税务会计理论 [M]. 大连：大连出版社，2011：158.
[2] 杨之刚，丁琳，吴彬珍. 企业增值税和所得税负担的实证研究 [J]. 经济研究，2000（12）：26－35.
[3] 盖地. 税务会计理论 [M]. 大连：大连出版社，2011：159.

扣、不能退税的增值税"、"增值税纳税额"等数据无法从企业财务会计报告中获取，只能借助企业或税务机关实际调研数据，在具体使用时仍存在一定局限性。

为了准确反映增值税成本对企业绩效的影响，故选取增值税实际税率这一相对指标替代增值税成本。然而，由于上市公司的财务报告及当前的数据库中都未披露或公布当期所纳增值税的具体数据，为此，本书根据利润表中的"营业税金及附加"的明细项目及其报表附注信息倒推而确定。

增值税实际税率的具体估算如式5.2和式5.3所示：

$$\text{VATR} = \frac{\text{VAT}}{\text{Itsr}} = \frac{\text{VAT}}{\text{Nitsr} \times (1+R)} \quad (5.2)$$

$$\text{VAT} = \frac{\text{cmct}}{\text{rcmct}} - \text{it} - \text{ot} \quad (5.3)$$

其中，VATR为增值税实际税率；VAT表示公司的增值税税额（Value Added Tax）；Itsr表示含税销售收入（Including Tax Sales Revenue）；Nitsr表示不含税销售收入（Not Including Tax Sales Revenue）；R表示企业增值税税率；cmct表示公司发生的城市维护建设税税额；rcmct表示公司所适用的城市维护建设税税率，通常根据公司所在地不同，设置7%、5%和1%三档地区差别比例税率[①]；it表示公司的消费税税额；ot表示公司的营业税税额。

上述估算公式的推导思路是：由于城市维护建设税计税依据是纳税人实际缴纳的增值税、消费税和营业税的税额，所以，通过$\frac{\text{cmct}}{\text{rcmct}}$可以确定公司某一期间内的增值税、消费税和营业税的整体税额（其中cmct根据报表附注内披露的"营业税金及附加"中的城市维护建设税税额确定；rcmct根据报表附注内披露的公司所适用的城市维护建设税税率确定），进一步确定消费税和营业税的税额后，可估算出某一期间内的增值税税额（VAT）。最后，根据增值税的性质可知，增值税实际税率（VATR）为增值税税额（VAT）与同期含税销售收入（Itsr）的比值。

---

① 纳税人所在地为市区的，城建税税率为7%；纳税人所在地为县城、镇的，城建税税率为5%；纳税人所在地不在市区、县城或镇的，城建税税率为1%。

此外，需要指明的是：由于"增值税会计处理方法只注重表象"[①]，即紧紧追随增值税"价外计税"的表象，致使增值税的会计处理主要通过"应交税金——应交增值税"予以核算，从而增值税不能作为费用进入利润表，企业的利润形成过程无法完整呈现，财税合一的增值税会计处理[②]使会计报表无法清晰地反映企业的增值税信息。虽然企业的增值税纳税申报表能提供关于增值税应交与实缴的金额，但"纳税申报表的披露对象仅限于税务管理当局，而不对其他相关者披露"[③]。为此，本书对 VATR 的推导公式仅为公司增值税实际税率的一种估计方法，是一种尽可能接近企业实际增值税成本（增值税税负）的一个替代变量。估计的实际增值税税率与实际增值税成本的误差主要表现在：第一，不含税销售收入 $Nitsr$ 在利润表或报表附注中不能直接获取，故，选取利润表中"营业收入"项目替代不含税销售收入；第二，通常，增值税一般纳税人的法定税率为 17% 或 13%，小规模纳税人的法定征税率为 3%，但是，为了数据的可获取性，以及上市公司增值税一般纳税人认定的普遍性，本书假设样本中的上市公司全部为增值税一般纳税人，并且增值税法定税率 R 统一选用 17%，借以计算含税销售收入 $Itsr$；第三，由于消费税的会计处理过程中，公司销售应税消费品时记入"营业税金及附加"，而视同销售应税消费品或销售应税消费品包装物等经济活动，可能将其发生的消费税记入"长期股权投资"、"应付职工薪酬"、"其他业务成本"等科目，但是，考虑到数据的可获取性，消费税税额 it 仅用"营业税金及附加"项目中的消费税表示，而记入其他科目中的消费税不予以考虑；第四，与消费税会计处理的情况类似，同样，企业发生营业税不仅有记入"营业税金及附加"科目的业务，也可能存在记入"其他业务成本"、"固定资产清理"等科目的情况，然而，考虑到数据的易获取问题，营业税税额 ot 也仅选用"营业税金及附加"项目中的营业税表示，而记入其他科目中的营业税不予以考虑。

[①] 盖地. 税务会计理论 [M]. 大连：大连出版社，2011：172.
[②] 盖地（2011）认为财税合一的增值税会计是"增值税会计中，如果是财务会计与税务会计合一的情况，要么是两套法规在涉及增值税问题上没有差异；要么是即使有差异，但在会计处理时，财务会计服从税法规定，即财务会计以增值税的税务会计处理为准"。参见：盖地. 税务会计理论[M]. 大连：大连出版社，2011：167.
[③] 李彩霞. 我国企业税务信息披露模式的反思与构建 [J]. 华东经济管理，2012（7）：82.

根据相关研究理论与文献，本部分还设置了如下控制变量：

企业规模（SIZE）。企业规模对公司的绩效有较大地影响，为了消除公司间的规模差异性，本部分增加了企业规模控制变量。通常情况下，企业规模的替代变量为总资产或者营业收入的自然对数。由于本部分主要研究增值税成本与企业绩效的关系，考虑到增值税作为一种流转税，主要与企业的营业收入（主要指的是主营业务收入）存在直接关系，因此，选取营业收入的自然对数（即 LN（营业收入））作为企业规模的替代变量。

资产流动性（IR）。资产流动性是企业的短期偿债能力的表征变量，综合反映了企业偿还短期债务的能力，而资产流动性与企业绩效存在一定关系，因此，设计了资产流动性控制变量，用一定时期内期末流动资产与流动负债的比率表示。

资产周转率（TURN）。资产周转率或资产的周转速度反映了企业的资产的运营效率，通常，企业的周转速度越快，企业资产的利用效率越高。为了反映资产周转率对企业绩效的影响程度，增加了资产周转率控制变量，用当期营业收入与期末总资产的比值表示。

成长机会（GROWTH）。为了消除不同时期的差异，并综合反映企业的成长能力，引入成长机会控制变量，并用营业收入增长率表示，即（本期末营业收入 – 本期初营业收入）/期初营业收入。

行业差异（$INDUSTRY_i$）。研究样本为跨行业样本，还需要对行业因素进行控制，即对于涉及 n 个行业的样本，设置 n – 1 个虚拟变量。研究样本涉及采掘业、制造业、电力煤气及水的生产与供应业、信息技术业、批发和零售贸易共 5 个行业，因此，需设置 4 个行业虚拟变量，借以反映行业间差异。$INDUSTRY_i$（i = 1，2，3，4）的取值情况如下：

$$INDUSTRY_1 = \begin{cases} 1, & 当公司属于采掘业时 \\ 0, & 否则 \end{cases}$$

$$INDUSTRY_2 = \begin{cases} 1, & 当公司属于制造业时 \\ 0, & 否则 \end{cases}$$

$$INDUSTRY_3 = \begin{cases} 1, & 当公司属于电力、煤气及水的生产和供应业时 \\ 0, & 否则 \end{cases}$$

$$INDUSTRY_4 = \begin{cases} 1, & 当公司属于信息技术业时 \\ 0, & 否则 \end{cases}$$

5.2.2.2 模型构建

为了考察增值税实际税率与企业绩效的关系，设计多元线性回归模型，分析增值税实际税率（VATR）对上市公司每股收益（EPS）、净资产收益率（ROE）、每股经营活动现金净流量（NCFPS）等企业绩效指标的影响，用于对假设 5-2 的实证检验。相关的回归模型设计如下：

模型（Ⅰ）：

$$EPS = \beta_0 + \beta_1 VATR + \beta_2 SIZE + \beta_3 IR + \beta_4 TURN + \beta_5 GROWTH \\ + \sum_{i=1}^{4} \eta_i INDUSTRY_i + \delta \quad (5.4)$$

模型（Ⅱ）：

$$ROE = \beta_0 + \beta_1 VATR + \beta_2 SIZE + \beta_3 TURN + \beta_4 GROWTH \\ + \sum_{i=1}^{4} \eta_i INDUSTRY_i + \varepsilon \quad (5.5)$$

模型（Ⅲ）：

$$NCFPS = \beta_0 + \beta_1 VATR + \beta_2 SIZE + \beta_3 IR + \beta_4 TURN + \beta_5 GROWTH \\ + \sum_{i=1}^{4} \eta_i INDUSTRY_i + \varphi \quad (5.6)$$

上述计量模型中，模型Ⅰ用于检验增值税实际税率（VATR）对每股收益（EPS）的影响；模型Ⅱ用于检验增值税实际税率（VATR）对净资产收益率（ROE）的影响；模型Ⅲ用于检验增值税实际税率（VATR）对每股经营活动现金净流量（NCFPS）的影响。其中，β_0、β_1、β_2、β_3、β_4、β_5 以及 η_1、η_2、η_3、η_4 为待估计的参数，δ、ε、φ 为随机误差项。

5.2.3 数据来源与样本选择

5.2.3.1 数据来源

本章所采用的上市公司年报数据来自中国经济金融数据库（CCER）、锐思数据库（RESSET）和国泰安数据库（CSMAR）。其中，增值税实际税率（VATR）的数据来源于 RESSET 数据库、CCER 数据库以及沪深两市证券交易所公布的上市公司年度财务报告信息；其他财务数据来自 CCER 数据库和 CSMAR 数据库。

5.2.3.2 样本选择

为了研究数据的完整性，本书选取 2007 年 1 月 1 日之前在我国证券交易所上市的公司为初始样本，包括上海证券交易所 A 股和深圳证券交易所 A 股。样本选取区间为 2007～2011 年[①]。样本在具体选择时，剔除以下公司：

（1）由于金融行业上市公司的业务特殊，并且其适用的金融行业会计准则与其他行业不同，为此，遵从研究惯例，将金融类上市公司予以剔除。

（2）由于增值税的征税范围是销售货物或进口货物、提供加工和修理修配劳务，所以，根据证券监督管理委员会公布的行业分类标准，剔除非应交增值税的行业，包括农林牧渔业、金融保险业、建筑业、房地产业、交通运输和仓储业、社会服务也、传播与文化产业和综合类的上市公司。

（3）剔除在 2007～2011 年研究期间内所有 ST、ST*、PT、SST、S*ST 的公司，因为这些公司处于非正常经营状态，面临诸如严重亏损、遭受处罚等特殊的境况。

（4）剔除存在数据缺失的上市公司。

根据以上原则，根据 2007～2011 年期间上市公司年报数据，最终确定 1497 个研究样本，涉及采掘业、制造业、电力煤气及水的生产和供应业、信息技术业、批发和零售贸易共 5 个行业。

5.2.4 描述性统计与 Pearson 相关分析

5.2.4.1 描述性统计

表 5.7 列示了增值税实际税率与企业绩效研究主要变量的描述性统计。

[①] 由于我国上市公司于 2007 年 1 月 1 日起开始执行新的会计准则，为保证研究数据的一致性，本书选用 2007 年及其以后的上市公司年报数据进行分析。

表 5.7　　　　增值税实际税率与企业绩效研究变量的统计特征

变量	样本	均值	中值	最大值	最小值	标准差
EPS	1 497	0.3135	0.2100	2.0200	-0.7800	0.4123
ROE	1 497	0.0716	0.0715	0.3732	-1.3031	0.1303
NCFPS	1 497	0.4748	0.3400	8.5695	-6.0700	0.9515
VATR	1 497	0.0397	0.0318	0.1584	0.0001	0.0330
SIZE	1 497	21.6214	21.5317	24.2135	19.4076	1.0126
IR	1 497	1.3473	1.0461	6.9497	0.1555	1.0503
TURN	1 497	0.8413	0.6848	3.2902	0.0913	0.5613
GROWTH	1 497	0.0944	0.1058	0.7770	-2.6426	0.3264

资料来源：作者根据Stata11.0输出结果整理。

从表5.7可知，全体样本中EPS的均值和中位数为0.3135和0.2100，ROE的均值和中值为0.0716和0.0715，NCFPS的均值和中位数为0.4748和0.3400。全体样本中增值税实际税率（VATR）的均值和中值分别为3.97%（0.0397）和3.18%（0.0318），表明了中国上市公司的实际增值税税负水平[①]。可见，样本上市公司实证分析显示，一般纳税人的增值税实际税率与小规模纳税人增值税税率3%几乎相当。

进一步分析增值税实际税率（VATR）发现，分年度的VATR统计特征如表5.8所示。2007~2011年度，增值税实际税率（VATR）变动情况如图5.1所示。

表 5.8　　　　增值税实际税率（VATR）分年度的统计特征

变量	年度	样本	均值	中值	最大值	最小值	标准差
VATR	2007	318	0.0415	0.0357	0.1584	0.0001	0.0313
	2008	294	0.0397	0.0324	0.1584	0.0001	0.0328
	2009	400	0.0401	0.0319	0.1584	0.0001	0.0337
	2010	335	0.0373	0.0283	0.1584	0.0001	0.0342
	2011	150	0.0399	0.0312	0.1584	0.0001	0.0329

资料来源：作者根据Stata11.0输出结果整理。

[①] 本书中，增值税实际税率（VATR）的计算基于上市公司为增值税一般纳税人的假设。

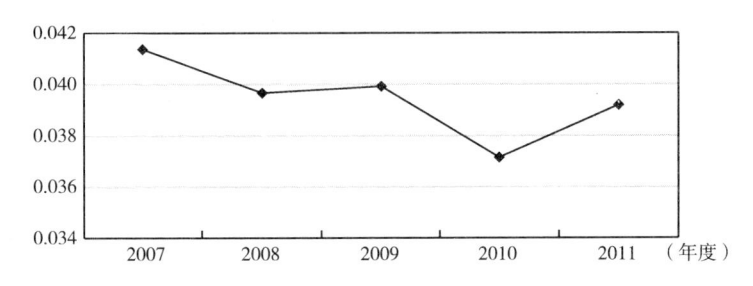

图 5.1　2007~2011 年增值税实际税率变动情况

资料来源：作者绘制。

2009 年，增值税转型后的 VATR 较之转型前的 VATR 有所减低，尤其是转型后的 2009~2010 年间，VATR 有较大幅度的减少，原因可能是由于增值税转型政策的刺激，使许多公司大量采购机器设备，进行固定资产革新，发生大额固定资产进项税额的抵扣，减低了企业的增值税成本。此外，2011 年增值税成本较之 2010 年又有所增加，主要受 2009 年和 2010 年大量固定资产采购的影响，企业的固定资产规模饱和，从而，2011 年的固定资产革新速度减低，其相应的进项税额也有所减少，因此，2011 年增值税成本出现了小幅度增加的趋势。但整体上看，与 2007 年和 2008 年相比，2009~2011 年的增值税成本仍表现为一定幅度的减少。由此可见，增值税转型前后，增值税成本存在一定差异。

5.2.4.2　Pearson 相关分析

为了确定研究变量之间是否存在线性关系，对增值税实际税率与企业绩效研究中的主要变量进行 Pearson 相关分析，如表 5.9 所示。由主要研究变量的相关系数矩阵可知，每股收益（EPS）、净资产收益率（ROE）、每股经营活动现金流量净额（NCFPS）与增值税实际税率（VATR）之间的相关系数分别 -0.2304、-0.1983 和 -0.1925，所以 EPS、ROE、NCFPS 与 VATR 之间都存在显著地负相关关系。

表 5.9　增值税实际税率与企业绩效研究的主要变量 Pearson 相关系数矩阵

变量	EPS	ROE	NCFPS	VATR	SIZE	IR	TURN	GROWTH
EPS	1.0000							
ROE	0.7253*** (0.0000)	1.0000						
NCFPS	0.4415*** (0.0000)	0.2939*** (0.0000)	1.0000					
VATR	-0.2304*** (0.0000)	-0.1983*** (0.0000)	-0.1925*** (0.0000)	1.0000				
SIZE	0.3983*** (0.000)	0.2093*** (0.0000)	0.2436*** (0.0000)	0.0083 (0.7480)	1.0000			
IR	-0.2545** (0.0349)	-0.0320 (0.2158)	-0.1165*** (0.0000)	0.0328 (0.2048)	-0.0907*** (0.0000)	1.0000		
TURN	0.1857*** (0.0000)	0.1598*** (0.0000)	0.2827*** (0.0014)	-0.2592*** (0.0000)	0.0145*** (0.0000)	-0.0442* (0.0877)	1.0000	
GROWTH	0.2517*** (0.0000)	0.1786*** (0.0007)	0.1315 (0.4350)	0.0374 (0.1483)	0.0755*** (0.0000)	-0.0682*** (0.0000)	-0.0056 (0.8285)	1.0000

注:()内的数字为 sig 的值; *** 表示显著性水平为 1%; ** 表示显著性水平为 5%; * 表示显著性水平为 10%。

资料来源:作者根据 Stata11.0 输出结果整理。

此外,每股收益(EPS)、净资产收益率(ROE)、每股经营活动现金流量净额(NCFPS)三个企业绩效指标与控制变量 SIZE、TURN、GROWTH 都存在相关关系;每股收益(EPS)、每股经营活动现金流量净额(NCFPS)与控制变量 IR 也存在相关关系。其他变量间的相关系数较小,从而说明这些变量之间不存在严重的共线性问题。

5.2.5　实证研究结果

5.2.5.1　回归结果与分析

本部分根据 2007 年至 2011 年的上市公司数据,利用 Stata11.0 统计软件,采用稳健标准差加 OLS 方法对以上计量模型进行异方差修正的回归分析,其回归结果如表 5.10 所示。

表 5.10 增值税实际税率（VATR）对企业绩效影响的回归结果（全样本）

变量	预测符号	EPS（Ⅰ）系数	t 值	标准差	ROE（Ⅱ）系数	t 值	标准差	NCFPS（Ⅲ）系数	t 值	标准差
截距项	?	-2.9213***	-11.78	0.2480	-0.4057***	-4.49	0.0904	-3.5620***	-4.82	0.7393
VATR	-	-0.0319***	-9.48	0.3363	-0.0988***	-9.34	0.1057	-0.0569***	-7.12	0.8002
SIZE	+	0.1350***	11.63	0.0116	0.0186***	4.46	0.0042	0.1752***	5.03	0.0348
IR	?	0.0205**	2.55	0.0080				-0.0360**	-2.30	0.0156
TURN	+	0.1454***	7.15	0.0203	0.0435***	7.96	0.0055	0.1810***	3.08	0.0588
GROWTH	+	0.1952***	3.91	0.0499	0.0519**	2.25	0.0231	0.1645**	2.11	0.0780
INDUSTRY$_{1-4}$		已控制			已控制			已控制		
样本量		1 497			1 497			1 497		
F 值		48.95***			34.68***			17.11***		
R^2		0.3025			0.1444			0.1275		
Adj-R^2		0.2983			0.1399			0.1222		

注：（1）*** 表示显著性水平为 1%；** 表示显著性水平为 5%；* 表示显著性水平为 10%。
（2）模型采用稳健标准差加 OLS 法进行了异方差修正。
资料来源：作者根据 Stata11.0 输出结果整理。

表 5.10 反映了增值税实际税率（VATR）对样本上市公司的每股收益（EPS）、净资产收益率（ROE）和每股经营活动现金净流量（NCFPS）的影响程度，由回归结果发现，增值税实际税率（VATR）对 EPS、ROE、NCFPS 的回归系数与预测符号一致。

回归模型（Ⅰ）、模型（Ⅱ）、模型（Ⅲ）中 VATR 的系数分别为 -0.0319、-0.0988 和 -0.0569，并在 99% 的置信度下，通过了显著性检验。通过以上实证回归结果可认为增值税实际税率（VATR）与企业的每股收益（EPS）、净资产收益率（ROE）和每股经营活动现金流量净额（NCFPS）呈显著的负相关关系，即企业的增值税成本（用增值税实际税率 VATR 表示）较低时，企业的每股收益、净资产收益率和每股经营活动现金流量净额越大，或者称之为企业绩效越好，从而证明了假设 5-2 的推断成立。

5.2.5.2 敏感性检验

为了验证回归模型的稳定性，本书剔除在 2007 年至 2011 年度亏损的样本，仅在 1376 个盈利上市公司的子样本中进行回归，其回归结果如表 5.11 所示。

表 5.11　增值税实际税率与企业绩效影响的回归结果（盈利上市公司子样本）

变量	预测符号	EPS 系数	EPS t值	ROE 系数	ROE t值	NCFPS 系数	NCFPS t值
截距项	?	-3.0958***	-12.84	-0.2901***	-6.28	-4.3353***	-5.91
VATR	-	-0.0303***	-9.19	-0.0780***	-11.47	-0.0591***	-7.09
SIZE	+	0.1468***	13.12	0.0153***	7.23	0.2128***	6.13
IR	?	0.0133*	1.72			-0.0484**	-2.83
TURN	+	0.1210***	5.72	0.031***	7.59	0.1700***	2.68
GROWTH	+	0.0260	1.62	0.0050**	2.18	0.0201	0.54
INDUSTRY$_{1\sim 4}$		已控制		已控制		已控制	
样本量		1 376		1 376		1 376	
F 值		43.93***		39.21***		16.27***	
R²		0.3125		0.2256		0.1354	
Adj-R²		0.3080		0.2210		0.1297	

注：（1）*** 表示显著性水平为 1%；** 表示显著性水平为 5%；* 表示显著性水平为 10%。
（2）模型采用稳健标准差加 OLS 法进行了异方差修正。
资料来源：作者根据 Stata11.0 输出结果整理。

通过对 1 376 个盈利上市公司的子样本回归发现，增值税实际税率（VATR）与上市公司的每股收益（EPS）、净资产收益率（ROE）和每股经营活动现金流量净额（NCFPS）之间存在显著的负相关关系，即企业的增值税实际税率较低时，企业的每股收益、净资产收益率和每股经营活动现金流量净额越大，或者称之为企业绩效越好，从而再次证明了假设 5-2 的推断。

5.2.6　实证研究结论

通过构建增值税实际税率（VATR）指标，以 2007 年至 2011 年为研究区间，实证检验了增值税实际税率与企业绩效（包括每股收益、净资产收益率和每股经营活动净现金流量指标）的关系。

增值税实际税率（VATR）分年度统计特征表明，2007年至2011年，增值税实际税率在2009年出现"拐点"，原因是2009年增值税转型政策的实施，造成了增值税实际税率一定幅度的减低。虽然2011年增值税实际税率较之2010年又有所增加，但整体上看，与2007年至2008年相比，2009年至2011年的增值税成本仍表现为一定幅度的减少。消费型增值税准予购进固定资产进项税额抵扣这一转型政策，导致了增值税实际税率（VATR）的降低。

分别以每股收益（EPS）、净资产收益率（ROE）和每股经营活动现金流量净额（NCFPS）三个企业绩效指标为被解释变量，以增值税实际税率（VATR）为解释变量，采用稳健标准差加OLS法进行了异方差修正回归模型，分别实证检验了增值税实际税率（VATR）对每股收益（EPS）、净资产收益率（ROE）和每股经营活动现金流量净额（NCFPS）的影响，研究结果表明增值税实际税率（VATR）分别与每股收益（EPS）、净资产收益率（ROE）、每股经营活动现金流量净额（NCFPS）之间存在显著的负相关关系，与其预测符号一致，即增值税实际税率对企业绩效（具体指EPS、ROE、NCFPS）存在反方向的影响。

5.3 企业所得税成本与企业绩效的实证检验

5.3.1 研究假设

2007年3月16日，第十届全国人民代表大会第五次会议审议通过了《中华人民共和国企业所得税法》，要求自2008年1月1日起，内外资企业统一采用25%的企业所得税税率。企业所得税改革后，取消了外资公司所享受的"超国民待遇"，其法定税率有一定程度的上升；而大部分内资企业的法定税率由原来的33%下调为25%。企业所得税改革为分析上市公司所得税成本变化及其对企业绩效的影响提供了一个事件研究窗口。为此，部分学者基于这一政策事件，研究了企业所得税改革前后的所得税成本的变化情况。王娟[①]（2010）以沪深上市公司2007～2008年数据为基础，研究了不同行业和区域的上市公司所得税负担（即所得税成本），研究结果表明企业所得税改革后，各行业和地区的所得税税负均有一定程度降低。李仕江[②]（2010）以企业所得税改革为背景，分析了企业法定名义税率与企业实际税率的关系，实证研究发现，当名义税率下降时，企业的实际所得税成本也显著的降低；而当名义税率上升时，企业的实际所得税成本并未显著的增加。路军[③]（2011）以企业所得税实施效果展开研究，检验结果表明，2008年上市公司整体税负显著下降，而2009年上市公司实际税负并未出现税收改革带来的持续性变化。刘行（2012）基于企业所得税的实施这一"自然实验"，通过实证检验发现，"上市公司名义所得税率下降时实际所得税率下降的幅度，要显著高于名义所得税率上升时实际所得税率上升的幅度"[④]。此外，也有一些文献分析了所得税改革对企业绩效的影响。袁丽[⑤]（2011）以2005～2009年沪深A股制造业上市公司为研究样本，分析了企业所得税税率对每股收益的影响，研究表明企业所得税改革对提高我国企业绩效有较明显的作用。盖地、胡国强[⑥]（2012）以2008年企业所得税改革为契机，考察了操控性应计利润在所得税改革前后的差异，研究表明，在企业所得税改革前后两年，操控性应计利润存在显著差异，并且随着研究时间范围的扩大，这种差异更加明显。根据以上研究成果可知，2008年企业所得税改革，使大部分企业的名义所得税税率有所降低。但是，名义税率的变化并不能反映企业的实际税负水平。

---

① 王娟. 新企业所得税法实施前后上市公司所得税负担研究 [D]. 广州：广东商学院，2010：14－35.
② 李仕江. 法定所得税率的变化对企业实际税负影响的实证研究 [D]. 武汉：华中科技大学，2010：28－40.
③ 路军. 名义税率调整与实际税负变化——新企业所得税法实施效果分析 [J]. 西部论坛，2011（3）：89－97.
④ 刘行. 税率的粘性——来自所得税改革的经验证据 [J]. 江西财经大学学报，2012（5）：1－8.
⑤ 袁丽. 企业所得税改革对我国制造业上市公司绩效影响的实证研究 [D]. 苏州：苏州大学，2011：20－43.
⑥ 盖地，胡国强. 税收规避与财务报告成本的权衡研究——来自中国2008年所得税改革的证据 [J]. 会计研究，2012（3）：20－25.

孙秀凤、王定娟[①]（2006）选取677家深市A股上市公司为研究样本，对企业所得税税负和净资产收益率进行了Pearson相关性分析，研究表明企业所得税税负与绩效呈负相关关系。王素荣[②]（2007）利用上市公司数据，分析了所得税税负对公司净利润的影响，也研究了所得税税负与行业内公司利润规模的相关性。路君平、汪慧姣[③]（2008）和李伟、铁卫[④]（2009）构建了税收负担与银行业经营绩效的回归模型，分析了银行业税收负担对经营绩效的影响，实证结果表明实际税率与银行绩效具有显著的负相关性。基于以上研究成果，在构建企业所得税有效税率（也称为所得税实际税率）指标的基础上，设计所得税有效税率与企业绩效回归模型，借以考察所得税成本与企业绩效的关系。

所得税成本与企业绩效的关系主要表现于以下两方面：一方面，企业所得税成本的增加，在一定程度上可减少企业利润表中的所得税费用，从而使企业的净利润有所增加；另一方面，所得税成本的增加能减少经营活动现金流出量，而使企业的经营活动现金流量净额也较之提高。总之，所得税成本不仅影响企业财务绩效中的净利润指标，也对企业绩效的现金流量指标产生一定的影响，并且，随着所得税成本的增加，企业的利润和现金流量都将有一定程度的减少。为此，本书提出以下研究假设：

假设5-3：所得税有效税率与企业绩效中的盈利指标和现金流量指标呈反向变动关系。

5.3.2 变量设计与模型构建

5.3.2.1 变量设计

所得税有效税率对企业绩效的影响研究主要涉及的变量如表5.12所示。

[①] 孙秀凤，王定娟. 企业税收负担与绩效的相关性分析 [J]. 经济论坛，2006（16）：86-87.
[②] 王素荣. 上市公司资本结构与所得税税负相关性研究 [M]. 北京：中国财政经济出版社，2007：118.
[③] 路君平，汪慧姣. 银行业税负比较分析及其对银行经营绩效的影响 [J]. 财政研究，2008（2）：53-55.
[④] 李伟，铁卫. 税收负担影响中国银行业经营绩效的实证分析 [J]. 统计与信息论坛，2009（7）：82-86.

表 5.12　　　　所得税有效税率与企业绩效关系的研究变量定义

变量		变量名	定义
被解释变量	每股收益	EPS	净利润/普通股股数
	净资产收益率	ROE	（净利润－非常经性损益）÷本期平均净资产
	每股经营活动现金流量净额	NCFPS	经营活动现金净流量÷期末普通股股数
解释变量	所得税有效税率	ETR	本期应付所得税÷本期税前会计利润
控制变量	企业规模	SIZE	LN（总资产）
	资本密集度	CINT	年末固定资产净值占总资产的比重
	存货密集度	IINT	年末存货占总资产的比重
	速动比率	QCKRT	（流动资产－存货）÷流动负债
	行业变量	$INDUSTRY_i$	根据上市公司分别所属行业的12个行业，设定11个行业变量

资料来源：作者编制。

被解释变量仍为每股收益（EPS）、净资产收益率（ROE）和每股经营活动现金流量净额（NCFPS）三个企业绩效指标，其中每股收益（EPS）和净资产收益率（ROE）用于反映企业的盈利能力；每股经营活动现金流量净额（NCFPS）用于反映企业的现金流量能力。

解释变量是所得税有效税率（Effective Tax Rate，ETR），它为企业所得税成本的度量指标。国内外研究文献中，ETR的计算方法并不统一。Hanlon和Heitzman（2010）将ETR的计算方法归纳为四种，即基于公认会计原则的有效税率（GAAP ETR）、当期有效税率（Current ETR）、基于现金流量的有效税率（Cash ETR）和基于长期现金流量的有效税率（Long-run cash ETR）[1]。吴联生与李辰[2]（2007）明确了所得税实际税率（ETR）的五种计算方法，分别为：ETR = （所得税费用－递延所得税费用）÷息税前利润；ETR = 所得税费

---

[1] Michelle Hanlon, Shane Heitzman. A review of tax research [J]. Journal of Accounting and Economics, 2010 (50): 127–178.

[2] 吴联生，李辰．"先征后返"公司税负与税收政策的有效性 [J]．中国社会科学，2007 (4)：67．

用÷息税前利润；ETR＝所得税费用÷（税前利润－递延所得税费用÷法定税率）；ETR＝（所得税费用－递延所得税费用）÷（税前利润－递延所得税费用÷法定税率）；ETR＝（所得税费用－递延所得税费用）÷经营活动现金净流量。

结合我国现行所得税会计处理方法（即资产负债表债务法），借鉴盖地（2011）的观点①，本书将 ETR 定义为"本期应付所得税"与"本期税前会计利润"的比值，考虑到"本期应付所得税"不能从财务会计报表中直接获取，需由本期所得税费用、递延所得税资产和递延所得税负债项目调整确定②。ETR 具体的计算公式如式 5.7 所示。

$$\begin{aligned}
ETR &= \frac{\text{本期应付所得税}}{\text{本期税前会计利润}} \\
&= \frac{(\text{本期所得税费用} + \text{本期递延所得税资产的增加额} - \text{本期递延所得税负债的增加额})}{\text{本期税前会计利润}} \\
&= \frac{\text{当年所得税费用} + (\text{年末递延所得税资产} - \text{年初递延所得税资产}) - (\text{年末递延所得税负债} - \text{年初递延所得税负债})}{\text{全年税前会计利润}} \\
&= \frac{\text{当年所得税费用} + (\text{年末递延所得税资产} - \text{年初递延所得税资产}) - (\text{年末递延所得税负债} - \text{年初递延所得税负债})}{\text{全年利润总额}}
\end{aligned}$$
(5.7)

根据相关研究理论与文献，本部分还设置了如下控制变量：

① 企业规模（SIZE）。企业规模对公司的绩效有较大地影响，为消除公司间的规模差异性，增加了企业规模变量。企业规模的替代变量为总资产或者营业收入的自然对数。本部分选取营业收入的自然对数，即 LN（总资产）作为企业规模的替代变量。

② 资本密集度（CINT）和存货密集度（IINT）。资本密集度用年末固定资产净值占总资产的比重表示；存货密集度控制变量用年末存货占总资产的

---

① 参见：盖地. 税务会计理论［M］. 大连：大连出版社，2011 年：215－216。盖地认为所得税实际税率为所得税应纳税额（即应交所得税）与利润总额的比值，又同时指出'利润表项目中不能提供同期'应交所得税'，但可以在其'附注'中计算出'当期所得税费用'，用当期'所得税费用'替代'应交所得税'"，并给出了所得税实际税率的计算公式为：（所得税费用－递延所得税费用）÷利润总额×100%。

② 本书虽然借鉴了盖地（2011）关于所得税有效税率的计算方法，但从报表附注中获取递延所得税费用信息的工作量较大，为此，借助资产负债表列报的"递延所得税资产（和递延所得税负债）"、利润表列表的"所得税费用"信息确定"本期应付所得税"。

比重表示。资本密集度和存货密集度为资产结构变量。资产结构是公司经营效率的结果,强调资产营运效率和盈利能力的提高。吴树畅[①](2003)、刘百芳与汪伟丽[②](2005)等的研究都曾指出资产结构对公司绩效有一定影响。

③ 速动比率(QCKRT)。速动比率用速动资产与流动负债的比率表示,其中,速动资产为流动资产扣除存货后的金额。

④ 行业变量(INDUSTRY$_i$)。研究样本为跨行业样本,需要控制行业因素的影响,对涉及农林牧渔业、采掘业、制造业、电力煤气及水的生产和供应业、建筑业、交通运输和仓储业、信息技术业、批发和零售贸易、房地产、社会服务业、传播与文化业和综合类共12个行业的样本,设置11个行业虚拟变量,即INDUSTRY$_i$(i=1,2,…,11),借以反映行业间差异。

5.3.2.2 模型构建

本部分主要考察检验所得税有效税率对上市公司每股收益、净资产收益率及每股经营活动现金流量净额等企业绩效指标的影响,用于对假设5-3的实证检验。相关的回归模型设计如下:

模型(Ⅰ): $$EPS = \beta_0 + \beta_1 ETR + \beta_2 SIZE + \delta \tag{5.8}$$

模型(Ⅱ):

$$EPS = \beta_0 + \beta_1 ETR + \beta_2 SIZE + \beta_3 CINT + \beta_4 IINT + \sum_{i=1}^{11} \eta_i INDUSTRY_i + \varphi \tag{5.9}$$

模型(Ⅲ): $$ROE = \beta_0 + \beta_1 ETR + \beta_2 SIZE + \sigma \tag{5.10}$$

模型(Ⅳ):

$$ROE = \beta_0 + \beta_1 ETR + \beta_2 SIZE + \beta_3 CINT + \sum_{i=1}^{11} \eta_i INDUSTRY_i + \mu \tag{5.11}$$

模型(Ⅴ): $$NCFPS = \beta_0 + \beta_1 ETR + \beta_2 SIZE + \rho \tag{5.12}$$

---

① 吴树畅. 融资结构、资产结构对企业绩效的影响[J]. 统计与决策,2003(8):60+96.
② 刘百芳,汪伟丽. 山东省上市公司资产结构同企业经营业绩的实证分析[J]. 统计与决策,2005(9):140-142.

模型（Ⅵ）：

$$NCFPS = \beta_0 + \beta_1 ETR + \beta_2 SIZE + \beta_3 QCKRT + \sum_{i=1}^{11} \eta_i INDUSTRY_i + \omega$$

(5.13)

上述计量模型中，模型（Ⅰ）和模型（Ⅱ）用于检验所得税有效税率对每股收益的影响；模型（Ⅲ）和模型（Ⅳ）用于检验所得税有效税率对净资产收益率的影响；模型（Ⅴ）和模型（Ⅵ）用于检验所得税有效税率对每股经营活动现金流量净额的影响。其中，β_0、β_1、β_2、β_3、β_4 以及 η_i（i = 1，2，…，11）为待估计的参数，δ、φ、σ、μ、ρ、ω 为随机误差项。

5.3.3 数据来源与样本选择

5.3.3.1 数据来源

本章所采用的上市公司年报数据来自中国经济金融数据库（CCER）、锐思数据库（RESSET）和国泰安数据库（CSMAR）。其中，所得税有效税率（ETR）数据来源于 RESSET 数据库，其他数据来源于 CCER 数据库和 CSMAR 数据库。

5.3.3.2 样本选择

为了研究数据的完整性，本书选取 2007 年 1 月 1 日之前在我国 A 股证券交易所上市的公司为初始样本，包括上海证券交易所 A 股和深圳证券交易所 A 股。样本选取区间为 2007 年至 2011 年。样本在具体选择时，剔除以下上市公司：

（1）考虑金融行业上市公司的业务特殊，并且其适用的金融行业会计准则与其他行业不同，为此，遵从研究惯例，将金融类上市公司予以剔除。

（2）剔除在 2007 年至 2011 年研究期间内所有 ST、ST*、PT、SST、S*ST 的公司，因为这些公司处于非正常经营状态，面临诸如严重亏损、遭受处罚等特殊的境况。

（3）剔除存在数据缺失的上市公司。

根据以上原则确定了 5 434 个研究样本。企业所得税与上市公司的盈亏有直接关系，亏损上市公司不负有纳税义务，为此，进一步剔除利润总额小于等于零的样本 383 个，剔除净利润小于等于零的样本 21 个，从而最终确定 5 030 个研究样本。

5.3.4 描述性统计与 Pearson 相关分析

5.3.4.1 描述性统计

通过 Stata11.0 统计软件，分析所得税有效税率与企业绩效关系研究主要变量的统计特征，如表 5.13 所示。研究样本反映企业所得税有效税率（ETR）的均值和中值分别为 23.50% 和 20.25%，表明企业平均实际税率比名义所得税税率（即 25%）略低。

表 5.13　所得税有效税率与企业绩效研究主要变量的统计特征

变量	样本	均值	中值	最大值	最小值	标准差
EPS	5 030	0.3719	0.2500	2.1600	0.0100	0.3893
ROE	5 030	0.1041	0.0859	0.4380	0.0037	0.0827
NCFPS	5 030	0.4192	0.3287	3.7964	-2.3400	0.8521
ETR	5 030	0.2350	0.2025	1.9425	-1.1224	0.3331
SIZE	5 030	21.8007	21.7100	24.86	19.2300	1.1172
CINT	5 030	0.2609	0.2289	0.7722	0	0.1832
IINT	5 030	0.1921	0.1484	0.7714	0.0020	0.1723
QCKRT	5 030	1.0995	0.8097	7.1524	0.1172	1.0645

资料来源：作者根据 Stata11.0 输出结果整理。

5.3.4.2 Pearson 相关分析

为了确定所得税有效税率与企业绩效关系的研究变量之间是否存在线性关系，本书对主要研究变量进行 Pearson 相关分析，如表 5.14 所示。

表5.14　所得税有效税率与企业绩效研究的主要变量Pearson相关系数矩阵

变量	EPS	ROE	NCFPS	ETR	SIZE	CINT	IINT	QCKRT
EPS	1.0000							
ROE	0.7383*** (0.0000)	1.0000						
NCFPS	0.3655*** (0.0000)	0.2302*** (0.0000)	1.0000					
ETR	-0.1179*** (0.0000)	-0.1253*** (0.0000)	-0.1296** (0.0358)	1.0000				
SIZE	0.3356*** (0.0000)	0.1485*** (0.0000)	0.1492*** (0.0000)	-0.0035 (0.8056)	1.0000			
CINT	-0.2663*** (0.0000)	-0.1090*** (0.0000)	0.2530*** (0.0000)	-0.0195 (0.1674)	0.0526*** (0.0002)	1.0000		
IINT	-0.1700 (0.2282)	0.3598*** (0.0000)	-0.2877*** (0.0000)	0.0891*** (0.0000)	0.1040*** (0.0000)	-0.1983*** (0.0000)	1.0000	
QCKRT	0.4729*** (0.0000)	0.2879*** (0.0000)	0.9006*** (0.0000)	0.0005 (0.9715)	0.0561*** (0.0000)	0.1560*** (0.0000)	-0.1390*** (0.0000)	1.0000

注：（）内的数字为sig的值。*** 表示显著性水平为1%；** 表示显著性水平为5%。

资料来源：作者根据Stata11.0输出结果整理。

由主要研究变量的相关系数矩阵可知，每股收益（EPS）、净资产收益率（ROE）、每股经营活动现金净流量（NCFPS）与所得税有效税率（ETR）之间Pearson相关系数分别-0.1179、-0.1253和-0.1296，并在0.01水平上显著，因此，EPS与ETR之间、ROE与ETR之间、NCFPS与ETR之间都存在显著的负相关关系。

此外，每股收益（EPS）、净资产收益率（ROE）、每股经营活动现金流量净额（NCFPS）三个企业绩效指标与控制变量SIZE、CINT、IINT、QCKRT都存在相关关系。其他变量间的相关系数较小，从而说明这些变量之间不存在严重的共线性问题。

5.3.5 实证研究结果

针对模型（Ⅰ）和模型（Ⅱ），采用 Stata11.0 对研究样本进行回归，并采用稳健标准差加 OLS 法进行异方差修正，其回归结果如表 5.15 所示。

表 5.15　所得税有效税率对企业绩效（EPS）影响的回归结果

自变量	因变量 预期符号	EPS （Ⅰ） 系数	t 值	标准差	（Ⅱ） 系数	t 值	标准差
截距项	?	-2.1426***	-18.50	0.1158	-2.2530***	-19.28	0.1168
ETR	-	-0.1364***	-10.44	0.0131	-0.1322***	-10.05	0.0132
SIZE	+	0.1168***	21.64	0.0054	0.1221***	22.39	0.0055
CINT	?				-0.3312***	-9.22	0.0359
IINT	?				-0.2210***	-5.71	0.0387
INDUSTRY$_{1\sim11}$	?				已控制		
样本量		5 030			5 030		
F 值		293.05***			50.60***		
R^2		0.1263			0.1816		
调整的 R^2		0.1259			0.1792		

注：(1) *** 表示显著性水平为 1%；(2) 模型采用稳健标准差加 OLS 法进行了异方差修正。
资料来源：作者根据 Stata11.0 输出结果整理。

表 5.15 反映了所得税有效税率（ETR）对每股收益（EPS）的影响程度，由回归结果发现，所得税有效税率（ETR）的回归系数与预测符号一致。在仅控制企业规模（SIZE）情况下，ETR 的系数为 -0.1364，并在 99% 的置信度下，通过了显著性检验；在同时控制了企业规模（SIZE）、资本密集度（CINT）、存货密集度（IINT）和行业因素（INDUSTRY$_{1\sim11}$）后，ETR 的系数为 -0.1322，仍在 99% 的置信度下，通过了显著性检验。通过以上实证结果可认为企业所得税有效税率（ETR）与每股收益（EPS）呈现出显著的负相关关系。

针对模型（Ⅲ）和模型（Ⅳ），采用 Stata11.0 对研究样本进行回归，并采用稳健标准差加 OLS 法进行异方差修正,其回归结果如表 5.16 所示。

表 5.16 所得税有效税率对企业绩效(ROE)影响的回归结果

因变量	预期符号	ROE (Ⅲ) 系数	t 值	标准差	ROE (Ⅳ) 系数	t 值	标准差
截距项	?	-0.1292***	-5.15	0.0251	-0.1295***	-4.90	0.0264
ETR	-	-0.0307***	-9.15	0.0034	-0.0330***	-9.67	0.0034
SIZE	+	0.0110***	9.65	0.0011	0.0109***	9.29	0.0012
CINT	?				-0.0576***	-7.55	0.0076
INDUSTRY$_{1\sim11}$	?				已控制		
样本量		5 030			5 030		
F 值		96.98***			26.06***		
R^2		0.0374			0.0724		
调整的 R^2		0.0370			0.0698		

注:(1)*** 表示显著性水平为 1%;(2)模型采用稳健标准差加 OLS 法进行了异方差修正。
资料来源:作者根据 Stata11.0 输出结果整理。

表 5.16 反映了所得税有效税率(ETR)对净资产收益率(ROE)的影响程度,由回归结果发现,所得税有效税率(ETR)对 ROE 影响的回归系数与预测符号一致。在仅控制企业规模(SIZE)情况下,ETR 的系数为 -0.0307,并在 99% 的置信度下,通过了显著性检验;在同时控制了企业规模(SIZE)、资本密集度(CINT)和行业因素(INDUSTRY$_{1\sim11}$)后,ETR 的系数为 -0.0330,仍在 99% 的置信度下,通过了显著性检验。通过以上实证结果可认为企业所得税有效税率(ETR)与净资产收益率(ROE)也表现为显著的负相关关系。

针对模型(Ⅴ)和模型(Ⅵ),采用 Stata11.0 对研究样本进行回归,并采用稳健标准差加 OLS 法进行异方差修正,其回归结果如表 5.17 所示。

表 5.17　所得税有效税率对企业绩效（NCFPS）影响的回归结果

自变量	因变量	NCFPS					
	预期符号	（Ⅴ）			（Ⅵ）		
		系数	t 值	标准差	系数	t 值	标准差
截距项	?	-2.0418***	-7.52	0.2717	0.9608***	7.52	0.1277
ETR	-	-0.0744**	-2.17	0.0343	-0.0516***	-3.26	0.0159
SIZE	?	0.1137***	8.92	0.0127	-0.0632***	-10.35	0.0061
QCKRT	+				0.7297***	75.44	0.0097
INDUSTRY$_{1\sim11}$	?				已控制		
样本量		5 030			5 030		
F 值		44.71***			503.86***		
R^2		0.0231			0.8345		
调整的 R^2		0.0227			0.8231		

注：（1）*** 表示显著性水平为 1%，** 表示显著性水平为 5%；（2）模型采用稳健标准差加 OLS 法进行了异方差修正。

资料来源：作者根据 Stata11.0 输出结果整理。

表 5.17 反映了所得税有效税率（ETR）对每股经营活动现金净流量（NCFPS）的影响程度，由回归结果发现，所得税有效税率（ETR）对 NCFPS 影响的回归系数与预测符号一致。在仅控制企业规模（SIZE）情况下，ETR 的系数为 -0.0744，并在 95% 的置信度下，通过了显著性检验；在同时控制了企业规模（SIZE）、速度比率（QCKRT）和行业因素（INDUSTRY$_{1\sim11}$）后，ETR 的系数为 -0.0516，在 99% 的置信度下，通过了显著性检验。通过以上实证回归结果可认为企业所得税有效税率（ETR）与每股经营活动现金净流量（NCFPS）也表现为显著的负相关关系。

5.3.6　实证研究结论

通过设计企业所得税有效税率（ETR）变量，以 2007 年至 2011 年为研究区间，实证检验了所得税有效税率与企业绩效（包括每股收益、净资产收益率和每股经营活动净现金流量指标）的关系。

通过构建所得税有效税率与企业绩效（包括每股收益、净资产收益率和每股经营活动净现金流量指标）的回归模型，并对模型进行了异方差修正（采用稳健标准差加 OLS 法），实证结果表明所得税有效税率（ETR）分别对每股收益、净资产收益率和每股经营活动净现金流量指标的回归系数与预测符号一致，企业所得税有效税率（ETR）分别与每股收益（EPS）、净资产收益率（ROE）、每股经营活动现金流量净额（NCFPS）之间存在显著的负相关关系，即所得税有效税率对企业绩效（具体指 EPS、ROE、NCFPS）存在反方向的影响，从而证明了研究假设 5-3 推断的成立。

第6章 税收成本、非税成本与企业绩效的实证研究

在税收成本与企业绩效关系的基础上，引入非税成本因素，借以考察税收成本和非税成本对企业绩效的共同影响。由于非税成本的构成较为复杂，同时在模型中引入多个非税成本将可能导致多重共线性，为此，本章首先构建非税成本指数，进而考察税收成本、非税成本对企业绩效的影响。

由于非税成本中的财务报告成本主要与企业所得税成本相关，并且企业所得税数据较易获取，因此，本章主要研究所得税成本、非税成本与企业绩效的关系。

6.1 非税成本指数的构建

6.1.1 指数构建思路与方法

非税成本的构成较为复杂，不仅涉及各利益相关者的财务报告成本，还涉及市场完备性的交易成本、代理成本等，并且每项非税成本构成的具体量化指标之间也可能存在一定的相关性，不同指标体现了非税成本不同属性。为了从众多相关的非税成本指标中找寻几个综合指标，以全面反映原有指标所包含的主要信息，减少信息处理的工作量，本章拟采用因子分析方法构建非税成本指数，综合反映企业的非税成本信息。

因子分析法（Factor Analysis）是将多个变量转换为少数结果不相关的综合指标的多元统计分析方法。其中，能代表各类信息的综合指标称为因子（Factor）。假定因子分析模型为 $X = AF + \varepsilon$，其中 X 为 $t \times 1$ 维向量；A 为 $t \times s$ 维矩阵，称为"因子负荷矩阵"；F 为 $s \times 1$ 维向量，称为"公共因子"；ε 为

$t \times 1$ 维向量，称为"特殊因子"。其中，$F: N(0, I_s)$，$\varepsilon: N(0, \psi_{t \times s})$，$\psi$ 为对角阵，F 与 ε 相互独立。因子分析从 X 的 n 个研究样本数据为出发点，确定因子负荷矩阵 A，再根据因子负荷矩阵确定公因子个数，最后，结合各因子所包含的变量确定潜在变量的含义。因子分析是采用多元统计技术进行综合评价的方法，因子分析方法是一种"降维"思想，目的在于简化数据，通过较少的公共因子反映复杂现象的基本结构。

基于因子分析方法确定非税成本指数的步骤如下：

(1) 对原始样本 X 进行无量纲化处理，即对非税成本的各个研究变量进行标准化处理。

(2) 计算非税成本的各个研究变量之间相关系数矩阵，确定评价指标是否适合采用因子分析方法；采用 KMO 检验（Kaiser-Meyer-Olikin）和巴特利球形检验（Bartlett's Test of Sphericity）判断各非税成本变量采用因子分析的合适程度。

(3) 采用主成分分析法确定公共因子个数，具体以主成分的方差累计贡献率为标准选择非税成本的公共因子。

(4) 求因子负荷矩阵，并进行因子旋转，使公共因子的贡献率较分散，每个指标仅在一个公共因子上有较大的载荷，而在其余公共因子上的载荷较小。本书采用方差最大化正交旋转法进行因子旋转，使非税成本各项目在公共因子上的作用更明显，更便于解释。

(5) 计算每个公司的非税成本在所有公共因子上的得分，得到非税成本公因子得分矩阵，根据因子得分矩阵计算因子得分。

(6) 以各因子的方差贡献率为权重，采用加权求和方式，计算非税成本因子得分的综合得分，即构建非税成本指数。

6.1.2 数据来源与样本选择

6.1.2.1 数据来源

本章所采用的上市公司年报数据来自中国经济金融数据库（CCER）、锐思数据库（RESSET）和国泰安数据库（CSMAR）。其中，违约成本数据来源于 RESSET 数据库中"重大事项违规处罚"子库和 CCER 数据库的子库"上市公司违法违规数据库"。其他数据来源于 RESSET 数据库中"非金融上市公司财务报表"子库和国泰安数据库。

6.1.2.2 样本选择

本书选取 A 股上市公司为初始样本，包括上海证券交易所 A 股和深圳证券交易所 A 股。样本选取区间为 2007 年至 2011 年。样本在具体选择时，剔除以下上市公司：

（1）由于金融行业上市公司的业务特殊，并且其适用的金融行业会计准则与其他行业不同，为此，遵从研究惯例，将金融类上市公司予以剔除。

（2）上市公司冠以 S*ST 标示，表示公司经营连续三年亏损，处以退市预警，并且还未完成股改；上市公司冠以 SST 标示，表示公司经营连续两年亏损，被给予特别处理，并还未完成股改。考虑到该部分上市公司还未完成股改，为此，剔除研究期间内被处以 SST、S*ST 的所有上市公司，共涉及 14 个研究样本。

（3）剔除存在数据缺失的上市公司。

根据以上原则进行样本筛选，最终确定 5 156 个研究样本。

6.1.3 变量设计

非税成本的构成和量化一直是国内外税务研究的难题，至今都不能对非税成本进行准确计量，一般的做法是选择某些替代变量予以反映。

通常，非税成本度量时主要考虑财务报告成本，但是，非税成本不仅包括财务报告成本，还涉及代理成本、交易成本、违约成本等；并且财务报告成本因利益相关者不同可进一步划分为债务契约成本、税务稽查成本、资本市场监管成本、政治成本等。这些非税成本的构成具有不同特点，其计量方法也存有较大差异。为此，本书结合非税成本的构成和影响因素，具体选择16 个研究变量以反映企业的非税成本。非税成本变量的设计具体如表 6.1 所示。

表 6.1 非税成本的变量设计

非税成本的构成		指标选择	变量名	指标计算
财务报告成本	债务契约成本	财务杠杆	FLEV	资产负债率 = 期末总负债/期末总资产
		企业借款比率	DEBT	期末企业借款总额/期末总资产
	税务稽查成本	税款变动率	COT	（上期应纳税款 − 本期应纳税款）/上期应纳税款
		会税差异	BTB	税前会计利润 − 应纳税所得额
		纳税评估变量1	TA1	主营业务利润变动率 − 主营业务收入变动率
		纳税评估变量2	TA2	主营业务利润变动率 − 主营业务成本变动率
	资本市场监管成本	经营亏损	LOSS	哑变量。若上市公司当期或上期发生亏损，则取值为1，否则为0
		ST处罚	ST	哑变量。若上市公司被ST，则取值为1，否则为0
		*ST处罚	*ST	哑变量。若上市公司被*ST，则取值为1，否则为0
		PT处罚	PT	哑变量。若上市公司被PT，则取值为1，否则为0
	政治成本	企业规模	SIZE	Ln（期末总资产）
		企业股权性质	STATE	哑变量。若上市公司为国有股权，则取值为1，否则为0
代理成本		公司集团化程度	GROUP	公司为集团企业，取值为1，否则为0
违规成本		税务处罚	PENAL1	哑变量。若上市公司遭受税务处罚，则取值为1，否则为0
		税务处罚程度	PENAL2	Ln（税务处罚金额）
税收遵从成本		税款规模	TCC	Ln（全年应纳税款的绝对值）

资料来源：作者编制。

6.1.3.1 债务契约成本

债务契约成本属于财务报告成本，它是源于企业与债权人的债务契约，是企业违反债务契约的限制性条款而带来的损失。债务契约成本主要与企业债务规模有密切关系，为此，本书分别设计了"财务杠杆（FLEV）"和"企业借款比率（DEBT）"两个指标量化债务契约成本。

财务杠杆指标的度量可借鉴 Guenther[①]（1994）、Hodder 等[②]（2003）、王跃堂[③]（2009）、李增福和郑友环[④]（2010）、盖地和胡国强[⑤]（2012）等的研究成果，具体用资产负债率表示，即期末总负债与期末总资产的比值。

债务契约成本主要与企业的债务契约密切相关，Cloyd 等[⑥]（1996）、Lillian 和 Newberry[⑦]（2001）都认为债务契约约束（Debt Constraints）是影响企业非税成本的重要因素之一。通常，债务契约指的是企业与金融机构所签署的借款合同，为了更加准确地反映企业所负有的借款情况，本书同时设置了企业借款比率（DEBT）变量，其具体度量方法为期末企业借款占期末总资产的比率，其中企业借款包括短期借款和长期借款。

6.1.3.2 税务稽查成本

税务稽查成本是与税务管理部门相关的一项成本，是由于企业"会税差异"或收益波动异常等原因，而引起税务部门关注并面临税务稽查所产生的相关费用开支。税务稽查成本选用税款变动率（COT）、会税差异（BTB）、纳税评估变量（TA）等指标量化。

税款变动率（COT）为反映企业的税款变动情况，当企业上期应纳税款与本期应纳税款存有较大差额时，尤其是本期应纳税款较之上期应纳税款有

---

① Guenther D. A.. Earnings Management in Response to Corporate Tax Rate Changes: Evidence from the 1986 Tax Reform Act [J]. The Accounting Review, 1994 (1): 230 - 243.

② Leslie Hodder, Mary Lea McAnally, Connie D Weaver. The Influence of Tax and Nontax Factors on Banks' Choice of Organizational Form [J]. Accounting Review, 2003 (78): 297 - 325.

③ 王跃堂，王亮亮，贡彩萍. 所得税改革、盈余管理及其经济后果 [J]. 经济研究. 2009 (3): 86 - 98.

④ 李增福，郑友环. 避税动因盈余管理及其反转效应研究——来自中国上市公司的经验证据 [J]. 山西财经大学学报，2010 (8): 118 - 124.

⑤ 盖地，胡国强. 税收规避与财务报告成本的权衡研究——来自中国2008年所得税改革的证据 [J]. 会计研究，2012 (3): 20 - 25.

⑥ C. Bryan Cloyd, Jamie Pratt, and Toby Stock. The Use af Financial Accounting Choice to Support Aggressive Tax Positions: Public and Private Firms [J]. Journal of Accounting Research, 1996 (34): 23 - 43.

⑦ Lillian R Milis and Kaye J. Newberry. The Influence of Tax and Nontax Costs on Book - Tax Reporting Differences: Public and Private Firms [J]. The Journal of the American Taxation Association, 2001 (1): 1 - 19.

大幅度减少时，将会引起税务部门的注意，可能因此而面临税务稽查，产生一系列成本开支。税款变动率计算公式为：

$$税款变动率 = (上期应纳税款 - 本期应纳税款) \div 上期应纳税款$$

其中，当上期应纳税款和本期应纳税款都为零时，直接将税款变动率设定为零；当本期应纳税款不为零，而上期应纳税款为零时，税款变动率取值定义为零[①]。同时，考虑到本章下面主要研究所得税成本，并且财务报告成本主要与所得税有关，因此，应纳税款仅指企业所得税的应纳税所得额。

会税差异（BTB）指标用于反映上市公司税前账面会计利润与应纳税所得额之间的差异，当会税差异较大时，说明企业存在较多的所得税调整项目或存在不当盈余管理行为，将很可能引起税务稽查部门的关注。为此，本书设置了会税差异指标用于反映上市公司所面临的税务稽查成本的高低。

除此之外，税务机关设定了一系列纳税评估指标，借以考察企业是否存在调节收益的情景。根据我国目前税收征收管理法规定，税务机关需对企业进行纳税评估，即运用数据信息对比分析的方法，对纳税人纳税申报情况的真实性和准确性做出定性和定量的判断，并采取进一步的征管措施。通常，纳税评估的指标包括主营业务收入变动率、主营业务成本变动率、成本费用利润率、主营业务利润变动率、其他业务利润变动率、净资产收益率、总资产周转率、资产负债率等，通过这些指标的配比关系，查找疑点，确定需要进行税务稽查的企业或单位。如正常情况下，主营业务收入变动率与主营业务利润变动率基本同步增长，当两者有以下三种关系时，表明企业可能存在多列支成本费用，人为控制应纳税所得额的问题：第一，两者的比值小于1，并且两者都为负值、数值差异较大时；第二，两者的比值大于1，并且两者都为正值、数值差异较大时；第三，两者的比值为负数，且主营业务收益变动率为正，而主营业务利润变动率为负时。可见，纳税评估指标主要借助于财务报表数据的变动情况，一旦企业的纳税评估指标超出预警值，就有可能被

---

① 当上期应纳税款为零，而本期应纳税款不为零，表示企业本期应纳税款较上期增加，这将不会成为税务机关重点稽查对象，为此，将表示税务稽查成本的税款变动率设定为零。从而解决了公式计算中分母为零的问题。

税务机关认定为异常情况，使企业面临税务约谈、调查核实、移交税务稽查部门查处等一系列税务检查，企业从而产生大量的相关费用与开支，即税务稽查成本。为了反映税务稽查部门的纳税测评指标，本书设置了两个纳税评估变量，分别是主营业务利润变动率与主营业务收入变动率之差、主营业务利润变动率与主营业务成本变动率之差。其中，主营业务利润变动率＝（本期主营业务利润－上期主营业务利润）／上期主营业务利润；主营业务收入变动率＝（本期主营业务收入－上期主营业务收入）／上期主营业务收入；主营业务成本变动率＝（本期主营业务成本－上期主营业务成本）／上期主营业务成本。

6.1.3.3 资本市场监管成本

通常，证券监督管理委员会颁布的上市制度规定中常运用会计数据监督和控制上市公司。根据《公司法》规定，企业上市要求连续盈利3年的公司方可上市。此外，证监会还基于企业报告的利润状况，规定了暂停上市和终止上市等制度，对上市公司加以规范。

本书选取了经营亏损（LOSS）、ST处罚（ST）、*ST处罚（*ST）和PT处罚（PT）四个哑变量反映上市公司资本市场监管成本。其中，经营亏损哑变量取值设置为：若上市公司当期或上期发生亏损，则取值为1，否则取值为0；ST处罚哑变量取值情况为：当上市公司被冠以ST处罚标示，则取值为1，否则取值为0；*ST处罚哑变量的取值情况为：若上市公司被冠以*ST处罚标示，则取值为1，否则取值为0；PT处罚哑变量取值为：若上市公司被冠以PT处罚标示，则取值为1，否则取值为0。

6.1.3.4 政治成本

政治成本无法准确计量，国内外学者一般选取企业规模、大股东持股性质、行业垄断性、资本密集化程度、集中程度等变量替代。Zimmerman[1]

---

[1] Zimmerman, J. L.. Taxes and Firm Size [J]. Journal of Accounting and Economics, 1983 (5): 119-149.

(1983)、Daley 等[①]（1983）、乔永波等[②]（2005）、刘斌等[③]（2006）将企业规模作为企业政治成本的替代指标之一。此外，第一大股东持股性质、行业垄断性也可以作为政治成本的替代变量。如苏文兵等[④]（2011）选择了政治成本的三个替代变量，分别是企业规模、第一大股东持股性质和行业垄断性。罗斯·L·瓦茨等（2006）在《实证会计理论》一书中提出政治成本的替代变量有四个，分别是企业"规模"、"风险"、"资本密集化"、"集中程度"，其中集中程度也称集中比率，为了反映某一行业的竞争水平，其被定义为"该行业中若干最大企业的销售额占该行业总销售额的百分比"[⑤]。可见，政治成本的替代变量通常是一组指标。这是因为"会计程序差异的研究便只好借助互不关联的独立变量来替代相互抵消的选择动机以及对变量的选择效应变动方向的检验"[⑥]（罗斯·L·瓦茨等，2006）。

本书选取两个指标量化政治成本：一是企业规模。大企业往往是公众和媒体关注的焦点，是监管部门监管和调控的重点对象，因此，大型企业所受到的政治压力要远高于其他企业，在同等条件下，企业规模越大，其可能面临的政治成本也越高。根据 Zimmerman[⑦]（1983）和 Daley[⑧] 等（1983）的研究发现，以总资产、净资产或者销售净额的自然对数反映企业规模，替代政治成本的效果是一致的。本书选取期末总资产的自然对数表示企业规模。二是企业股权性质，即第一大股东持股性质。我国国有上市公司的前身多是国有企业，公司的经理和董事长一般是企业的主管政府部门任命，公司经营状况直接决定了经营者的政治前程，他们的政治敏感度很强，所以国有股权性

[①] Lane A. Daley, Robert L. Vigeland. The effects of debt covenants and political costs on the choice of accounting methods: the case of accounting for R&D costs [J]. Journal of Accounting and Economics, 1983 (3): 195-211.

[②] 乔永波, 闫予磊, 王宾. 关于政治成本影响企业会计政策选择的实证研究 [J]. 财会月刊, 2005 (20): 42-45.

[③] 刘斌, 胡媛. 组合会计政策选择的契约动因研究 [J]. 财贸研究, 2006 (2): 140-145.

[④] 苏文兵, 徐东辉, 梁迎弟. 经理自主权、政治成本与 R&D 投入 [J]. 财贸研究, 2011 (3): 136-146.

[⑤] 罗斯·L·瓦茨等著. 实证会计理论 [M]. 陈少华等译. 大连：东北财经大学出版社, 2006: 154-155.

[⑥] 罗斯·L·瓦茨等著. 实证会计理论 [M]. 陈少华等译. 大连：东北财经大学出版社, 2006: 154.

质的上市公司所面临的政治成本要高于非国有股权性质的上市公司。为此，本书设置企业股权性质哑变量，当上市公司是国有股权时记为1，否则记为0。其中，国有股权的定义为：上市公司第一控制人为国家单位、国有独资或国有控股企业，并且国有股权持股比例达到30%及其以上。

6.1.3.5 代理成本

通常，选取管理费用率、营业费用率和总资产周转率指标作为代理成本替代变量。Ang 等[①] (2000) 认为代理成本可用企业经营费用率（包括管理费用率、营业费用率和财务费用率）和总资产周转率指标计量。吕长江等[②] (2002) 则指出财务费用中的利息净支出、汇兑损失及手续费等与代理成本的关系并不密切，为此，他们认为代理成本可用管理费用率、营业费用率和总资产周率指标计量。宋力、韩亮亮[③] (2005) 对代理成本的替代变量做了更进一步选择，指出营业费用中的运输费、装卸费和包装费等与代理成本的本质并无密切联系，因此，仅选取管理费用率与总资产周转率指标反映企业的代理成本变量。类似的成果还有 Singh 等 (2003)[④]、肖作平和陈德胜 (2006)[⑤]。

但是，本书中的代理成本与企业的税务筹划行为相关，如企业资产重组税务筹划时，一个企业被分立为几个子公司或分公司后，由于管理机构与人员的增加造成多层委托代理关系以及各利益相关者之间的信息不对称问题，从而提高了代理人进行逆向选择和道德风险的概率，增加了可能产生的监管成本和潜在损失，即为代理成本。因此，本书选用公司集团化程度（GROUP）度量代理成本，当上市公司为企业集团时，GROUP 取值为1，否则取值为0。

---

① J. S. Ang, R. A. Cole, J. W. Lin. Agency Cost and Ownership Structure [J]. Journal of Finance, 2000 (1): 81 – 106.

② 吕长江，张艳秋. 代理成本的计量及其与现金股利之间的关系 [J]. 理财者, 2002 (4): 15 – 28.

③ 宋力，韩亮亮. 大股东持股比例对代理成本影响的实证分析 [J]. 南开管理评论, 2005 (1): 30 – 34.

④ Singh, M., Davidson III, W. N.. Agency costs, Ownership Structure and Corporate Government Mechanisms [J]. Journal of Banking and Finance, 2003 (27): 83 – 90.

⑤ 肖作平，陈德胜. 公司治理结构对代理成本的影响——来自中国上市公司的经验证据 [J]. 财贸经济, 2006 (12): 10 – 15.

6.1.3.6 违规成本

违规成本指的是企业在缴纳税款过程中，由于主观或客观原因而违反税收法律规定所发生的一系列费用开支。根据目前税收征收管理法规定，对违反税收法律规定，"不缴或者少缴应纳税款的"，"由税务机关追缴其不缴或者少缴的税款、滞纳金，并处不缴或者少缴的税款 50% 以上 5 倍以下的罚款"。上述滞纳金和罚款金额远远高于不缴或者少缴的税款额，构成了企业的违规成本。违规成本的高低可通过企业违反税收法律规定而受到税务处罚的次数及处罚金额予以反映，企业接受的税务处罚的次数越多、处罚的金额越大，其违规成本越高。本书设置了税务处罚（PENAL1）哑变量和税务处罚程度（PENAL2）两个指标反映上市公司违约成本的高低。若上市公司受到税务处罚，则 PENAL1 取值为 1，否则取值为 0。PENAL2 表示上市公司所受税务处罚程度的大小，用税务处罚金额的自然对数表示。

6.1.3.7 税收遵从成本

税收遵从成本是上市公司为遵从税收法律规定，因缴纳税款活动所发生的除税款之外的费用开支。由于税收遵从成本的构成复杂和数据收集困难，从而其计量比较难以操作，尤其是其中的时间成本和心理成本，国际上普遍采用的计量方式是根据税收遵从成本的构成进行走访调查测算或者人为估计。根据税收遵从成本的基本构成，本书认为税收遵从成本的大小主要与以下因素相关：

（1）企业主体税种的规模与差异。一般而言，企业主体税种规模越大，课税种类越多，所花费的货币成本、时间成本或心理成本越高，税收遵从成本也就越高。此外，企业课税种类存在差异也会导致不同的税收遵从成本。

（2）各税种应纳税额计算的烦琐程度。如印花税的应纳税额计算相对简单，而增值税或企业所得税的应纳税额较为复杂，因此，缴纳印花税的税收遵从成本要远低于缴纳增值税或企业所得税的税收遵从成本。

（3）纳税申报方式的便捷程度。根据税收征收管理法的规定，我国纳税申报方式有直接申报、邮寄申报和数据电文。具体的纳税申报方式可以分为网上申报、电话申报、邮寄申报、到银行申报(入库代申报)、上门申报等形式。不同纳税申报方式的便捷程度存有差异,企业选择或必须采用不同纳税申报方式,所产生的税收遵从成本也大相径庭。

因下面研究主要考虑企业所得税,所以不涉及企业主体税种的规模与差异、各税种应纳税额计算的烦琐程度、纳税申报方式的便捷程度的影响。本章在计量税收遵从成本时,主要考虑的企业全年应纳税所得额的大小,选用税款规模(TCC)指标度量上市公司税收遵从成本,具体计算公式为:

$$TCC = \text{Ln}(全年应纳税款的绝对值) = \text{Ln}(全年企业所得税应纳税所得额的绝对值)$$

需要说明的是:交易成本也属于非税成本。但交易成本主要是由于市场的不完备性所产生,在不完备市场条件下,只要存在交易行为就会产生交易成本,但考虑到所选取的A股上市公司处于同一市场化经济背景下,公司面临的交易成本相当,为此不予考虑。

6.1.4 因子分析

本书借助SPSS18.0统计软件,对A股上市公司5156个研究样本进行非税成本因子分析。

6.1.4.1 变量标准化与因子分析可行性检验

对上述16个非税成本研究变量进行标准化处理,以消除量纲对指标的影响,生成16个标准化的非税成本变量——Zscore(FLEV)、Zscore(DEBT)、Zscore(COT)、Zscore(BTB)、Zscore(TA1)、Zscore(TA2)、Zscore(LOSS)、Zscore(ST)、Zscore(*ST)、Zscore(PT)、Zscore(SIZE)、Zscore(STATE)、Zscore(GROUP)、Zscore(PENAL1)、Zscore(PENAL2)和Zscore(TCC)。因子分析的作用主要是为了避免指标之间的相关性所引起的权重偏倚,因此,使用因子分析的前提是非税成本研究变量之间应具有较强的相关关系,通常需要进行因子分析可行性检验。采用KMO检验(Kaiser-Meyer-Olikin)和巴特利球形检验(Bartlett's Test of Sphericity)判断各非税成本变量采用因子分析的合适程度,其检验结果如表6.2所示。

表 6.2　　　　　　　　　KMO 检验和巴特利球形检验

样本足够度的 Kaiser-Meyer-Olikin 度量		0.560
Bartlett 的球形度检验	近似卡方	20 066.014
	df	120
	Sig.	0.000

资料来源：作者编制。

KMO 检验主要考察非税成本研究变量之间的偏相关性，检验结果为 0.560 大于 0.5，基本可以进一步做因子分析。Bartlett 的球形度检验统计量的 Sig. 值为 0.000，小于 0.01 的显著性水平，由此否定了相关矩阵为单位矩阵的零假设，认为非税成本各变量间存在显著的相关性。综合 KMO 检验和 Bartlett 的球形度检验结果可知，非税成本的 16 个研究变量之间存在相关性，可进一步进行因子分析。

6.1.4.2　因子确定与识别

表 6.3 列示了公因子对初始变量方差的提取情况，反映了变量的共同度。由公因子方差结果可知，非税成本各研究变量的方差提取基本上都达到 60% 左右，因此，公因子对非税成本各研究变量的解释效果大体可以接受。

表 6.3　　　　　　　　　　　公因子方差

变　量	初　始	提　取
FLEV	1.000	0.594
DEBT	1.000	0.578
COT	1.000	0.590
BTB	1.000	0.547
TA1	1.000	0.880
TA2	1.000	0.880
LOSS	1.000	0.540
ST	1.000	0.603
*ST	1.000	0.642
PT	1.000	0.536

续表

变 量	初 始	提 取
SIZE	1.000	0.702
STATE	1.000	0.305
GROUP	1.000	0.623
PENAL1	1.000	0.904
PENAL2	1.000	0.903
TCC	1.000	0.686

提取方法：主成分分析

资料来源：作者编制。

表6.4列示了方差解释表，表中所列示的"旋转平方和载入"为已旋转后的新公因子方差贡献值、方差贡献率和累计方差贡献率。由该表可见，前7个公因子的特征值都大于1，并且解释的累计方差达到了65.709%，可以说明总体近70%的信息可以由前7个公因子解释。由公因子的特征值可知，提取的因子数为7个。由于SPSS18.0软件在抽取时选用的是主成分分析，因此，所抽取的因子即为非税成本的主成分。

表6.4　　　　　　　　　　方差解释表

成分	初始特征值			提取平方和载入			旋转平方和载入		
	合计	方差的%	累计%	合计	方差的%	累计%	合计	方差的%	累计%
1	2.446	15.286	15.286	2.446	15.286	15.286	1.882	11.764	11.764
2	1.807	11.292	26.577	1.807	11.292	26.577	1.807	11.294	23.059
3	1.762	11.015	37.592	1.762	11.015	37.592	1.762	11.015	34.074
4	1.285	8.033	45.625	1.285	8.033	45.625	1.374	8.586	42.660
5	1.112	6.948	52.574	1.112	6.948	52.574	1.325	8.278	50.938
6	1.077	6.733	59.307	1.077	6.733	59.307	1.244	7.773	58.711
7	1.024	6.402	65.709	1.024	6.402	65.709	1.120	6.997	65.709
8	0.968	6.049	71.758						
9	0.960	6.000	77.758						
10	0.876	5.476	83.235						

续表

成分	初始特征值			提取平方和载入			旋转平方和载入		
	合计	方差的%	累计%	合计	方差的%	累计%	合计	方差的%	累计%
11	0.798	4.985	88.220						
12	0.606	3.784	92.004						
13	0.508	3.176	95.180						
14	0.341	2.131	97.311						
15	0.238	1.488	98.800						
16	0.192	1.200	100.00						

提取方法：主成分分析

根据方差解释表内初始特征值中的方差贡献值绘制碎石图，如图6.1所示，可见，非税成本第一个公因子的方差解释贡献最大，随后的公因子方差贡献趋于平缓。

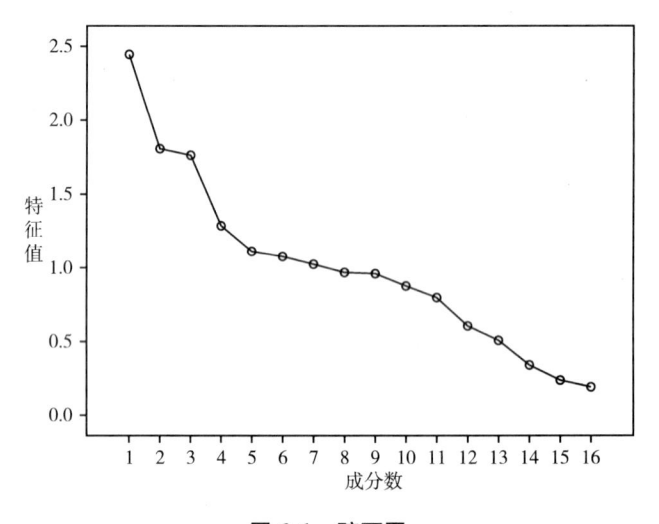

图6.1 碎石图

表6.5为因子成分矩阵，即载荷矩阵。

表 6.5　　　　　　　　　　　　因子成分矩阵

变量	成分						
	1	2	3	4	5	6	7
FLEV	0.316	-0.020	-0.033	0.679	-0.021	0.099	0.145
DEBT	0.244	-0.013	-0.029	0.652	0.135	0.086	0.259
COT	-0.019	-0.001	0.038	0.108	0.043	-0.104	-0.751
BTB	-0.502	0.014	-0.017	0.172	0.247	0.448	0.045
TA1	0.068	-0.020	0.935	0.009	0.027	0.018	0.21
TA2	0.059	-0.020	0.935	0.013	0.025	0.018	0.020
LOSS	0.583	-0.016	-0.063	-0.138	0.412	-0.071	0.047
ST	0.458	0.007	-0.041	-0.379	0.159	0.266	0.390
*ST	0.0331	-0.026	-0.035	0.213	0.557	-0.360	-0.214
PT	0.298	-0.020	-0.019	0.313	-0.496	0.263	-0.184
SIZE	-0.758	0.009	-0.001	0.077	0.319	0.134	0.038
STATE	-0.085	-0.008	0.004	0.039	0.418	0.313	-0.151
GROUP	-0.233	0.017	0.021	0.168	-0.038	-0.664	0.312
PENAL1	0.049	0.949	0.016	0.012	0.013	0.008	0.001
PENAL2	0.021	0.950	0.019	0.016	-0.002	-0.002	-0.017
TCC	-0.799	0.022	0.041	0.120	-0.017	-0.129	0.119

提取方法：主成分分析　　　　　　　　　　　　提取主成分：7个

资料来源：作者编制。

6.1.4.3　因子旋转

为使每个指标仅在一个公共因子上有较大的载荷，而在其余公共因子上的载荷较小，以获取非税成本主成分的实际意义，采用方差最大化正交旋转法进行因子旋转，因子旋转成分载荷矩阵如表 6.6 所示。经因子旋转后的矩阵显示，每个非税成本变量主要与某一个因子相关，见表 6.6 中加粗的数值。

表6.6　　　　　　　　　　　因子旋转成分矩阵

变量	成分 1	2	3	4	5	6	7
SIZE	**0.803**	-0.013	-0.026	-0.135	-0.086	0.155	0.078
BTB	**0.698**	0.004	-0.022	0.088	-0.149	-0.168	-0.017
TCC	**0.586**	-0.005	-0.004	-0.132	-0.315	0.457	0.135
PENAL1	-0.009	**0.950**	0.000	0.006	0.008	-0.004	-0.015
PENAL2	0.000	**0.950**	0.000	-0.004	-0.010	0.009	0.012
TA1	-0.019	0.000	**0.938**	0.001	-0.002	-0.004	0.004
TA2	-0.013	0.000	**0.938**	0.002	-0.007	0.000	0.009
FLEV	-0.084	-0.001	-0.001	**0.765**	0.043	-0.014	0.017
DEBT	0.052	0.004	0.007	**0.739**	0.137	0.048	-0.092
LOSS	-0.278	0.004	-0.015	0.047	**0.607**	-0.188	-0.239
*ST	-0.070	-0.007	-0.005	0.173	**0.744**	0.086	0.216
PT	-0.350	-0.007	-0.018	0.388	**-0.369**	-0.296	0.198
GROUP	-0.016	0.004	0.001	0.036	0.045	**0.787**	-0.001
STATE	0.382	-0.003	0.020	0.022	0.235	**-0.318**	0.040
COT	-0.042	0.009	0.015	-0.103	0.151	-0.186	**0.721**
ST	-0.209	0.015	0.005	-0.068	0.195	-0.308	**-0.649**

提取方法：主成分分析

因子旋转方法：具有Kaiser标准化的正交旋转法，旋转在12次迭代后收敛

资料来源：作者编制。

6.1.4.4　因子得分

因子得分的估计方法有加权最小二乘法、回归法等，其应用较为广泛的是Thomson于1939年提出的回归方法。假设Factor1、Factor2、Factor3、Factor4、Factor5、Factor6和Factor7代表非税成本主成分的因子得分。采用回归法计算非税成本因子得分，结合成分得分系数矩阵。因子得分系数矩阵如表6.7所示。

表 6.7　　　　　　　　　　成分得分系数矩阵

变量	成分 1	2	3	4	5	6	7
SIZE	0.440	-0.002	-0.002	-0.015	0.071	0.006	-0.012
BTB	0.442	0.007	0.000	0.138	-0.039	-0.251	-0.078
TCC	0.226	0.001	0.005	-0.010	-0.124	0.277	0.029
PENAL1	0.004	0.526	0.000	0.004	0.004	-0.002	-0.008
PENAL2	0.002	0.526	0.000	-0.002	-0.006	0.005	0.015
TA1	0.005	0.000	0.532	0.002	-0.001	-0.001	-0.005
TA2	0.007	0.000	0.532	0.004	-0.004	0.001	-0.002
FLEV	0.029	0.000	0.000	0.568	-0.024	0.029	0.009
DEBT	0.126	0.003	0.009	0.561	0.073	0.077	-0.103
LOSS	-0.030	0.000	-0.008	-0.031	0.429	-0.063	-0.153
*ST	0.051	-0.003	-0.003	0.076	0.609	0.132	0.236
PT	-0.209	-0.005	-0.019	0.268	-0.391	-0.234	0.205
GROUP	-0.109	0.001	0.001	0.052	0.091	0.689	-0.048
STATE	0.313	0.002	0.019	0.027	0.227	-0.313	0.033
COT	-0.054	0.008	0.000	-0.115	0.149	-0.193	0.693
ST	-0.004	0.004	0.007	-0.080	0.077	-0.185	-0.550

提取方法：主成分分析

因子旋转方法：具有 Kaiser 标准化的正交旋转法

资料来源：作者编制。

Factor1、Factor2、Factor3、Factor4、Factor5、Factor6 和 Factor7 各因子得分计算公式如下：

$$\begin{aligned}
Factor1 = & 0.440 \times SIZE + 0.442 \times BTB + 0.226 \times TCC + 0.004 \times PENAL1 \\
& + 0.002 \times PENAL2 + 0.005 \times TA1 + 0.007 \times TA2 \\
& + 0.029 \times FLEV + 0.126 \times DEBT - 0.030 \times LOSS \\
& + 0.051 \times {}^*ST - 0.209 \times PT - 0.109 \times GROUP \\
& + 0.313 \times STATE - 0.054 \times COT - 0.004 \times ST
\end{aligned}$$

$$Factor2 = -0.002 \times SIZE + 0.007 \times BTB + 0.001 \times TCC + 0.526 \times PENAL1$$
$$+ 0.526 \times PENAL2 + 0.000 \times TA1 + 0.000 \times TA2$$
$$+ 0.000 \times FLEV + 0.003 \times DEBT + 0.000 \times LOSS$$
$$- 0.003 \times {}^*ST - 0.005 \times PT + 0.001 \times GROUP$$
$$+ 0.002 \times STATE + 0.008 \times COT + 0.004 \times ST$$

$$Factor3 = -0.002 \times SIZE + 0.000 \times BTB + 0.005 \times TCC + 0.000 \times PENAL1$$
$$+ 0.000 \times PENAL2 + 0.532 \times TA1 + 0.532 \times TA2$$
$$+ 0.000 \times FLEV + 0.009 \times DEBT - 0.008 \times LOSS$$
$$- 0.003 \times {}^*ST - 0.019 \times PT + 0.001 \times GROUP$$
$$+ 0.019 \times STATE + 0.000 \times COT + 0.007 \times ST$$

$$Factor4 = -0.015 \times SIZE + 0.138 \times BTB - 0.010 \times TCC + 0.004 \times PENAL1$$
$$- 0.002 \times PENAL2 + 0.002 \times TA1 + 0.004 \times TA2$$
$$+ 0.568 \times FLEV + 0.561 \times DEBT - 0.031 \times LOSS$$
$$+ 0.076 \times {}^*ST + 0.268 \times PT + 0.052 \times GROUP$$
$$+ 0.027 \times STATE - 0.115 \times COT - 0.080 \times ST$$

$$Factor5 = 0.071 \times SIZE - 0.039 \times BTB - 0.124 \times TCC + 0.004 \times PENAL1$$
$$- 0.006 \times PENAL2 - 0.001 \times TA1 - 0.004 \times TA2$$
$$- 0.024 \times FLEV + 0.073 \times DEBT + 0.429 \times LOSS$$
$$+ 0.609 \times {}^*ST - 0.391 \times PT + 0.091 \times GROUP$$
$$+ 0.227 \times STATE + 0.149 \times COT + 0.077 \times ST$$

$$Factor6 = 0.006 \times SIZE - 0.251 \times BTB + 0.277 \times TCC - 0.002 \times PENAL1$$
$$+ 0.005 \times PENAL2 - 0.001 \times TA1 + 0.001 \times TA2$$
$$+ 0.029 \times FLEV + 0.077 \times DEBT - 0.063 \times LOSS$$
$$+ 0.132 \times {}^*ST - 0.234 \times PT + 0.689 \times GROUP$$
$$- 0.313 \times STATE - 0.193 \times COT - 0.185 \times ST$$

$$Factor7 = -0.012 \times SIZE - 0.078 \times BTB + 0.029 \times TCC - 0.008 \times PENAL1$$
$$+ 0.015 \times PENAL2 - 0.005 \times TA1 - 0.002 \times TA2$$
$$+ 0.009 \times FLEV - 0.103 \times DEBT - 0.153 \times LOSS$$

$$+ 0.236 \times {}^{*}ST + 0.205 \times PT - 0.048 \times GROUP$$
$$+ 0.033 \times STATE + 0.693 \times COT - 0.550 \times ST$$

6.1.5 非税成本指数构建与实际分析

6.1.5.1 构建非税成本指数

非税成本指数的构建需要根据非税成本研究变量的7个公因子的得分进行加权求和。通常，加权求和的权数选取因子的方差贡献值或贡献率。本书选择公因子的方差贡献率作为计算非税成本指数的权重。

根据表6.4方差解释表中"旋转平方和载入"一栏的"方差的%"可知，非税成本7个公因子的方差贡献率分别为11.764%、11.294%、11.015%、8.586%、8.278%、7.773%和6.997%。因此，非税成本指数的计算公式为：

$$\begin{aligned}Z\text{-nontax costs} =\ &11.764\% \times Factor1 + 11.294\% \times Factor2 \\&+ 11.015\% \times Factor3 + 8.586\% \times Factor4 \\&+ 8.278\% \times Factor5 + 7.773\% \times Factor6 \\&+ 6.997\% \times Factor7\end{aligned}$$

其中，Z-nontax costs 为非税成本指数，即非税成本综合得分；$Factor_{(1\sim7)}$ 为非税成本公因子。

6.1.5.2 非税成本指数的实际分析

运用上述主成分因子得分公式和非税成本指数构建公式，计算样本上市公司的非税成本主成分的因子和非税成本指数。

非税成本各主成分因子分布情况见表6.8。非税成本主成分因子描述性统计显示，非税成本7个公因子的取值范围都较大，但其均值基本都接近0，可认为其分布较均匀。

表6.8 非税成本各主成分因子分布情况

	因子	Factor1	Factor2	Factor3	Factor4	Factor5	Factor6	Factor7
2007年	均值	-0.1024	-0.0208	0.0554	0.0624	-0.1061	0.0417	0.0215
	标准差	0.8477	0.0106	1.2079	1.6308	0.9122	1.0197	0.7217
	最大值	8.6758	0.1594	42.1218	46.6080	4.9528	4.3992	2.1879
	最小值	-3.7884	-0.0728	-2.2496	-1.1083	-4.9789	-6.9874	-5.6695
2008年	均值	-0.1511	-0.0022	0.0035	0.0035	0.0859	-0.0239	-0.0116
	标准差	0.8704	0.6804	0.1616	0.9386	1.0372	1.0149	0.7107
	最大值	5.3056	23.8308	0.8304	24.5168	5.6805	1.4217	1.9253
	最小值	-4.8690	-0.0833	-3.3761	-1.2097	-3.6663	-7.0172	-3.4484
2009年	均值	-0.0515	0.0180	0.0013	-0.0015	0.0431	-0.0182	0.0054
	标准差	0.9366	1.3728	0.3586	0.9177	0.9444	0.9782	0.7264
	最大值	5.2676	48.1617	1.9752	23.4798	5.0699	1.2274	2.0978
	最小值	-4.1013	-0.0748	-11.0707	-1.2138	-3.7561	-7.3092	-3.4023
2010年	均值	0.1005	0.0261	0.0163	-0.0274	-0.0301	-0.0062	0.0280
	标准差	1.0596	1.6310	0.0887	0.5606	0.9967	0.9436	0.6525
	最大值	11.0818	57.1341	0.9228	9.1049	5.6328	1.2663	2.1456
	最小值	-4.3067	-0.0804	-1.7780	-1.2008	-3.8812	-7.2305	-3.2650
2011年	均值	0.2056	-0.0209	-0.0769	-0.0376	0.0080	0.0063	-0.0436
	标准差	1.2028	0.0214	1.8338	0.5329	1.0912	1.0410	1.7407
	最大值	19.0755	0.2427	4.1654	7.8482	5.6318	14.0970	2.0881
	最小值	-4.3286	-0.6107	-45.2338	-1.2322	-11.3932	-9.0541	-54.6792

资料来源：作者编制。

非税成本指数基本上可反映上市公司非税成本状况，其分年度分布情况见表6.9所示。

表6.9 非税成本指数分年度分布情况

年度	均值	标准差	最大值	最小值
2007年	-0.0070	0.2610	4.8469	-0.8507
2008年	-0.0129	0.2005	2.4540	-0.8507
2009年	-0.0015	0.2469	5.5394	-1.1372
2010年	0.0132	0.2605	6.4137	-1.0427
2011年	0.0082	0.2868	1.6440	-4.8853

资料来源：作者编制。

非税成本指数表示上市公司所负担的非税成本的高低，由非税成本指数分年度描述性统计可知，非税成本指数的最大值为 6.4137，最小值为 -4.8853。非税成本指数反映了上市公司负有非税成本情况，非税成本指数（Z-nontax costs）取值越高，表示企业所面临的非税成本也越大。

6.2 税收成本、非税成本与企业绩效的实证检验

由于非税成本中部分项目仅与所得税成本相关，并且所得税成本（即所得税有效税率）数据具有一定的可靠性和易获取性，为此，本章在实证检验税收成本、非税成本与企业绩效的关系时仅考虑企业所得税成本，而对其他税收成本不予分析。

本部分的研究思路主要从两方面进行：第一，在第 5 章原有的税收成本与企业绩效计量模型基础上，引入各项非税成本研究变量，分析税收成本对企业绩效的影响程度是否发生改变，如果引入非税成本后的计量模型与未引入非税成本前的计量模型的估计参数或显著性发生变化，则说明税收成本和非税成本共同影响了企业的绩效；第二，在本章的计量模型中，引入税收成本和非税成本的交叉变量，借以考察两者对企业绩效的共同影响问题。

6.2.1 研究假设

在分析税收成本与企业绩效关系的基础上，兼顾非税成本因素，以考察税收成本、非税成本与企业绩效的关系。非税成本是因纳税活动所附带产生的显性和隐性费用开支，有些是实际发生的，有些是未来可能发生的潜在成本。非税成本必然会对企业绩效产生一定影响。通常，当企业面临的非税成本，尤其是财务报告成本较高时，将更可能采取较为保守的税务筹划策略，以向政府支付更多的税收成本为代价，目的是追求会计账面利润的最大化，借以控制企业的非税成本发生。因此，企业的非税成本与其账面会计利润存在一定的正向关系。账面会计利润的高低能基本反映包括每股收益（EPS）、净资产收益率（ROE）在内的利润指标大小。一般，当账面会计利润较高时，每股收益和净资产收益率等利润指标也会较大；反之亦然。通过非税成本与

账面会计利润的反向关系推断，非税成本与企业一般利润指标（如每股收益、净资产收益率等）也存在一定的正相关关系，即企业面临的非税成本较高时，每股收益、净资产收益率等企业绩效指标也较大，反之亦然。以权责发生制为核算基础的账面利润与以收付实现制为核算基础的现金流量之间不存在必然的因果关系，非税成本主要与企业账面会计利润存在相关关系，因此，以收付实现制为核算基础的现金流量指标与非税成本之间不存在相关关系。

综合以上分析，本书提出如下假设，借以证明税收成本、非税成本与企业绩效的关系：

假设6-1：税收成本与企业绩效中利润指标之间为负相关关系；非税成本与企业绩效中利润指标之间为正相关关系；为平衡税收成本与非税成本对企业绩效中利润指标的影响，企业绩效中利润指标的选择需要权衡税收成本与非税成本，即税收成本与非税成本共同对企业绩效中利润指标存在影响。

假设6-2：税收成本与企业绩效中现金流量指标之间为负相关关系；非税成本与企业绩效中现金流量指标之间不存在相关关系；企业绩效中现金流量指标的选择不需要权衡税收成本与非税成本。

6.2.2 变量选择与模型构建

第5章中已分析了税收成本和企业绩效的变量选择，本章直接采用原有变量，将非税成本指数变量引入模型，从而保证了前后研究内容的可比性。

6.2.2.1 变量设计

税收成本、非税成本与企业绩效研究所涉及的主要变量如表6.10所示。

表6.10　　　　税收成本、非税成本与企业绩效研究变量定义

变	量	变量名	定义
被解释变量	每股收益	EPS	净利润/普通股股数
	净资产收益率	ROE	（净利润－非经常性损益）÷本期平均净资产
	每股经营活动现金流量净额	NCFPS	经营活动现金净流量÷期末普通股股数

续表

变量		变量名	定义
解释变量	所得税有效税率	ETR	本期应付所得税÷本期税前会计利润
	非税成本指数	Z-nontax	根据因子分析确定
	税与非税交叉项	ETR × Z-nontax	ETR 与 Z-nontax 的乘积
控制变量	企业规模	SIZE	LN（总资产）
	资本密集度	CINT	年末固定资产净值占总资产的比重
	存货密集度	IINT	年末存货占总资产的比重
	速动比率	QCKRT	（流动资产－存货）÷流动负债
	行业变量	INDUSTRY$_i$	根据上市公司分别所属行业的 12 个行业，设定 11 个行业变量

资料来源：作者编制。

6.2.2.2 模型构建

Scholes 等（1992）提出非税成本概念后，一些学者开始研究税与非税因素（即税收成本与非税成本）的权衡问题。其中，两种比较有代表性观点如下：

第一种观点：模型中同时考虑税收成本与非税成本，代表成果有 Scholes 等[①]（1992）、Matsunaga 等[②]（1992）的研究模型。模型如下：

$$Y = \beta_0 + \beta_1 TC + \beta_2 NTC + \varepsilon \tag{6.1}$$

其中，Y 为拟研究的被解释变量，TC 为税收成本，NTC 为非税成本，ε 为随机误差项。根据该观点分析，若 β_1 显著，则表明税收成本 TC 影响了被解释变量 Y；若 β_2 显著，则表明非税成本 NTC 影响了被解释变量 Y；如果 β_1 和 β_2 同时显著，则说明企业权衡了税收成本与非税成本，税收成本和非税成本对被解释变量 Y 有共同影响。

---

① 英译本。迈伦·斯科尔斯，马克·沃尔夫森，默尔·埃里克森，爱德华·梅杜，特里·谢富林. 税收与企业战略 [M]. 张雁翎, 主译. 北京：中国财政经济出版社，2004：54－134.
② Steve Matsunaga, Terry Shevlin and D. Shores Disqualifying dispositions of incentive stock options: tax benefits versus financial reporting costs [J]. Journal of Accounting Research, 1992 (30)：37－76.

第二种观点:模型中在考虑税收成本与非税成本的同时,还引入了税收成本与非税成本的交叉项,以反映税收成本与非税成本的权衡问题,代表性成果有 Shackelford 和 Shevlin[①]（2001）、盖地和胡国强[②]（2012）。模型设计如下:

$$Y = \beta_0 + \beta_1 TC + \beta_2 NTC + \beta_3 TC \times NTC + \varepsilon \qquad (6.2)$$

其中,Y 为拟研究的被解释变量,TC 为税收成本,NTC 为非税成本,$TC \times NTC$ 为税收成本与非税成本的交叉项,ε 为随机误差项。若该模型中 β_3 显著,则表明企业权衡了税收成本与非税成本,税收成本和非税成本对被解释变量 Y 有共同影响。

本书相对支持第二种观点,根据第 5 章所得税成本与企业绩效的实证检验模型,引入非税成本因素,并增加税收成本与非税成本交叉项,借以分析税收成本、非税成本对企业绩效的影响,相关回归模型构建如下:

模型（Ⅰ）:

$$EPS = \beta_0 + \beta_1 ETR + \beta_2 Z\text{-nontax} + \beta_3 ETR \times Z\text{-nontax} + \delta \qquad (6.3)$$

模型（Ⅱ）:

$$EPS = \beta_0 + \beta_1 ETR + \beta_2 Z\text{-nontax} + \beta_3 ETR \times Z\text{-nontax} + \beta_4 CINT \\ + \beta_5 IINT + \sum_{i=1}^{11} \eta_i INDUSTRY_i + \varphi \qquad (6.4)$$

模型（Ⅲ）:

$$ROE = \beta_0 + \beta_1 ETR + \beta_2 Z\text{-nontax} + \beta_3 ETR \times Z\text{-nontax} + \sigma \qquad (6.5)$$

模型（Ⅳ）:

$$ROE = \beta_0 + \beta_1 ETR + \beta_2 Z\text{-nontax} + \beta_3 ETR \times Z\text{-nontax} \\ + \beta_4 CINT + \sum_{i=1}^{11} \eta_i INDUSTRY_i + \mu \qquad (6.6)$$

---

① 英译本。科塔里,利斯,斯金纳等. 当代会计研究:综述与评论 [M]. 辛宇等,译. 北京:中国人民大学出版社,2009:234-296.

② 盖地,胡国强. 税收规避与财务报告成本的权衡研究——来自中国 2008 年所得税改革的证据 [J]. 会计研究,2012（3）:20-25.

模型（Ⅴ）：

$$NCFPS = \beta_0 + \beta_1 ETR + \beta_2 Z\text{-nontax} + \beta_3 ETR \times Z\text{-nontax} + \rho \quad (6.7)$$

模型（Ⅵ）：

$$NCFPS = \beta_0 + \beta_1 ETR + \beta_2 Z\text{-nontax} + \beta_3 ETR \times Z\text{-nontax} \\ + \beta_4 QCKRT + \sum_{i=1}^{11} \eta_i INDUSTRY_i + \omega \quad (6.8)$$

上述计量模型中，模型（Ⅰ）和模型（Ⅱ）用于检验所得税成本和非税成本对每股收益的影响；模型（Ⅲ）和模型（Ⅳ）用于检验所得税成本和非税成本对净资产收益率的影响；模型（Ⅴ）和模型（Ⅵ）用于检验所得税成本和非税成本对每股经营活动现金流量净额的影响。其中，β_0、β_1、β_2、β_3、β_4、β_5 以及 η_i（$i=1, 2, \cdots, 11$）为待估计的参数，δ、φ、σ、μ、ρ、ω 为随机误差项。

6.2.3 数据来源与样本选择

6.2.3.1 数据来源

数据来源于上市公司年报数据来自中国经济金融数据库（CCER）、锐思数据库（RESSET）和国泰安数据库（CSMAR）。其中，所得税有效税率（ETR）、非税成本指数数据来源于 RESSET 数据库，其他数据来源于 CCER 数据库和 CSMAR 数据库。

6.2.3.2 样本选择

为了研究数据的完整性，本书选取 2007 年 1 月 1 日之前在我国 A 股证券交易所上市的公司为初始样本，包括上海证券交易所 A 股和深圳证券交易所 A 股。样本选取区间为 2007 年至 2011 年。样本在具体选择时，剔除以下上市公司：

（1）考虑金融行业上市公司的业务特殊，并且其适用的金融行业会计准则与其他行业不同，为此，遵从研究惯例，将金融类上市公司予以剔除。

（2）剔除在 2007 年至 2011 年研究期间内所有 ST*、S*ST 的公司。

（3）剔除存在数据缺失的上市公司。

根据以上原则确定了5 021个研究样本，涉及11个行业。

6.2.4 描述性统计与Pearson相关分析

6.2.4.1 描述性统计

所得税成本、非税成本与企业绩效实证研究主要变量的统计特征，如表6.11所示。研究样本反映企业所得税有效税率（ETR）的均值和中值分别为23.51%和20.25%，表明企业平均实际税率比名义所得税税率（即25%）略低。非税成本指数（Z-nontax）的均值和中值分别为0.0111和0.0023，可见非税成本指数取值相对较低。

表6.11 所得税成本、非税成本与企业绩效实证研究主要变量的统计特征

变量	样本	均值	中值	最大值	最小值	标准差
EPS	5 021	0.3723	0.2500	2.1600	0.0100	0.3895
ROE	5 021	0.1039	0.0858	0.4380	0.0037	0.0826
NCFPS	5 021	0.4200	0.3300	3.7964	-2.3400	0.8523
ETR	5 021	0.2351	0.2025	1.9425	-1.2239	0.3333
Z-nontax	5 021	0.0111	0.0023	0.3811	-0.3746	0.1145
ETR × Z-nontax	5 021	0.0040	0.1484	0.1165	-0.1044	0.0311
CINT	5 021	0.2613	0.2293	0.7722	0.0020	0.1830
IINT	5 021	0.1920	0.1484	0.7714	0.0000	0.1721
QCKRT	5 021	1.0989	0.8096	7.1524	0.1172	1.0644

资料来源：作者根据Stata11.0输出结果整理。

6.2.4.2 Pearson相关分析

为了确定研究变量之间是否存在线性关系，本书对所得税成本、非税成本、企业绩效等主要研究变量进行Pearson相关分析，相关系数矩阵如表6.12所示。由相关系数矩阵可知，每股收益（EPS）、净资产收益率（ROE）与所得税有效税率（ETR）之间Pearson相关系数分别-0.1183和-0.1254，并在

1%水平上显著;每股经营活动现金净流量(NCFPS)与所得税有效税率(ETR)之间 Pearson 相关系数为 -0.1297,并在5%水平上显著,因此,EPS 与 ETR 之间、ROE 与 ETR 之间、NCFPS 与 ETR 之间都存在显著地负相关关系。

表6.12 税收成本、非税成本与企业绩效实证研究变量 Pearson 相关系数矩阵

变量	EPS	ROE	NCFPS	ETR	Z-nontax	ETR × Z-nontax
EPS	1.0000					
ROE	0.7412*** (0.0000)	1.0000				
NCFPS	0.3654*** (0.0000)	0.2315*** (0.0000)	1.0000			
ETR	-0.1183*** (0.0000)	-0.1254*** (0.0000)	-0.1297** (0.0354)	1.0000		
Z-nontax	0.3063*** (0.0000)	0.1952*** (0.0000)	0.1322*** (0.0000)	0.0292** (0.0384)	1.0000	
ETR × Z-nontax	0.2281*** (0.0000)	0.1604*** (0.0000)	0.0717*** (0.0000)	0.0888*** (0.0000)	0.6892*** (0.0000)	1.0000

注:( )内的数字为 sig 的值。*** 表示显著性水平为1%,** 表示显著性水平为5%,* 表示显著性水平为10%。

资料来源:作者根据 Stata11.0 输出结果整理。

每股收益(EPS)、净资产收益率(ROE)、每股经营活动现金净流量(NCFPS)与非税成本指数(Z-nontax)之间 Pearson 相关系数分别 0.3063、0.1952 和 0.1322,并都在1%水平上显著,可见,EPS 与 Z-nontax 之间、ROE 与 Z-nontax 之间、NCFPS 与 Z-nontax 之间都存在显著地正相关关系。

所得税成本与非税成本的交叉项,即所得税税率和非税成本指数交叉项(ETR × Z-nontax)与每股收益(EPS)、净资产收益率(ROE)之间也分别存在显著的正相关关系;所得税税率和非税成本指数交叉项(ETR × Z-nontax)与每股经营活动现金净流量(NCFPS)之间的相关系数较小,两者基本不存在相关性。其他变量间的相关系数较小(参见第5章),从而说明这些变量之

间不存在严重的共线性问题。

6.2.5 实证研究结果

采用Stata11.0统计软件对税收成本、非税成本与企业绩效模型进行回归，并采用稳健标准差加OLS法进行异方差修正，其回归结果如表6.13所示。

表6.13 所得税成本、非税成本与企业绩效（EPS）关系的回归结果

自变量	因变量	EPS					
	预期符号	（Ⅰ）			（Ⅱ）		
		系数	t值	标准差	系数	t值	标准差
截距项	?	0.3953***	59.90	0.0066	0.3902***	17.97	0.0217
ETR	-	-0.1527***	-11.59	0.0132	-0.1505***	-11.33	0.0133
Z-nontax	+	0.9389***	12.42	0.0756	0.9781***	13.18	0.0742
ETR×Z-nontax	?	0.6215***	2.63	0.2365	0.5300**	2.33	0.2273
CINT	?				-0.3121***	-8.52	0.0366
IINT	?				-0.1815***	-4.69	0.0387
INDUSTRY$_{1\sim11}$	?				已控制		
样本量		5 021			5 021		
F值		164.65***			40.01***		
R^2		0.1113			0.1645		
调整的R^2		0.1107			0.1618		

注：（1）***表示显著性水平为1%，**表示显著性水平为5%，*表示显著性水平为10%；（2）模型采用稳健标准差加OLS法进行了异方差修正。

资料来源：作者根据Stata11.0输出结果整理。

所得税成本（ETR）、非税成本（Z-nontax）、所得税成本与非税成本交叉项（ETR×Z-nontax）对每股收益（EPS）影响的回归结果表明，所得税有效税率（ETR）的回归系数与预测符号一致。在未控制其他变量情况下，ETR的系数为-0.1527，非税成本指数（Z-nontax）的系数为0.9389，并都在99%的置信度下，通过了显著性检验；在同时控制了资本密集度（CINT）、存货密集度（IINT）和行业因素（INDUSTRY$_{1\sim11}$）后，ETR的系数为-0.1505，

Z-nontax的系数为0.9781，仍在99%的置信度下，通过了显著性检验。综合以上实证结果可知，企业所得税有效税率（ETR）与每股收益（EPS）呈现出显著地负相关关系；非税成本指数（Z-nontax）与每股收益（EPS）呈现出显著地正相关关系。税收成本与非税成本交叉项（ETR×Z-nontax）显著，表示每股收益（EPS）权衡了税收成本与非税成本，该结论与Shackelford和Shevlin（2001）观点一致。

针对模型（Ⅲ）和模型（Ⅳ），采用Stata11.0统计软件对研究样本进行回归，并采用稳健标准差加OLS法进行异方差修正，其回归结果如表6.14所示。

表6.14　所得税成本、非税成本与企业绩效（ROE）关系的回归结果

自变量 \ 因变量	预期符号	ROE（Ⅲ）系数	t值	标准差	ROE（Ⅳ）系数	t值	标准差
截距项	?	0.1098***	71.92	0.0015	0.1067***	20.06	0.0053
ETR	-	-0.0335***	-9.95	0.0034	-0.0353***	-10.35	0.0034
Z-nontax	+	0.1115***	6.50	0.0172	0.1162***	6.74	0.0173
ETR×Z-nontax	?	0.1729***	3.08	0.0561	0.1417**	2.56	0.0553
CINT	?				-0.0568***	-7.47	0.0076
INDUSTRY$_{1\sim11}$	?				已控制		
样本量		5 021			5 021		
F值		95.79***			30.74***		
R^2		0.0574			0.0914		
调整的R^2		0.0568			0.0886		

注：(1) *** 表示显著性水平为1%，** 表示显著性水平为5%，* 表示显著性水平为10%；(2) 模型采用稳健标准差加OLS法进行了异方差修正。

资料来源：作者根据Stata11.0输出结果整理。

所得税成本（ETR）、非税成本（Z-nontax）、所得税成本与非税成本交叉项（ETR×Z-nontax）对净资产收益率（ROE）影响的回归结果表明，所得税有效税率（ETR）的回归系数与预测符号一致。在未控制其他变量情况下，

ETR 的系数为 -0.0335，非税成本指数（Z-nontax）的系数为 0.1115，并都在 99% 的置信度下，通过了显著性检验；在同时控制了资本密集度（CINT）和行业因素（INDUSTRY$_{1\sim11}$）后，ETR 的系数为 -0.0353，Z-nontax 的系数为 0.1162，仍在 99% 的置信度下，通过了显著性检验。综合以上实证结果可知，企业所得税有效税率（ETR）与净资产收益率（ROE）呈现出显著地负相关关系；非税成本指数（Z-nontax）与净资产收益率（ROE）呈现出显著地正相关关系。税收成本与非税成本交叉项（ETR×Z-nontax）显著，表示净资产收益率（ROE）权衡了税收成本与非税成本。

针对模型（Ⅴ）和模型（Ⅵ），采用 Stata11.0 统计软件对研究样本进行回归，并采用稳健标准差加 OLS 法进行异方差修正，其回归结果如表 6.15 所示。

表6.15　所得税成本、非税成本与企业绩效（NCFPS）关系的回归结果

自变量 \ 因变量	预期符号	（Ⅴ） 系数	t 值	标准差	（Ⅵ） 系数	t 值	标准差
截距项	?	0.4295***	32.57	0.0132	0.1782***	3.37	0.0528
ETR	-	-0.0801**	-2.42	0.0331	-0.0610*	-1.86	0.0328
Z-nontax	+	1.1594***	8.19	0.1416	1.0737***	7.69	0.1396
ETR×Z-nontax	?	-0.9005	-1.55	0.5796	-0.7966	-1.45	0.5500
QCKRT	?				-0.0026	-0.32	0.0083
INDUSTRY$_{1\sim11}$	?				已控制		
样本量		5 021			5 021		
F 值		25.72***			23.79***		
R^2		0.0192			0.0869		
调整的 R^2		0.0186			0.0841		

注：（1）*** 表示显著性水平为 1%，** 表示显著性水平为 5%，* 表示显著性水平为 10%；
（2）模型采用稳健标准差加 OLS 法进行了异方差修正。
资料来源：作者根据 Stata11.0 输出结果整理。

所得税成本（ETR）、非税成本（Z-nontax）、所得税成本和非税成本交叉项（ETR×Z-nontax）与每股经营活动现金净流量（NCFPS）关系的回归结果

显示，所得税有效税率（ETR）的回归系数与预测符号一致。在未控制其他变量情况下，ETR 的系数为 -0.0801，非税成本指数（Z-nontax）的系数为 1.1594，并都通过了显著性检验；在同时控制了速动比率（QCKRT）和行业因素（INDUSTRY$_{1\sim11}$）后，ETR 的系数为 -0.0610，Z-nontax 的系数为 1.0737，仍通过了显著性检验。综合以上实证结果，企业所得税有效税率（ETR）与每股经营活动现金净流量（NCFPS）呈现出显著地负相关关系；虽然非税成本指数（Z-nontax）与每股经营活动现金净流量（NCFPS）呈现出显著地正相关关系，但税收成本与非税成本交叉项（ETR × Z-nontax）并不显著，表示每股经营活动现金净流量并未权衡税收成本与非税成本。

6.2.6 实证研究结论

本书在构建非税成本指数（Z-nontax）的基础上，以 2007 年至 2011 年为研究区间，实证检验了所得税成本、非税成本与企业绩效（包括每股收益、净资产收益率和每股经营活动净现金流量指标）的关系。

分别以每股收益（EPS）、净资产收益率（ROE）和每股经营活动现金流量净额（NCFPS）三个企业绩效指标为被解释变量，以所得税有效税率（ETR）、非税成本指数（Z-nontax）和税与非税交叉项（ETR × Z-nontax）为解释变量，采用稳健标准差加 OLS 法进行了异方差修正回归模型，实证检验了所得税有效税率（ETR）、非税成本指数（Z-nontax）、税与非税交叉项（ETR × Z-nontax）对每股收益（EPS）、净资产收益率（ROE）和每股经营活动现金流量净额（NCFPS）的影响，研究结果表明所得税有效税率（ETR）分别与每股收益（EPS）、净资产收益率（ROE）、每股经营活动现金流量净额（NCFPS）之间存在显著地负相关关系，与其预测符号一致，即税收成本（具体指所得税成本）对企业绩效（具体指 EPS、ROE、NCFPS）存在反方向的影响；非税成本指数（Z-nontax）分别与每股收益（EPS）、净资产收益率（ROE）、每股经营活动现金流量净额（NCFPS）之间存在显著地正相关关系；税与非税交叉项（ETR × Z-nontax）对每股收益（EPS）、净资产收益率（ROE）也存在显著影响，但对每股经营活动现金流量净额（NCFPS）的影响并不显著。该实证结论证实了研究假设 6-1 和 6-2 的推断。

第7章 研究结论、政策建议及未来研究展望

本书基于税收成本与非税成本理论，不仅提出了税收成本、非税成本与企业绩效之间的理论分析框架，而且通过对税收成本和非税成本的量化，实证考察了税收成本、非税成本对企业绩效的影响。本章通过对全书的研究结论进行总体概况，提出若干管理建议与对策，同时，分析研究的局限并提出未来研究方向。

7.1 研究结论

企业税务研究，尤其非税成本的研究一直是理论界研究难点，本书通过分析税收成本与非税成本理论，构建了税收成本、非税成本与企业绩效关系的研究框架。在理论分析与实证检验的基础上，主要得出以下研究结论：

（1）从企业角度（即纳税人角度），界定了税收成本与非税成本的内涵与外延。在国内外文献分析基础上，结合研究需要和研究重点，将税收成本定义为市场主体为了获得某种收益或得到某种满足而所实际花费的或预期要付出的代价和损失，即企业按照国家税法规定应当缴纳的各种税款之和，不包括税收遵从成本（或称奉行成本）。认为"非税成本"是相对于"税收成本"的派生概念，是因纳税行为而产生的，除税金（或者称税款）之外的一切形式的显性和隐性支出，包括税收遵从成本与狭义的非税成本。

（2）结合现有理论，对非税成本的构成和影响因素进行规范。迈伦·斯科尔斯等提出非税成本概念后，关于非税成本的构成及影响因素的讨论就未停息，本书从非税成本的内涵出发，结合利益相关者理论，认为非税成本包

第 7 章 研究结论、政策建议及未来研究展望

括财务报告成本、交易成本、代理成本、税收遵从成本和违规成本等内容，其中财务报告成本又因利益相关者不同划分为债务契约成本、税务稽查成本、资本市场监管成本和政治成本。

（3）根据中国税制结构，实证检验了增值税成本与企业绩效的关系、所得税成本与企业绩效的关系。由于我国为流转税与所得税并重的"双主体"税制结构，实证研究部分主要考察增值税成本与企业绩效、企业所得税成本与企业绩效的关系；同时，增值税成本与企业绩效的实证研究分为两个维度，分别实证检验增值税转型背景下增值税成本变动与企业绩效的关系，以及增值税实际税率（VATR）与企业绩效的关系。具体的实证研究结论如下：

第一，增值税转型背景下的增值税成本变动与企业绩效关系的实证检验采用两独立样本 T 检验和 Wilcxon 秩和检验的方法。以 2005 年至 2008 年为考察期间，对已实施增值税转型政策上市公司与未转型上市公司之间的企业绩效进行两独立样本 T 检验和 Z 检验，实证结果表明增值税已转型企业与未转型企业绩效（即每股收益、净资产收益率和每股经营活动现金净流量）并没有显著的差异；以 2008 年至 2009 年为研究区间，对增值税转型前后的上市公司企业绩效进行两独立样本 T 检验和 Wilcxon 秩和检验，实证结果表明增值税转型前后样本上市公司每股收益存在显著差异，转型后的每股收益要高于转型前的每股收益；增值税转型前后的净资产收益率和每股经营活动现金净流量并没有显著差异。总之，增值税转型背景下增值税成本的变动对上市公司整体的盈利能力及现金流量的影响都相对较小，可能的原因主要是：增值税转型后，当期购进固定资产的进项税额准予抵扣，能在一定程度上降低增值税应纳税额，减少经营活动现金净流量和营业税金及附加，但受增值税转型政策的刺激，已转型上市公司新增固定资产比例相对较高，引起过度的投资，使企业的折旧费用有所提高，对企业利润的增加又有一定程度上的遏制作用。

第二，在构建增值税实际税率（VATR）指标基础上，以 2007 年至 2011 年为研究区间，采用稳健标准差加 OLS 法进行了异方差修正回归模型，实证检验了增值税实际税率与企业绩效的关系，研究结果表明增值税实际税率（VATR）分别与每股收益（EPS）、净资产收益率（ROE）、每股经营活动现金流量净额（NCFPS）之间存在显著地负相关关系，与其预测符号一致，表

明增值税实际税率对企业绩效（具体指 EPS、ROE、NCFPS）存在反方向的影响，该实证检验否定了"增值税为代缴款项"的认识，肯定了"增值税为费用开支"的理论观点。

第三，在构建所得税有效税率（ETR）指标基础上，以 2007 年至 2011 年为研究区间，采用稳健标准差加 OLS 法进行了异方差修正回归模型，实证检验了所得税有效税率与企业绩效的关系，研究结果表明所得税有效税率（ETR）分别对每股收益、净资产收益率和每股经营活动净现金流量指标的回归系数与预测符号一致，企业所得税有效税率（ETR）分别与每股收益（EPS）、净资产收益率（ROE）、每股经营活动现金流量净额（NCFPS）之间存在显著地负相关关系，即所得税有效税率对企业绩效（具体指 EPS、ROE、NCFPS）存在反方向的影响。

（4）结合非税成本理论，采用因子分析方法构建非税成本指数，并在此基础上，实证检验了所得税成本和非税成本对企业绩效的共同影响。由于非税成本的构成较为复杂，每项非税成本项目的具体量化指标之间也可能存在一定地相关性，为了从众多相关的非税成本指标中找寻几个综合指标，借以全面反映原有指标所包含的主要信息，减少信息处理的工作量，采用因子分析方法，从 16 个非税成本度量指标中选取了 7 个公因子，加权求和方式，构建非税成本指数，综合反映企业的非税成本信息。考虑到非税成本中部分项目仅与所得税成本相关，并且所得税成本（即所得税有效税率）的数据具有一定的可靠性和易获取性，为此，实证检验税收成本、非税成本与企业绩效的关系时仅考虑了企业所得税成本，而对其他税收成本不予分析。实证研究结果表明所得税有效税率（ETR）分别与每股收益（EPS）、净资产收益率（ROE）、每股经营活动现金流量净额（NCFPS）之间存在显著地负相关关系，与其预测符号一致，即税收成本（具体指所得税成本）对企业绩效（具体指 EPS、ROE、NCFPS）存在反方向的影响；非税成本指数（Z-nontax）分别与每股收益（EPS）、净资产收益率（ROE）、每股经营活动现金流量净额（NCFPS）之间存在显著地正相关关系；税与非税交叉项（ETR × Z-nontax）对每股收益（EPS）、净资产收益率（ROE）也存在显著影响，但对每股经营活动现金流量净额（NCFPS）的影响并不显著，这说明反映盈利能力的企业绩效指标权衡了税收成本与非税成本，而反映现金流量的企业绩效指标并未权衡税收成本与非税成本。

7.2 政策建议

在研究税收成本与非税成本相关概念基础上，通过税收成本、非税成本与企业绩效的理论分析与实证检验，认为税收成本和非税成本对企业绩效都存在一定的影响。基于上述研究结论，围绕研究内容，其相关政策建议主要集中于以下几点：

（1）规范涉税账务处理，完善税务信息披露制度。税收成本对企业绩效产生一定的影响，但目前会计处理还不能充分计量与披露企业的税收成本信息。基于我国"双主体"税制结构的考虑，财务会计报告中需要增加流转税信息的披露，比如，增值税的核算较为复杂，所涉及的明细项目较多，而现行财务会计报告缺失对增值税信息的披露，应增加增值税信息披露点。同时，高质量的税务信息披露也需要规范的涉税业务会计处理来保证。因此，会计准则制定部门需要制定相关规定，在规范涉税账务处理的同时，完善税务信息披露制定，以保证信息使用者知悉企业的纳税情况。

（2）税收征管部门应考虑非税成本对企业的影响，合理评价企业的税负水平。企业在纳税活动过程中将发生一系列的税收遵从成本（非税成本的一种），增加企业的纳税负担，为此，税务机关在评价企业的税负水平时，应充分考虑这部分非税成本对企业的影响，采用合理方法对非税成本予以合理估计，完善现行企业税负评价体系。

（3）纳税企业应适当考虑税收成本与非税成本，充分估计两者对企业绩效的影响。企业的财务管理也包括税务管理工作，企业绩效的影响不仅要考虑税收成本还要充分估计非税成本。通过税收成本、非税成本与企业绩效的实证检验发现，税收成本与企业绩效之间存在显著地负相关关系；非税成本与企业绩效之间存在显著地正相关关系；税与非税交叉项对企业绩效中的盈利指标也存在显著影响。为此，纳税企业的税务管理工作应适当考虑税收成本与非税成本，充分估计两种成本对企业绩效的影响。

7.3 研究局限性与未来研究展望

通过理论研究与实证检验，本书较系统地分析了税收成本和非税成本理论，并实证检验了税收成本、非税成本对企业绩效的影响，但由于受研究成本、研究时间和本人研究能力的局限，还有以下问题需要进一步完善，有待未来深入研究：

（1）实证检验税收成本对企业绩效的影响时，仅考虑了增值税和企业所得税成本。企业的税收成本包括的内容较多，涉及流转税成本（增值税、消费税、营业税、关税）、所得税成本、资源税、房产税、土地增值税等。受研究客观因素的影响，本书的研究并未考察消费税、营业税、资源税等税收成本，这有待今后的进一步研究深化，充分、全面地分析全部税收成本对企业绩效的影响。在研究税收成本和非税成本共同对企业绩效的影响时，由于受研究数据的可获知性，分析重点仅放在企业所得税成本上，未来的研究应寻求其他方法或途径，借以考虑企业其他税收成本和非税成本对企业绩效的共同影响。

（2）在分析税收成本、非税成本对企业绩效的影响时，仅考虑了企业的财务绩效，包括传统的盈利指标（EPS、ROE）和现金流量指标（NCFPS），而未考虑其他企业绩效指标，如反映企业绩效的市场指标等，未来的研究将继续分析税收成本、非税成本对其他企业绩效指标的影响。

（3）在研究税收成本与非税成本关系时，主要从理论角度逐项对两种成本的相关性进行了分析，但由于非税成本的隐蔽性和不确定等特点，在实证研究部分采用了因子分析法构建了非税成本指数，通过税与非税交叉项（ETR×Z-nontax）综合分析了企业绩效中税收成本与非税成本的权衡问题，未来的研究将尝试采用其他方法量化非税成本，借以分别对非税成本各项目与税收成本进行实证检验。

（4）实证研究未考虑不同股权性质的影响。上市公司根据股权性质的差异，可分为国有上市公司和民营上市公司，并且两类上市公司由于股权性质的不同，其所有者和管理者行为动机也存在较大的差异。根据现有研究成果发现，国有产权企业因产权主体模糊、政企不分等问题，使国有产权企业在权衡税收成本与非税成本时，较多考虑非税成本对企业带来的不利影响，往往以支付较高的税收成本为代价，而追求较高的账面收益，尽可能控制财务报告成本的发生；而民营性质企业的产权主体明确，非税成本较低，更关注于节税（节约税收成本）所带来的直接利益。本书在研究过程中并未分别对这两类公司进行单独考察，未来的研究将基于国有上市公司和民营上市公司两个子样本，分别检验税收成本、非税成本对企业绩效的影响程度。

（5）分析税收成本、非税成本与企业绩效的关系时，研究方法较为单一，并且受数据获取困难的限制，仅分析了所得税成本、非税成本与企业绩效的关系，今后研究将考虑采用案例分析的形式，从企业内部获取相关的税收成本与非税成本信息，借以重点考察某一个典型企业的税收成本、非税成本与企业绩效问题。

（6）在分析税收成本、非税成本与企业绩效时并未考虑企业所处的税收状况（Tax Status）[①]。税收状况通常指的是企业所享有税收优惠情况，当企业在面临不同的税收状况时，对税收成本与非税成本的权衡也存在较大差异，今后的研究将分析企业处于不同税收状况下税收成本、非税成本与企业绩效的关系，考虑税收状况对税收成本与非税成本权衡产生的影响。

---

① "Tax Status"的概念源于国外，可以翻译为税收状况，也可以翻译为税收地位。

参 考 文 献

［1］伯利，米恩斯．现代公司与私有财产［M］．甘华鸣，主译．北京：商务印书馆，2005：33－56.

［2］查尔斯 T·霍恩格尔．高级成本管理会计［M］．北京：中国财政经济出版社，1986：20.

［3］盖地．税务会计理论［M］．大连：大连出版社，2011：156－159.

［4］郭荟．中国上市公司盈余管理方式与所得税成本问题研究［M］．大连：大连出版社，2008：28.

［5］科塔里，利斯，斯金纳等．当代会计研究：综述与评论［M］．辛宇等，译．北京：中国人民大学出版社，2009：234－296.

［6］柯武刚，史漫飞（Wolfgang Kssper, Manfred E. Streit）．制度经济学——社会秩序与公共政策［M］．韩朝华，主译．北京：商务印书馆，2000：156.

［7］林万祥．成本论［M］．北京：中国财政经济出版社，2001：5－90.

［8］林万祥．成本会计研究［M］．北京：机械工业出版社，2008：4.

［9］刘蓉．公司战略管理与税收策略研究［M］．北京：中国经济出版社，2005：1－31，254－267.

［10］罗斯·L·瓦茨等著．实证会计理论［M］．陈少华等译．大连：东北财经大学出版社，2006：154－156，219.

［11］马歇尔著．经济学原理［M］．朱攀峰译．北京：北京出版社，2007：89－103.

［12］迈伦·斯科尔斯，马克·沃尔夫森，默尔·埃里克森，爱德华·梅杜，特里·谢富林．税收与企业战略［M］．张雁翎，主译．北京：中国财政经济出版社，2004：54－134.

参考文献

[13] 毛洪涛. 业绩管理会计研究 [M]. 成都：西南财经大学出版社, 2007：32-34.

[14] 卿文洁. 企业财务战略绩效评价研究 [M]. 湘潭：湘潭大学出版社, 2010：31-37.

[15] 汤贡亮, 王君彩. 企业税务管理 [M]. 北京：经济科学出版社, 2010：1-25.

[16] 瓦茨. 实证会计理论 [M]. 陈少华, 主译. 大连：东北财经大学出版社, 2006：154-155, 218-219.

[17] 王素荣. 上市公司资本结构与所得税税负相关性研究 [M]. 北京：中国财政经济出版社, 2007：118.

[18] 威廉·配第（Petty. W.）. 赋税论 [M]. 马妍译. 北京：中国社会科学出版社, 2010：3-99.

[19] 威廉·配第（Petty. W.）. 政治算术 [M]. 马妍译. 北京：中国社会科学出版社, 2010：10-83.

[20] 锡德里克·桑德福. 成功税制改革的经验与问题第3卷：税制改革更为关键的问题 [M]. 杨灿明, 译. 北京：中国人民大学出版社, 2004：99.

[21] 亚当. 斯密. 国民财富的性质和原因的研究 [M]. 郭大力, 王亚南译. 北京：商务印书馆, 1972：21-76.

[22] 于富生, 黎来芳. 成本会计学 [M]. 北京：中国人民大学出版社, 2009：1-2.

[23] 周晓苏, 边泓等. 会计研究中的数据挖掘方法 [M]. 天津：南开大学出版社, 2009：203.

[24] 陈毅. 企业业绩评价系统综述（上）[J]. 外国经济与管理, 2000(4)：7-10.

[25] 崔志娟. 有效税收筹划的基点：税收成本与非税成本 [J]. 当代财经, 2008(2)：126-129.

[26] 戴德明, 沈梦溪. 上市公司信息披露行为中的博弈——一个基于筹资成本与税务成本权衡的分析模型 [J]. 中国会计学会2005年学术年会论文集（上）, 2005：20.

[27] 方草. 我们宁愿相信什么：一个不确定条件下选择的行为经济学理论 [J]. 世界经济文汇, 2002 (5): 16-26.

[28] 封铁英. 资本结构选择偏好与企业绩效的关系研究 [J]. 科研管理, 2006 (6): 54-61.

[29] 盖地, 崔志娟. 显性税收、隐性税收与税收资本化 [J]. 经济与管理研究, 2008 (3): 79-83.

[30] 盖地, 胡国强. 税收规避与财务报告成本的权衡研究——来自中国2008年所得税改革的证据 [J]. 会计研究, 2012 (3): 20-25.

[31] 盖地, 李彩霞. 税收成本、非税成本与企业组织形式选择——基于经济模型的研究框架 [J]. 当代财经, 2012 (4): 112-121.

[32] 盖地, 钱桂萍. 试论税务筹划的非税成本及其规避 [J]. 当代财经, 2005 (12): 109-115.

[33] 高雷. 控制权转移、企业绩效与代理成本 [J]. 经济经纬, 2006 (4): 86-89.

[34] 管凯, 邱昊, 张英. 影响企业绩效的外部因素分析 [J]. 统计与决策, 2009 (22): 181-183.

[35] 郭培莉, 王海勇. 略论经济利润对传统会计利润的挑战 [J]. 现代财经, 2006 (3): 27-29.

[36] 何加明, 胡国强. 纳税筹划成本的分析与决策 [J]. 四川会计, 2003 (9): 21-22.

[37] 胡国强. 税收成本：理论基础、内涵界定及其构成体系 [J]. 会计之友. 2007 (3): 26-28.

[38] 黄莲琴, 傅元略, 屈耀辉. 管理者过度自信、税盾拐点与公司绩效 [J]. 管理科学, 2011 (4): 10-19.

[39] 贾生华, 陈宏辉, 田传浩. 基于利益相关者理论的企业绩效评价——一个分析框架和应用研究 [J]. 科研管理, 2003 (4): 94-101.

[40] 江世银. 论信息不对称条件下的消费信贷市场 [J]. 经济研究, 2000 (6): 19.

[41] 焦跃华, 袁天荣. 论战略成本管理的基本思想与方法 [J]. 会计研

究，2001（4）：40-43.

[42] 雷根强，沈峰. 简论税收遵从成本[J]. 税务研究，2002（7）：41-43.

[43] 李彩霞. 我国企业税务信息披露模式的反思与构建[J]. 华东经济管理，2012（7）：80-83.

[44] 李彩霞，盖地. 企业税收成本与非税成本研究：回顾与展望[J]. 税务与经济，2013（3）：84-91.

[45] 李冬妍，倪志良. 我国税收遵从成本规模估计[J]. 内蒙古财经学院学报，2007（6）：65-68.

[46] 李飞，李怡君，张志钦. 税收成本对经济的影响[J]. 当代经济，2009（4）：74-75.

[47] 李丽娟，王乾斌，朱凯. 递延所得税会计信息的价值相关性研究[J]. 上海立信会计学院学报，2011（1）：49-56.

[48] 李伟，铁卫. 税收负担影响中国银行业经营绩效的实证分析[J]. 统计与信息论坛，2009（7）：82-86.

[49] 李文. 信息不对称在税收征管中的效应研究[J]. 税务研究，2008（1）：72-76.

[50] 李增福，董志强，连玉君. 应计项目盈余管理还是真实活动盈余管理？——基于我国2007年所得税改革的研究[J]. 管理世界，2011（1）：121-134.

[51] 李增福，郑友环. 避税动因的盈余管理方式比较——基于应计项目操控和真实活动操控的研究[J]. 财经研究，2010（6）：80-89.

[52] 李增福，郑友环. 避税动因盈余管理及其反转效应研究——来自中国上市公司的经验证据[J]. 山西财经大学学报，2010（8）：118-124.

[53] 林万祥. 中国成本管理体系研究的现状与未来——改革开放30年回顾与展望[J]. 上海立信会计学院学报，2009（5）：3-10.

[54] 刘百芳，汪伟丽. 山东省上市公司资产结构同企业经营业绩的实证分析[J]. 统计与决策，2005（9）：140-142.

[55] 刘斌，胡媛. 组合会计政策选择的契约动因研究[J]. 财贸研究，

2006 (2): 140 - 145.

[56] 龙凌虹, 陈婧婧. 控股权性质、税收成本与盈余管理——基于会计—税收利润差异的研究 [J]. 上海立信会计学院学报, 2010 (4): 31 - 37.

[57] 路君平, 汪慧姣. 银行业税负比较分析及其对银行经营绩效的影响 [J]. 财政研究, 2008 (2): 53 - 55.

[58] 鹿美遥. 有效税收筹划框架的概述及其启示 [J]. 西南政法大学学报, 2005 (5): 95 - 99.

[59] 鹿美遥, 王延明. 财务报告成本和税收利益之间的权衡——基于存货计价方法选择的理论分析 [J]. 上海立信会计学院学报, 2005 (6): 24 - 27.

[60] 罗党论, 杨玉萍. 产权、地区环境与新企业所得税法实施效果[J]. 中山大学学报 (社会科学版), 2011 (5): 200 - 210.

[61] 娄权. 上市公司税负及其影响因素分析——来自沪深股市的经验证据 [J]. 财会通讯 (学术版), 2007 (3): 6 - 8.

[62] 吕长江, 张艳秋. 代理成本的计量及其与现金股利之间的关系[J]. 理财者, 2002 (4): 15 - 28.

[63] 毛英, 赵红. 基于EVA我国上市公司资本结构与经营绩效关系的实证研究 [J]. 经济研究, 2010 (5): 86 - 90.

[64] 聂辉华, 方明月, 李涛. 增值税转型对企业行为和绩效的影响[J]. 管理世界, 2009 (5): 17 - 24.

[65] 彭艳. 会计与税收关系研究新视野 [J]. 财会通讯 (综合), 2008 (10): 104 - 107.

[66] 乔永波, 闫予磊, 王宾. 关于政治成本影响企业会计政策选择的实证研究 [J]. 财会月刊, 2005 (20): 42 - 45.

[67] 卿志琼, 陈国富. 心智成本理论: 一个超越新古典经济学的解释框架 [J]. 当代经济科学, 2003 (6): 1 - 6.

[68] 宋力, 韩亮亮. 大股东持股比例对代理成本影响的实证分析 [J]. 南开管理评论, 2005 (1): 30 - 34.

[69] 苏文兵, 徐东辉, 梁迎弟. 经理自主权、政治成本与R&D投入[J]. 财贸研究, 2011 (3): 136 - 146.

[70] 孙秀凤,王定娟. 企业税收负担与绩效的相关性分析 [J]. 经济论坛, 2006 (16): 86-87.

[71] 孙作林. 个人所得税税务筹划成本效益分析 [J]. 财会通讯（综合版）, 2010 (4): 136-137.

[72] 王化成,刘俊勇. 企业绩效评价模式研究 [J]. 管理世界, 2004 (4): 82-91.

[73] 王素荣,高静. 税率变动与企业盈余管理研究——来自中国上市公司的经验证据 [J]. 上海财经大学学报, 2011 (2): 55-61.

[74] 王延明. 上市公司实际所得税率影响因素分析 [J]. 经济管理, 2003 (20): 79-87.

[75] 王延明. 上市公司所得税率变化的敏感性分析 [J]. 经济研究, 2002 (9): 74-95.

[76] 王延明,王怿,鹿美瑶. 增值税转型对公司业绩影响程度的分析——来自上市公司的经验证据 [J]. 经济管理, 2005 (12): 36-44.

[77] 王跃堂,王亮亮,贡彩萍. 所得税改革、盈余管理及其经济后果 [J]. 经济研究, 2009 (3): 86-98.

[78] 魏明海. 公司财务理论研究的新视角 [J]. 会计研究, 2003 (2): 55.

[79] 吴斌,黄明峰. 企业绩效、高管人力资本特征与控制权配置——基于我国中小企业板风险企业的经验数据 [J]. 中国软科学, 2011 (4): 161-174.

[80] 吴联生,李辰. "先征后返"公司税负与税收政策的有效性 [J]. 中国社会科学, 2007 (4): 61-73.

[81] 吴升文. 广东省税收遵从度调查报告 [J]. 税务研究, 2007 (10): 57-59.

[82] 吴树畅. 融资结构、资产结构对企业绩效的影响 [J]. 统计与决策, 2003 (8): 60+96.

[83] 吴正杰,宋献中. 企业绩效测评标准之谜 [J]. 华东经济管理, 2011 (4): 103-106.

[84] 伍中信,张荣武. 成本管理理论新进展及其对企业绩效评价的影响

[J]. 系统工程, 2006 (2): 15-18.

[85] 胥佚萱. 企业不同税收负担计量指标的评价与未来研究方向刍议 [J]. 现代财经, 2010 (9): 87-93.

[86] 肖作平, 陈德胜. 公司治理结构对代理成本的影响——来自中国上市公司的经验证据 [J]. 财贸经济, 2006 (12): 10-15.

[87] 薛菁. 企业税收遵从成本影响因素分析 [J]. 经济与管理, 2010 (1): 72-76.

[88] 杨之刚, 丁琳, 吴彬珍. 企业增值税和所得税负担的实证研究 [J]. 经济研究, 2000 (12): 26-35.

[89] 阎达五, 陆正飞. 论财务战略的相对独立性——兼论财务战略及财务战略管理的基本特征 [J]. 会计研究, 2000 (9): 2-6.

[90] 姚爱科. 企业税收成本构成及其优化 [J]. 财会研究, 2011 (5): 65-67.

[91] 张雁翎, 申爱涛. 不确定性条件下税收筹划的非税成本研究 [J]. 税务研究, 2005 (4): 78-82.

[92] 张兆国, 陈天骥, 余伦. 平衡计分卡——一种革命性的企业经营业绩评价方法 [J]. 中国软科学, 2002 (5): 102, 109-111.

[93] 张兆国, 何威风, 闫炳乾. 资本结构与代理成本——来自中国国有控股上市公司和民营上市公司的经验证据 [J]. 南开管理评论, 2008 (11): 39-47.

[94] 郑红霞, 韩梅芳. 基于不同股权结构的上市公司税收筹划行为研究——来自中国国有上市公司和民营上市公司的经验证据 [J]. 中国软科学, 2008 (9): 122-131.

[95] 郑美群, 蔡莉. 企业绩效的经济学理论依据 [J]. 当代经济研究, 2003 (6): 57-61.

[96] 周汝, 韩庆兰. 基于BSC的企业战略业绩评价指标体系设计研究 [J]. 湖南农业大学学报 (社会科学版), 2006 (1): 47-49.

[97] 周翼翔. 公司内部治理机制与绩效的交互效应——基于内生性视角的经验证据 [J]. 江西财经大学学报, 2011 (4): 93-105.

[98] 杜红领. 增值税转型对上市公司绩效影响的研究——基于东部地区试点的实证研究 [D]. 镇江：江苏大学，2009：5-89.

[99] 杜剑. 我国税收征纳成本研究 [D]. 成都：西南财经大学，2008：2-45.

[100] 范恩洁. 国外税收遵从成本研究：经验与借鉴 [D]. 成都：四川大学，2003：9+17.

[101] 范潇. 增值税转型对上市公司财务绩效的影响研究——基于中部试点单位的研究 [D]. 焦作：河南理工大学，2010：5-65.

[102] 韩梅芳. 不同股权结构的上市公司税收筹划行为研究 [D]. 武汉：华中科技大学，2009：17-36.

[103] 何振华. 企业税收遵从成本与纳税服务关系研究 [D]. 长沙：湖南大学，2009：4-25.

[104] 黄由衡. 物流成本管理理论及其应用研究 [D]. 北京：北京交通大学，2007：8-11.

[105] 李飞. 税收成本及其控制问题研究 [D]. 武汉：华中科技大学，2009：2-33.

[106] 李国栋. 董事会职能影响企业多元化经营绩效的实证研究 [D]. 天津：南开大学，2010：126-127.

[107] 林立子. 托宾Q值对我国股票收益率影响的实证研究 [D]. 西安：西北大学，2011：13，32-33.

[108] 刘秀丽. 税收成本研究 [D]. 天津：天津财经大学，2006：6-22.

[109] 卢欢. 税收成本影响因素研究 [D]. 长沙：中南大学，2008：3-31.

[110] 任海云. 基于公司治理的R&D投入与企业绩效关系研究 [D]. 西安：西北大学，2010：70.

[111] 王婕敏. 税收优惠政策对企业绩效的影响研究 [D]. 沈阳：沈阳农业大学，2007：34.

[112] 王琨. 我国企业纳税人税收遵从成本研究 [D]. 重庆：西南大学，2007：2-20.

[113] 王燕妮. 经济附加值的理论方法与企业应用研究 [D]. 咸阳：西

北农林科技大学，2003：29-42.

[114] 王一舒. 税收动机的创造性会计研究 [D]. 徐州：中国矿业大学，2010：1-140.

[115] 王运平. 经济增加值指标与上市公司价值相关性的实证研究 [D]. 天津：天津大学，2010：15-20.

[116] 卫娜. 我国上市公司隐性税收的整体及行业差异研究 [D]. 上海：上海交通大学，2007：5-45.

[117] 杨华. 企业有效税务筹划研究 [D]. 天津：天津财经大学，2009：2-78.

[118] 杨绮. 企业纳税筹划若干问题的运筹学研究 [D]. 厦门：厦门大学，2006：10-65.

[119] 翟美佳. 盈余管理的税收成本问题研究 [D]. 济南：山东大学，2010：10-23.

[120] 周焰. 中国税收风险问题研究 [D]. 成都：西南财经大学，2008：11-71.

[121] 邹飞. 董事会特征与企业绩效波动关系的实证研究 [D]. 成都：西南交通大学，2010：30.

[122] 冯在. 部分上市公司税费成本没有实质性减轻 [N]. 中国税务报，2012-8-29：第5版.

[123] Berle, A. A., Means, Gardiner C.. The Modern Corporation and Private Property [M]. New York: the Macmillan Co., 1932.

[124] Scholes, M., Wolfson, M.. Taxes and Business Strategy: a Planning Approach [M]. Prentice-Hall, Inc., Engelwood Cliffs, NJ, 1992.

[125] Wolfson M. Empirical Evidence of Incentive Problems and Their Mitigation in Oil and Gas Tax Shelter Problems In Principals and Agents: The Structure of Business [M]. J. W. Pratt and R. J. Zeckhauser. Boston: Harvard Business School Press, 1985: 101-125 +221-224.

[126] Agnes W. Y. Lo, Raymond M. K. Wong, Michael Firth. Tax, Financial Reporting, and Tunneling Incentives for Income Shifting: An Empirical Analysis

of the Transfer Pricing Behavior of Chinese – Listed Companies [J]. The Journal of the American Taxation Association, 2010 (32): 1 – 26.

[127] Ayers, B., S. Laplante, and S. McGuire. Credit Ratings and Taxes: The Effect of Book – tax Differences on Ratings Changes [J]. Contemporary Accounting Research, 2010 (2): 359 – 402.

[128] Badertscher, B., J. Phillips, M. Pincus, and S. Rego. Earnings Management Strategies and The Trade-off Between Tax Benefits and Detection Risk: To Conform or Not to Conform? [J]. The Accounting Review, 2009 (1): 63 – 97.

[129] Balsom S, Halperin R, Mozes H. Tax Costs and Nontax Benefits: The Case of Incentive Stock Option [J]. The Journal of the American Taxation Association, 1997 (2): 19 – 37.

[130] Beatty, A., Harris, D. The Effects of Taxes, Agency Costs and Information Asymmetry on Earnings Management: A Comparison of Public and Private Firms [J]. Review of Accounting Studies, 1999 (19): 11 – 19.

[131] Benjamin C. Ayers, C. Bryan Cloyd, and John R. Robinson. Organizational Form and Taxes: An Empirical Analysis of Small Businesses [J]. The Journal of the American Taxation Association, 1996 (18): 49 – 67.

[132] BENJAMIN C. AYERS, STACIE KELLEY LAPLANTE, SEAN T. MCGUIRE. Credit Ratings and Taxes: The Effect of Book-Tax Differences on Ratings Changes [J]. Contemporary Accounting Research, 2010 (2): 359 – 402.

[133] Berger, P.. Explicit and Implicit Tax Effects of The R&D Tax Credit [J]. Journal of Accounting Research, 1993 (2): 131 – 171.

[134] Binh Tran-nam, Chris Evans, Michel Walpole, Katherine Ritchie. Tax compliance costs: research methodology and empirical evidence from Australia [J]. National Tax Journal, 2000 (2): 229 – 252.

[135] Blaylock, Shevlin Terry, Wilson Ryan J. Tax Avoidance, Large Positive Temporary Book-Tax Differences, and Earnings Persistence [J]. The Accounting Review, 2012 (87): 91 – 120.

[136] Blouin, J.. Discussion of Dividend Tax Clienteles: Evidence From Tax

Law Changes [J]. The Journal of the American Taxation Association, 2009 (31): 23 – 28.

[137] Brad A. Badertscher, John D. Phillips, Morton Pincus, Sonja Olhoft Rego. Earnings Management Strategies and the Trade-Off between Tax Benefits and Detection Risk: To Conform or Not to Conform [J]. The Accounting Review, 2009 (84): 63 – 97.

[138] Bradley Blaylock, Terry Shevlin and Ryan J. Wilson. Tax Avoidance, Large Positive Temporary Book-Tax Differences and Earnings Persistence [J]. The Accounting Review, 2012 (1): 91 – 120.

[139] Brown, J., Krull, L.. Stock Ptions, R&D, and The R&D Tax Credit [J]. The Accounting Review, 2008 (83): 705 – 734.

[140] Buettner Thiess, Overesch Michael, Wamser Georg. Tax Status and Tax Response Heterogeneity of Multinationals' Debt Finance [J]. FinanzArchiv, 2011 (2): 103 – 122.

[141] Bushman, R. M., and J. D. Piotroski. Financial Reporting Incentives for Conservative Accounting: The Influence of Legal and Political Institutions [J]. Journal of Accounting and Economics, 2006 (42): 107 – 148.

[142] Callihan, D.. Corporate Effective Tax Rates: a Synthesis of The Literature [J]. Journal of Accounting Literature, 1994 (13): 1 – 43.

[143] Callihan, D., White, R.. An Application of The Scholes and Wolfson Model to Examine The Relation between Implicit and Explicit Taxes and Firm Market Structure [J]. Journal of the American Taxation Association, 1999 (21): 1 – 19.

[144] C. BRYAN CLOYD, JAMIE PRATT, AND TOBY STOCK. The Use af Financial Accounting Choice to Support Aggressive Tax Positions: Public and Private Firms [J]. Journal of Accounting Research, 1996 (34): 23 – 43.

[145] Chan, Samuel Y. S., Gerald Chau, Patrick Leung. Tax and Nontax Measures in Preventing Housing Bubble Growing: Evidence from Some Emerging Economies in East Asia [J]. International Tax Journal, 2012 (38): 47 – 61.

[146] Chnstos Tzovas. The Depreciation-policy Decisions of Industrial Firms:

Tax Benefits Versus Non-tax Costs [J]. SPOUDAI, 2005 (55): 48 -77.

[147] Christopher S. Armstronga, Jennifer L. Blouina, David F. Larckerb. The Incentives for Tax Planning [J]. Journal of Accounting and Economics, 2012 (1 -2): 391 -411.

[148] Cloyd, B.. The Effects of Financial Accounting Conformity on Recommendations of Tax Preparers [J]. The Journal of the American Taxation Association, 1995 (2): 50 -70.

[149] Cloyd, B., Pratt, J., Stock, T.. The Use of Financial Accounting Choice to Support Aggressive Tax Positions: Public and Private Firms [J]. Journal of Accounting Research, 1996 (34): 23 -43.

[150] C. S. Agnes Cheng, Henry He Huang, Yinghua Li and Jason Stanfield. The Effect of Hedge Fund Activism on Corporate Tax Avoidance [J]. The Accounting Review, 2012 (5): 1493 -1526.

[151] DALEY L A, VIGELAND R L. The Effects of Debt Covenants and Political Costs on The Choice of Accounting Methods: The Case of Accounting for R&D Costs [J]. Journal of Accounting and Economics, 1983 (3): 195 -211.

[152] Desai, M., Dharmapala, D.. Corporate Tax Avoidance and Firm Value [J]. Review of Economics and Statistics, 2009 (91): 537 -546.

[153] Donohoe Michael P., McGill Gary A. The Effects of Increased Book-Tax Difference Tax Return Disclosures on Firm Valuation and Behavior [J]. Journal of the American Taxation Association, 2011 (33): 35 -65.

[154] Dyreng, S., Hanlon, M., Maydew, E.. Long-run Corporate Tax Avoidance [J]. The Accounting Review, 2008 (83): 61 -82.

[155] Dyreng, S., Lindsey, B.. Using Financial Accounting Data to Examine The Effect of Foreign Operations Located in Tax Havens and Other Countrieson US Multinational Firms' Tax Rates [J]. Journal of Accounting Research, 2009 (47): 1283 -1316.

[156] Edward L. Maydew. Empirical Tax Research in Accounting: A Discussion [J]. Journal of Accounting and Economics, 2001 (31): 389 -403.

[157] Engel, Erickson and Maydew. Debt-equity Hybrid Securities [J]. Journal of Accounting Research, 1999 (2): 249 – 274.

[158] Felingham J., Wolfson M.. Taxes and Risk Sharing [J]. The Accounting Review, 1985 (1): 10 – 17.

[159] Frank, Luann, Sonja Olhoft. Tax Reporting Aggressiveness and Its Relation to Aggressive Financial Reporting [J]. The Accounting Review, 2009 (84): 467 – 496.

[160] Frank, M., L. Lynch, and S. Rego. Are financial and tax reporting aggressiveness reflective of broader corporate policies? [J]. The Accounting Review, 2009 (2): 467 – 496.

[161] Glenn Feltham and Alan Macnaughton. Child Support and the Non-Tax Costs of Tax-Planning Strategies [J]. CANADIAN TAX JOURNAL, 1997 (45): 417 – 450.

[162] Graham J.. Debt and The Marginal Tax Rate [J]. Journal of Financial Economics, 1996 (5): 41 – 73.

[163] Graham, J.. Proxies for The Marginal Tax Rate [J]. Journal of Financial Economics, 1996 (42): 187 – 221.

[164] Guenther D.. The LIFO Reserve and The Value of The Firm: Theory and Evidence [J]. Contemporary Accounting Research, 1994 (10): 433 – 452.

[165] Guenther D.. Earnings Management in Response to Corporate Tax Rate Changes: Evidence from the 1986 Tax Reform Act [J]. The Accounting Review, 1994 (1): 230 – 243.

[166] Guenther, D.. The Relation between Tax Rates and Pretax Returns: Direct Evidence From The 1981 and 1986 Tax Rate Reductions [J]. Journal of Accounting and Economics, 1994 (18): 379 – 393.

[167] Guenther, D., Maydew, E., Nutter, S.. Financial Reporting, Tax Costs, and Book-tax Conformity [J]. Journal of Accounting and Economics, 1997 (23): 225 – 248.

[168] Guenther, D., Sansing, R.. Valuation of The Firm in The Presence of

Temporary Book-tax Differences: The Role of Deferred Tax Assets and Liabilities [J]. Accounting Review, 2000 (1): 1-12.

[169] Gupta S., Mills L. F.. Corporate multistate tax planning: Benefits of multiple jurisdictions and tax planning assistance [J]. Journal of Accounting and Economics, 2002 (1): 17-139.

[170] Gupta, S., Newberry, K. Determinants of the Variability in Corporate Effective Tax Rates: Evidence from Longitudinal Data [J]. Journal of Accounting and Public Policy, 1997 (16): 1-39.

[171] Hanlon, M. The Persistence and Pricing of Earnings, Accruals and Cash Flows When Firms have Large Book-tax Differences [J]. The Accounting Review, 2005 (1): 137-166.

[172] Hanlon, M., Slemrod, J.. What Does Tax Aggressiveness Signal: Evidence from Stock Price Reactions to News about Tax Shelter Involvement [J]. Journal of Public Economics, 2009 (93): 126-141.

[173] Hanlon, M., and S. Heitzman. A Review of Tax Research [J]. Journal of Accounting and Economics, 2010 (50): 127-178.

[174] Helena Blazic. Compliance Costs of Taxation in a Transition Country: The Example of Croatia [J]. National Tax Association-Tax Institute of America, 2004 (5): 383-394.

[175] Holland, K. Accounting Policy Choice: The Relationship between Corporate Tax Burden and Company Size [J]. Journal of Business Finance and Accounting, 1998 (25): 265-288.

[176] Hunt, A., Moyer, S., Shevlin, T. Managing Interacting Accounting Measures to Meet Multiple Objectives: A Study of LIFO Firms [J]. Journal of Accounting and Economics, 1996 (21): 339-374.

[177] Jagadison K. Aier and Jared A. Moore. The Impact of Tax Status on the Relation between Employee Stock Options and Debt [J]. The Journal of the American Taxation Association, 2008 (1): 55-75.

[178] JAMES ANG, DAVID PETERSON, PAMELA PETERSON. Marginal

Tax Rates: Evidence from Nontaxable Corporate Bonds: A Note [J]. The Journal of Finance, 1985 (1): 327 – 332.

[179] Jana Smith Raedy. Discussion of "Taxable Income as a Performance Measure: The Effects of Tax Planning and Earnings Quality" [J]. Contemporary Accounting Research, 2009 (1): 55 – 63.

[180] Jeff Pope and Hijattulah Abdul-Jabbar. Small and Medium-Sized Enterprises and Tax Compliance Burden in Malaysia: Issues and Challenges for Tax Administration [J]. Small Enterprise Research, 2008 (1): 47 – 60.

[181] JEFFREY K. MacKIE-MASON. Do Taxes Affect Corporate Financing Decisions? [J]. The Journal of Finance, 1990 (5): 1471 – 1493.

[182] Jennifer L. Blouin, Linda K. Krull, Leslie A. Robinson. Is US Multinational Dividend Repatriation Policy Influenced by Reporting Incentives? [J]. The Accounting Review, 2012 (5): 1463 – 1491.

[183] Jennifer L. Brown. The Spread of Aggressive Corporate Tax Reporting: A Detailed Examination of the Corporate-Owned Life Insurance Shelter [J]. The Accounting Review, 2011 (1): 23 – 57.

[184] Jennings, R., Simko, P., Thompson, R.. Does LIFO Inventory Accounting Improve The Income Statement at The Expense of The Balance Sheet? [J]. Journal of Accounting Research, 1996 (34): 573 – 608.

[185] Jeon, K. The Influence on Book-Tax Earnings Differences of Tax Costs and Nontax Costs [J]. Korean Accounting Review, 2004 (1): 29 – 56.

[186] JK Butters, J Lintner. Tax and Non-tax Motivations for Mergers [J]. The Journal of Finance, 1951 (10): 361 – 382.

[187] John R. Graham. How Big Are the Tax Benefits of Debt? [J]. The Journal of Finance, 2000 (10): 1901 – 1941.

[188] Joseph Comprix, Roger C. Graham and Jared A. Moore. Empirical Evidence on the Impact of Book-Tax Differences on Divergence of Opinion among Investors [J]. The Journal of the American Taxation Association, 2011 (1): 51 – 78.

[189] J. S. Ang, R. A. Cole, J. W. Lin. Agency Cost and Ownership Structure

[J]. Journal of Finance, 2000 (1): 81-106.

[190] Kem, B., Morris, H. Taxes and Firm Size: The Effect of Tax Legislation during the 1980s [J]. Journal of the American Taxation Association, 1992 (14): 80-96.

[191] KENNETH J. KLASSEN, JEFFREY A. PITTMAN, MARGARET P. REED, STEVE FORTIN. A Cross-national Comparison of R&D Expenditure Decisions: Tax Incentives and Financial Constraints [J]. Contemporary Accounting Research, 2004 (3): 639-680.

[192] Kenneth J. McKenzie. Measuring tax incentives for R&D [J]. International Tax and Public Finance, 2008 (5): 563-581.

[193] Kern B. B., M. H. Morris. Taxes and firm size: The effect of tax legislation during 1980s [J]. The Journal of the American Taxation Association, 1992 (1): 80-96.

[194] Klassen, K. The Impact of Inside Ownership Concentration on the Tradeoff Between Financial and Tax Reporting [J]. Accounting Review, 1997 (72): 455-474.

[195] Leslie A. Robinson. Do Firms Incur Costs to Avoid Reducing Pre-Tax Earnings? Evidence from the Accounting for Low-Income Housing Tax Credits [J]. The Accounting Review, 2010 (85): 637-669.

[196] Leslie Hodder, Mary Lea McAnally, Connie D Weaver. The Influence of Tax and Nontax Factors on Banks' Choice of Organizational Form [J]. The Accounting Review, 2003 (78): 297-325.

[197] Lev, B., and D. Nissim. Taxable Income, Future Earnings and Equity Values [J]. The Accounting Review, 2004 (4): 1039-1074.

[198] Liansheng Wua, Yaping Wanga, Wei Luoa & Paul Gillis. State ownership, tax status and size effect of effective tax rate in China [J]. Accounting and Business Research, 2012 (2): 97-114.

[199] Lillian R Milis and Kaye J. Newberry. The Influence of Tax and Nontax Costs on Book-Tax Reporting Differences: Public and Private Firms [J]. The Journal

of the American Taxation Association, 2001 (1): 1 - 19.

[200] Lisowsky, P. Seeking Shelter: Empirically Modeling Tax Shelters using Financial Statement Information [J]. The Accounting Review, 2010 (5): 1693 - 1720.

[201] Lo Agnes W. Y., Wong Raymond M. K., Firth Michael. Tax, Financial Reporting, and Tunneling Incentives for Income Shifting: An Empirical Analysis of the Transfer Pricing Behavior of Chinese-Listed Companies [J]. Journal of the American Taxation Association, 2010 (32): 1 - 26.

[202] LONGSTAFF, FRANCIS A. Municipal Debt and Marginal Tax Rates: Is There a Tax Premium in Asset Prices? [J]. Journal of Finance, 2011 (66): 721 - 751.

[203] Mary Margaret Frank, Luann J. Lynch, Sonja Olhoft Rego. Tax Reporting Aggressiveness and Its Relation to Aggressive Financial Reporting [J]. The Accounting Review, 2009 (84): 467 - 496.

[204] Matsunaga, S., Shevlin, T., Shores, D.. Disqualifying Dispositions of Incentive Stock Options: Tax Benefits versus Financial Reporting Costs [J]. Journal of Accounting Research, 1992 (30): 37 - 76.

[205] M. A. Zariyawati, K. Saira, M. N. Annuar. Corporate Tax Changes and Performance of SMEs in Malaysia [J]. Interdisciplinary Journal of Contemporary Reaearch in Business, 2010 (3): 272 - 286.

[206] Merle M. Erickson, Shiing-wu Wang. Tax Benefits as a Source of Merger Premiums In Acquisitions of Private Corporations [J]. The Accounting Review, 2007 (82): 359 - 387.

[207] Michael P. Donohoe and Gary A. McGill. The Effects of Increased Book-Tax Difference Tax Return Disclosures on Firm Valuation and Behavior [J]. The Journal of the American Taxation Association, 2011 (33): 35 - 65.

[208] Michelle Hanlona, Edward L. Maydewb, Terry Shevlinc. An unintended consequence of book-tax conformity: A loss of earnings informativeness [J]. Journal of Accounting and Economics, 2008 (46): 294 - 311.

参考文献

[209] Michelle Hanlon, Gopal V. Krishnan and Lillian F. Mills. Audit Fees and Book-Tax Differences [J]. The Journal of the American Taxation Association, 2012 (1): 55-86.

[210] Michelle Hanlon, Shane Heitzman. A Review of Tax Research [J]. Journal of Accounting and Economics, 2010 (50): 127-178.

[211] Mitchell, A&Wood, D.. Toward A Theory of Stakeholder Identification and Salience: Defining The Principle of Whom and What Really Counts [J]. Academy of Management Review, 1997 (4): 853-886.

[212] Ohlson, J. A. Accounting Data and Value: The Basic Results [J]. Contemporary Accounting Research, 2009 (1): 231-259.

[213] Omer, T., Plesko, G., Shelley, M.. The influence of tax costs on organizational choice in the natural resource industry [J]. Journal of the American Taxation Association, 2000 (22): 38-55.

[214] Penno, M., and D. Simon. Accounting choices: Public versus Private Firms [J]. Journal of Business, Finance & Accounting, 1986 (13): 561-569.

[215] Porcano, T. Corporate Tax Rates: Progressive, Proportional or Regressive [J]. Journal of the American Taxation Association, 1986 (7): 17-31.

[216] PREETI CHOUDHARY, SHIVARAM RAJGOPAL, MOHAN VENKATACHALAM. Accelerated Vesting of Employee Stock Options in Anticipation of FAS 123-R [J]. Journal of Accounting Research, 2009 (1): 105-146.

[217] RH Gordon, JK MacKie-Mason. Tax distortions to the choice of organizational form [J]. Journal of Public Economics, 1994 (10): 279-306.

[218] Phillips J. D. Corporate tax-planning effectiveness: The role of compensation-based incentives [J]. The Accounting Review, 2003 (3): 847-874.

[219] Rego S. O. Tax-avoidance activities of U. S. multinational corporations [J]. Contemporary Accounting Research, 2003 (4): 805-833.

[220] Robert E. Miller, Michael H. Morris, Kevin Scanlon. Capital Structure and Tax Status: New Evidence from IPOs [J]. Journal of Accounting, Auditing & Finance, 1994 (2): 197-210.

[221] ROBERT TREZEVANT. Debt Financing and Tax Status: Tests of the Substitution Effect and the Tax Exhaustion Hypothesis Using Firms' Responses to the Economic Recovery Tax Act of 1981 [J]. The Journal of Finance, 1992 (4): 1557 – 1568.

[222] Robert W. Ruekert, Orville C. Walker, Jr. and Kenneth J. Roering. The Organization of Marketing Activities: A Contingency Theory of Structure and Performance [J]. The Journal of Marketing, 1985 (49): 13 – 25.

[223] Robinson, J., Sikes, S., Weaver, C.. Performance Measurement of Corporate Tax Departments [J]. The Accounting Review, 2010 (85): 1035 – 1064.

[224] Roger H. Gordon. Taxation and Corporate Use of Debt: Implications for Tax Policy [J]. National Tax Journal, 2010 (1): 151 – 174.

[225] ROSS LEVINE. Stock Markets, Growth, and Tax Policy [J]. The Journal of Finance, 1991 (4): 1445 – 1465.

[226] Ruekert R W, Walker O C JR, Roering K. J. The Organization of Marketing Activities: A Contingency Theory of Structure and Performance [J]. Journal of Marketing, 1985 (1): 13 – 25.

[227] Ryan J. Wilson. An Examination of Corporate Tax Shelter Participants [J]. The Accounting Review, 2009 (3): 969 – 999.

[228] S Balsam, R Halperin, H Mozes. Tax costs and nontax benefits: the case of incentive stock options [J]. Journal of the American Taxation Association, 1997 (3): 35 – 57.

[229] Schmidt, A. The Persistence, Forecasting and Valuation Implications of The Tax Change Component of Earnings [J]. The Accounting Review, 2006 (3): 589 – 616.

[230] Scott D. Dyreng, Michelle Hanlon and Edward L. Maydew. The Effects of Executives on Corporate Tax Avoidance [J]. The Accounting Review, 2010 (4): 1163 – 1189.

[231] Sean T. McGuire, Thomas C. Omer and Dechun Wang. Tax Avoidance: Does Tax-Specific Industry Expertise Make a Difference? [J]. The Accounting

Review, 2012 (3): 975 -1003.

[232] Shackford D, Shevlin T.. Empirical Tax Research in Accounting [J]. Journal of Accounting and Economics, 2001 (31): 321 -387.

[233] Shevlin, T., S. S. Porter. The Corporate Tax Comeback in 1987: Some Further Evidence [J]. Journal of the American Taxation Association, 1992 (14): 58 -79.

[234] Sialm, C.. Tax Changes and Asset Prices [J]. American Economic Review, 2009 (99): 1356 -1383.

[235] Singh, M., Davidson III, W. N.. Agency costs, Ownership Structure and Corporate Government Mechanisms [J]. Journal of Banking and Finance, 2003 (27): 83 -90.

[236] Stickney, C. P., and McGee, V. E.. Effective Corporate Tax Rates: The Effect of Size, Capital Intensity, Leverage and Other Factors [J]. Journal of Accounting and Public Policy, 1982 (2): 125 -152.

[237] Terry Shevlin. The Future of Tax Research: From an Accounting Professor's Perspective [J]. The Journal of the American Taxation Association, 2007 (29): 87 -93.

[238] Terry Shevlin, Tanya Y. H. Tang, Ryan J. Wilson. Domestic Income Shifting by Chinese Listed Firms [J]. The Journal of the American Taxation Association, 2012 (1): 1 -29.

[239] T. J. Atwooda, Michael S. Drakeb, Linda A. Myers. Book-tax conformity, earnings persistence and the association between earnings and future cash flows [J]. Journal of Accounting and Economics, 2010 (1): 111 -125.

[240] Wang, S. The Relation Between Firm Size and Effective Tax Rates: A Test of Firm's Political Success [J]. The Accounting Review, 1991 (1): 158 -169.

[241] Wendy Heltzer. Conservatism and Book - Tax Differences [J]. Journal of Accounting, Auditing & Finance, 2009 (3): 469 -504.

[242] Wilkie P. J., Limberg S. T. The relationship between firm size and effective tax rate: A reconciliation of Zimmerman (1983) and Porcano (1986) [J].

The Journal of the American Taxation Association, 1990 (2): 76 -91.

［243］ Wilson, R.. An Examination of Corporate Tax Shelter Participants ［J］. The Accounting Review, 2009 (84): 969 -999.

［244］ Xinrong Qiang. The Effects of Contracting, Litigation, Regulation, and Tax Costs on Conditional and Unconditional Conservatism: Cross-Sectional Evidence at the Firm Level ［J］. The Accounting Review, 2007 (82): 759 -796.

［245］ Zimmerman, J. L.. Taxes and Firm Size ［J］. Journal of Accounting and Economics, 1983 (5): 119 -149.

［246］ Julia Marie Brennan. Revisiting the choice between incentive stock options and nonqualified stock options: a study of tax and non-tax costs ［D］. University of Kentuchy, 2003.

［247］ Sharon Key Hurley. An investigation of tax and non tax incentives of relocation decisions ［D］. University of Noryh Florida, 1997.

［248］ Tracy Sheehy Manly. An examination of the influence of tax incentives and financial reporting on corporate research and development expenditures ［D］. University of Arkansas, 1999.

［249］ Alford, A., Berger, P.. The role of Taxes, Financial Reporting, and Other Market Imperfections in Sructuring Divisive Reorganizations ［R］. Working paper, Wharton School, University of Pennsylvania, 1998.

［250］ Christopher S. Armstrong, Jennifer L. Blouin, David F. Larcker. The Incentives for Tax Planning ［R］. Working paper, Rock Center for Corporate Governance, 2009.

［251］ Craig Paprocki and Edward J. Schnee. The Trade-Off Between Tax Savings and Financial Reporting Costs: An Analysis of the Effective Tax Rates of Glamour Companies ［R］. Working paper, University of Alabama, 2005.

［252］ Frank, M. M., L. Lynch, and S. Rego. Does Aggressive Financial Reporting Accompany Aggressive Tax Reporting (and vice versa)? ［R］. Working paper, University of Virginia, 2006.

［253］ Guenther, D. What Do We Learn from Large Book-Tax Differences?

[R]. Working paper, University of Oregon, 2011.

[254] Jeff Ng. Tax and Non-Tax Incentives for Voluntary IFRS Adoption: Evidence from the UK [R]. Working paper, University of Chicago Booth School of Business, 2010.

[255] Jeri K. Seidman. Interpreting the Book-Tax Income Gap as Earnings Management or Tax Sheltering [R]. Working paper, University of Texas at Austin, 2010.

[256] J Livingstone, T Omer. Publicly Traded Partnerships, Tax Cost, and Choice of Entity [R]. Working paper, Western Carolina University, 2009.

[257] Karthik Balakrishnan, Jennifer L. Blouin, Wayne R. Guay. Does Tax Aggressiveness Reduce Financial Reporting Transparency? [R]. Working paper, University of Pennsylvania, 2011.

[258] Keating, S., Zimmerman, J.. Asset Lives for Financial Reporting Purposes: Capital Budgeting, Tax and Discretionary Factors [R]. Working paper, University of Rochester, 2000.

[259] Martin, H. Corporate Governance In China: An Empirical Study of the Ownership Structures of Listed Firms [R]. Working paper, University of Southern Queensland, 2006.

[260] Mazur, M., Scholes, M., Wolfson, M.. Implicit Taxes and Effective Tax Burdens [R]. Working paper, Stanford University, 1986.

[261] Mikhail. M.. Coordination of Earnings, Regulatory Capital and Taxes in Private and Public Companies [R]. Working paper, Massachusetts Institute of Technology, 1999.

[262] Raquel Meyer Alexander. State-Sponsored College 529 Plans: The Influence of Tax and Non-Tax Factors on Investors' LeAnn Luna [R]. Working paper, University of Tennessee, 2005.

[263] Sebastian James. Tax and Non-Tax Incentives and Investments: Evidence and Policy Implications [R]. Working paper, Investment Climate Advisory Service of The World Bank Group, 2009.

[264] Weber, D.. Book-tax Differences, Analysts' Forecast Errors and Stock Returns [R]. Working paper, University of Connecticut, 2006.

[265] Xiaohang Wang. Tax Avoidance, Corporate Transparency, and Firm Value [R]. Working paper, University of Texas at Austin, 2011.

后　　记

本书是在我的博士学位论文基础之上完成的。

回顾攻读博士学位的日子，心中五味杂陈，涌上心头的是感激。感激有幸与会计结缘；感激导师多年的教导与栽培；感激各位任课老师的授业解惑；感激单位领导、同事的包容与照顾；感谢家人的关心与支持。

首先感谢我的导师盖地教授。盖老师与我的师生之缘已近十载，2003年至2006年攻读会计学硕士学位时，就有幸师从盖地教授。硕士毕业不久，恰逢北京大学光华管理学院举办中国第五届实证会计国际研讨会，我随同盖老师参加，期间被误认为博士生，从而激起了我攻读博士学位的"冲动"。盖老师不嫌我愚钝，使我有机会再次跟随盖老师学习。导师治学严谨，为人正直，时常教导我们做学问必先学做人，"须知吾人欲成学问，当为第一等学问耳"。盖老师言传身教、以身作则地为我们践行了"做人、做事、做学问"的统一；在论文选题及研究过程中，老师悉心指导，为我指点迷津、开拓研究思路，老师认真负责的工作态度、严谨的治学精神和深厚的理论水平都使我受益匪浅。感谢师母费老师，费老师平易近人，和蔼可亲，每次与师母交谈都会让我倍感温暖。

特别感谢亦师亦友的燕山大学张玉兰教授，在我人生的每一个重要关口，都给予了我无私地帮助和关怀。还要感谢天津财经大学的韩传模教授、田昆儒教授、张俊民教授、苑泽明教授、张芸教授、赵秀云教授对论文提出的宝贵意见；感谢北京国家会计学院于长春教授、中国人民大学耿建新教授、中南财经政法大学许家林教授、天津大学赵息教授、南开大学刘志远教授、周晓苏教授、程新生教授和李莉教授，各位老师在百忙之中抽出时间审稿，对论文的完善提供了重要帮助；感谢攻读博士学位期间为我授课的肖红叶教授、王爱俭教授、武彦民教授、韦琳教授、吴彦龙教授、孙青霞教授、田立军教授、王涌教授等老师,各位老师的精彩授课为我留下了深刻的印象;感谢天津财经大学商学院会计系宋郁老师和研究生部王欣老师,她们为博士论文答辩工作倾注了大量的时间,提供了诸多的便利。

感谢单位领导与同事的支持,李广主任、于战平主任、倪利民主任、李艳萍教授等以极大地耐心支持着我的学业;办公室郑世艳、杜永光、赵宇虹、裴育希、张岩、李杰等老师为我提供了诸多便利和照顾;齐永忠教授、刘洪云副教授、章洁倩副教授、贠晓兰副教授、杨国强老师等给予了热情地帮助和关心。

感谢车菲博士、顾群博士、胡国强博士、姚王信博士、孙晓妍博士、罗斌元博士、蒋艳博士、田利军博士、杨继飞博士、徐静博士、梁淑红博士、张远博士、袁根根博士、石贵泉博士、武登博士、王晓玲博士、张克菲博士、杨世鉴博士、隋杰博士等,你们上进的态度,是我学习的榜样。

最后,感谢我的家人,多年的寒窗生活承载了家人太多的关心和鼓励,没有家人一如既往的支持,我不可能坚持下来完成博士学业。家人的支持和相伴,是我前进的最大动力!

书稿完稿之际,郑重地向所有提到名字的和没有提到名字的老师、同事、同学、亲友,说声感谢!一路有你们的陪伴,是我的荣幸!

李彩霞
2013 年 7 月于天津